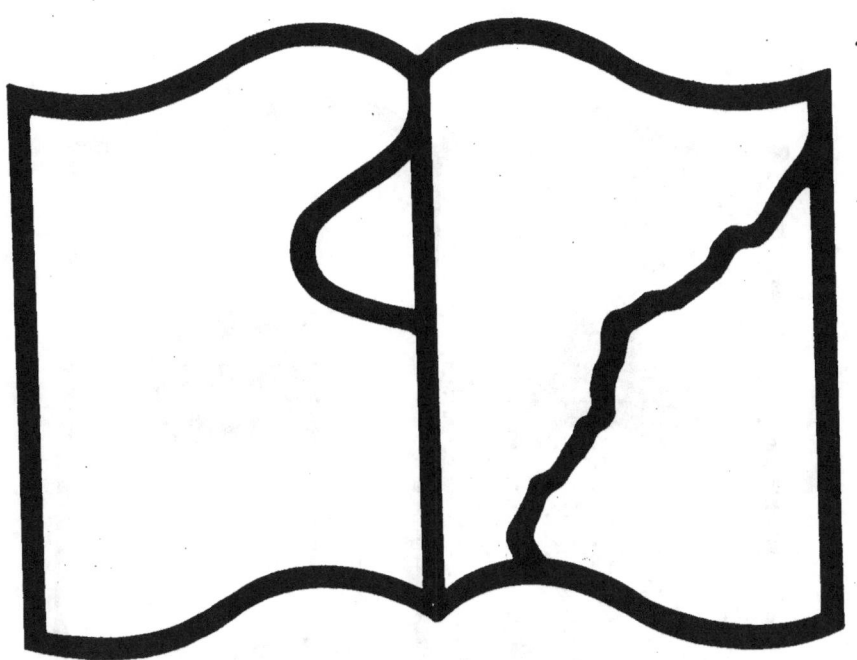

Texte détérioré — reliure défectueuse

NF Z 43-120-11

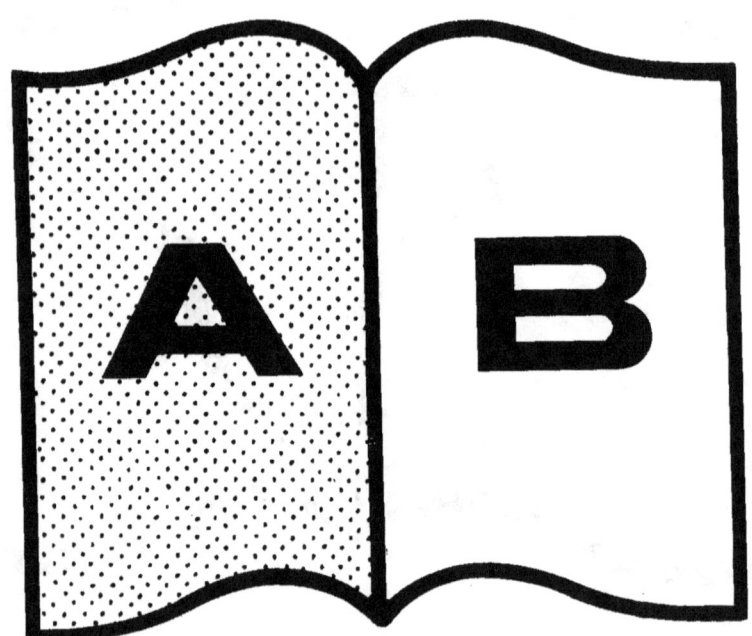

Contraste insuffisant
NF Z 43-120-14

59564

OEUVRES MÊLÉES
DE
SAINT-EVREMOND

IMPRIMERIE GÉNÉRALE DE CH. LAHURE
Rue de Fleurus, 9, à Paris

OEUVRES MÊLÉES

DE

SAINT-EVREMOND

REVUES, ANNOTÉES
ET PRÉCÉDÉES D'UNE HISTOIRE DE LA VIE
ET DES OUVRAGES DE L'AUTEUR

PAR CHARLES GIRAUD
de l'Institut

—

TOME TROISIÈME

PARIS
J. LEON TECHENER FILS, LIBRAIRE
RUE DE L'ARBRE-SEC, 52
PRÈS LA COLONNADE DU LOUVRE
M DCCC LXV

CINQUIÈME PARTIE

CORRESPONDANCE.

OEUVRES MÊLÉES
DE
SAINT-EVREMOND.

CINQUIÈME PARTIE.

CORRESPONDANCE.

LETTRES ECRITES AVANT SON EXIL.

I

LETTRE A MADAME *** [1].

(1654.)

Je me souviens qu'allant à l'armée, je vous priai d'aimer le Chevalier de Grammont, si j'étois assez malheureux pour y mourir, en quoi je suis si bien obéi, que vous ne le haïssez pas durant

---

1. Je crois que cette lettre et la suivante sont adres-

ma vie, pour apprendre à le bien aimer après ma mort. Vous êtes ponctuelle à garder mes ordres; et si je continue à vous donner la même commission, il y a de l'apparence que vous l'exécuterez avec un grand soin.

Vous croyez que je veux cacher sous un faux ridicule une véritable douleur; et dans la connoissance que vous avez de ma passion,

sées à la comtesse d'Olonne. Voy. notre *Introduction* et l'*Histoire amoureuse des Gaules* de Bussy Rabutin. La comtesse s'est mariée en 1652; elle avoit été jusques là l'objet des poursuites inutiles des plus séduisants personnages de son temps, de Retz, du marquis de Beuvron, et d'autres, « ce qui doit étonner, dit le malin coadjuteur, ceux qui n'ont point connu Mademoiselle de la Loupe, et qui n'ont ouï parler que de la comtesse d'Olonne. » Elle étoit alors intimement liée avec Mademoiselle de la Vergne, qui fut plus tard Madame de La Fayette. On la comptoit parmi les femmes les plus attrayantes de la société de Mademoiselle, où elle fut recherchée par les plus beaux esprits du temps. Saint-Evremond, quoique très-lié avec le comte d'Olonne, soupira pour la comtesse, et Bussy l'a désigné parmi ses premiers amants heureux. Saint-Evremond s'éloigna d'elle lorsqu'elle fut trop affichée, mais il demeura son ami, même en un temps où la réputation de la comtesse dispensoit tant de monde de toute retenue envers elle. Saint-Evremond ne pardonna point à Bussy de l'avoir nommé dans l'histoire d'Ardelise, et sa délicatesse s'est même refusée à la nommer ici, en tête des lettres qu'il lui adressoit. La comtesse d'Olonne la plus étourdie des femmes, a beaucoup prêté à la médisance, mais on a été trop généreux à le lui rendre. Bussy lui-même a dit, avec esprit, qu'elle avoit perdu sa réputation bien avant d'avoir perdu son honneur.

vous aurez de la peine à vous persuader que je souffre un rival, sans jalousie. Mais peut-être ne savez-vous pas que si je n'ose me plaindre de vous, ponr vous aimer trop, je n'oserois me plaindre de lui, pour ne l'aimer guère moins ; et s'il faut de nécessité me mettre en colère, apprenez-moi contre qui je me dois fâcher davantage, ou contre lui, qui m'enlève une maîtresse, ou contre vous, qui me volez un ami.

Quoi qu'il en soit, ne vous mettez pas en peine de m'apaiser. J'ai trop de passion pour donner rien au ressentiment ; ma tendresse l'emportera toujours sur vos outrages. J'aime la perfide, j'aime l'infidèle, et crains seulement qu'un ami sincère ne soit mal avec tous les deux. Adieu.

II.

A LA MÊME.

Je pensois que vous m'aviez oublié; mais par une conduite plus fine et plus ingénieuse, vous me traitez comme si vous commenciez à me connoître.

A vous dire le vrai, je n'ai jamais vu lettre si civile, et qui oblige si peu que la vôtre : vous avez trouvé une indifférence si délicate, que je ne puis me plaindre de vous sans chagrin, ni m'en louer sans sottise. *Générosité, gratitude, obligation*, sont les moindres mots de votre Lettre. Vous avez appris pour moi tous les termes qui entrent dans les compliments, et oublié tous ceux qui expriment quelque sentimet d'amour.

Il faut avouer que vous imitez parfaitement le style de Madame votre mère. Je pensois d'abord recevoir une marque de son souvenir. Outre cela, Madame, ce jargon pitoyable de *l'accablement de vos malheurs*, ne vous convient point; il sent tout à fait le génie d'une personne mystérieusement désolée.

Pour vous, qui n'avez jamais fait la comédienne d'affliction, d'où vient que vous me choisissez pour me donner les apparences d'une si belle misère? Ne suis-je plus au monde, que pour être le confident de vos chagrins concertés et de vos douleurs étudiées?

Comme vous ne me serez jamais indifférente, j'ai demandé de vos nouvelles à M*** qui m'a dit que vous dansiez depuis le matin jusqu'au soir, et qu'on ne pouvoit pas se divertir plus agréablement que vous faisiez.

Adieu, *misérable* personne, *accablée* d'une *longue suite de malheurs*, pleine de *gratitude* pour ceux *qui prennent quelque part* à vos *misères*. Adieu, plus tendrement mille fois que vous ne m'écrivez civilement. Je vous prie de croire que vous n'avez pas assez de civilité pour me rebuter, et que je serai plutôt toute ma vie le confident de vos malheurs, que de ne vous être rien du tout.

III.

LETTRE A MADAME ***[1].

Vous êtes sur le point de faire un méchant galant d'un fort bon ami ; et je m'aperçois que ce que je nommois satisfaction avec vous, devient insensiblement quelque charme. Je ne parle plus de *tourner en ridicule :* et la même personne qui faisoit tant de cas de vos imaginations malicieuses, trouve en vous des qualités plus touchantes qui la dégoûtent de ces premiers agréments.

Vous m'aviez toujours paru fort aimable; mais je commence de sentir avec émotion ce que je voyais avec plaisir. Pour vous parler

---

[1]. Cette lettre a pu être adressée à Madame de Brancas qui profita tellement des distractions célèbres de son époux, que ce n'est pas lui faire tort de mettre son nom à la place de ces trois étoiles. Voy. notre *Introduction*.

nettement, j'ai bien peur que je ne vous aime, si vous souffrez que j'aye de l'amour; car je suis encore en état de n'en point avoir, si vous le trouvez mauvais.

N'attendez de moi ni les beaux sentiments, ni les belles passions; j'en suis tout à fait incapable, et les laisse volontiers aux amoureux de Mademoiselle C***[1]. Que les ruelles en fassent leur profit. Permettez à Madame de *** de définir l'*Amour* à sa fantaisie; et n'enviez point les imaginations à ces misérables, qui dans les ruines de leur beauté, font valoir l'esprit qui leur reste, aux dépens du visage qu'elles n'ont plus.

Peut-être croyez-vous, me voyant si brutal à mépriser les beaux sentiments, que pour les exercices du corps, je suis un des plus déterminés hommes du monde. Écoutez ce qui en est. Je suis médiocre en toutes choses; et la nature ni la fortune n'ont rien fait pour moi que de fort commun.

Comme je ne puis voir sans envie les gens somptueux et magnifiques dans leurs dépenses, je ne puis souffrir qu'avec chagrin ceux qui sont trop adonnés à leurs plaisirs; et si j'ose le dire, je hais en quelque sorte les Vivonnes et

1. Mademoiselle Cornuel, fort connue dans le grand monde de ce temps. Voy. les *Divers portraits*, de *Mademoiselle*.

les Saucourt[1], pour ne leur pouvoir ressembler.

Mes affaires vont toujours un même train. Jamais le déréglement ne m'est permis; et il me faut un peu d'économie pour arriver au bout de l'année, et passer une nuit d'hiver. Ce n'est pas que je sois réduit à la nécessité, ou à la foiblesse; mais si je veux dire les choses nettement, ma dépense est petite et mes efforts médiocres.

1. Il est difficile de commenter ces paroles de Saint-Evremond. Je ne puis mieux faire pour me tirer de ce pas, que de rapporter ici les vers suivants de Benserade, dans le *Ballet royal des amours de Guise*, où Saucourt représentoit un démon, et où son *entrée* est ainsi annoncée :

Non, ce n'est point ici le démon de Brutus,
    Ni de Socrate :
Par d'autres qualités et par d'autres vertus
    Sa gloire éclate.
Sous la forme d'un homme, il prouve ce qu'il est :
    Doux, sociable.
Sous la forme d'un homme aussi l'on reconnoît
    Que c'est le diable.
Le bruit de ses exploits confond les plus hardis
    Et les plus mâles ;
Les mères sont au guet, les amants interdits,
    Les maris pâles.
Contre ce fin démon, voyez-vous aujourd'hui
    Femme qui tienne ?
Et toutes cependant sont contentes de lui,
    Jusqu'à la sienne.

OEuvres de Benserade, 1697, tome II, p. 162.
Cette grande réputation de Saucourt, ou Soyecourt, lui suscita des envieux qui lui tendirent un piége, où il fut pris. Voy. sur ce personnage, Walckenaer, *Sévigné*, V, p. 419, et le *Nouveau Siècle de Louis XIV*, p. 65.

Dites-moi si avec ces qualités-là je puis devenir votre amant, ou si je dois demeurer votre ami. Pour moi, je suis résolu de prendre le parti qu'il vous plaira. Et si je passe de l'amitié à l'amour sans emportement, je puis revenir de l'amour à l'amitié avec aussi peu de violence.

IV.

LETTRE A MADAME ***.

Il n'y a rien de si honnête qu'une ancienne amitié, et rien de si honteux qu'une vieille passion. Détrompez-vous du faux mérite d'être fidèle, et croyez que la confiance est la chose du monde qui fait le plus de tort à la réputation d'une beauté. Qui sait si vous n'avez voulu aimer qu'une seule personne, ou si vous n'avez pu avoir qu'un seul amant? Vous pensez pratiquer une vertu, et vous nous faites soupçonner plusieurs défauts.

Mais que d'ennuis accompagnent toujours cette misérable vertu! Quelle différence des dégoûts de votre attachement à la délicatesse d'une passion naissante! Dans une passion nouvelle, vous trouverez toutes les heures délicieuses. Les jours se passent à sentir de moment en moment qu'on aime mieux. Dans une vieille habitude, le temps se consume ennuyeusement à aimer moins. On peut vivre avec des indifférents, ou par bienséance, ou par la nécessité du commerce : mais comment passer la vie avec ceux qu'on a aimés, et qu'on n'aime plus?

Il ne me reste que quatre mots à vous dire, et je vous prie d'y faire réflexion. Si vous trouvez agréable ce qui doit déplaire, c'est méchant goût; si vous n'avez pas la résolution de quitter ce qui vous déplait, c'est foiblesse. Mais faites ce qui vous plaira, vous serez aisément justifiée auprès de moi; il n'y a point de foible que je ne vous pardonne, sans me croire fort indulgent[1].

[1]. Saint-Evremond, qui professe ici des maximes suivies avec tant d'exactitude par Ninon de Lenclos, son élève, n'a point été lui-même aussi constant dans sa pratique, ni toujours si dégagé dans son langage. Voy. notre *Introduction.*

LETTRES ECRITES APRÈS SON EXIL.

V.

LETTRES AU COMTE D'OLONNE.

Aussitôt que je sus votre disgrâce [1], je me donnai l'honneur de vous écrire pour vous témoigner mon déplaisir ; et je vous écris présentement, pour vous dire qu'il faut éviter au moins le chagrin, dans le temps où il n'est pas en notre pouvoir de goûter la joie. S'il y a d'honnêtes gens, au lieu où vous êtes, leur conversation pourra vous consoler des commerces que vous avez perdus ; et si vous n'y en trouvez pas, les livres et la bonne chère vous peuvent être d'un grand secours et d'une assez douce consolation. Je vous parle en maître qui peut donner des leçons ; non pas que je pré-

---

1. Le comte d'Olonne, Vineuil, l'abbé d'Effiat et deux ou trois autres, ayant tenu quelques discours libres contre le roi, furent exilés de la cour, en 1674. Monsieur d'Olonne fut d'abord relégué à Orléans : mais il eut ensuite permission de se retirer dans sa terre de Montmirel, près de Villers-Cotterets. (*Des Maizeaux.*)

sume beaucoup de la force de mon esprit : mais je pense avoir quelque droit à prendre de l'autorité sur les nouveaux disgraciés, par une longue expérience des méchantes affaires et des malheurs.

Parmi les livres que vous choisirez pour votre entretien, à la campagne, attachez-vous à ceux qui font leurs effets sur votre humeur par leur agrément, plutôt qu'à ceux qui prétendent fortifier votre esprit par leurs raisons. Les derniers combattent le mal : ce qui se fait toujours aux dépens de la personne en qui le combat se passe ; les premiers le font oublier, et à une douleur oubliée, il n'est pas difficile de faire succéder le sentiment de la joie.

La Morale n'est propre qu'à former méthodiquement une bonne conscience; et j'ai vu sortir de son école des gens graves et composés qui donnoient un tour fort ridicule à la prud'hommie. Les vrais honnêtes gens n'ont que faire de ses leçons; ils connoissent le bien par la seule justesse de leur goût, et s'y portent de leur propre mouvement. Ce n'est pas qu'il y ait de certaines occasions où son aide n'est pas à rejeter; mais, où l'on peut avoir besoin de son aide, on se passeroit bien de ces occasions.

Si vous étiez réduit à la nécessité de vous faire couper les veines, je vous permettrois de lire Sénèque et de l'imiter : encore aimerois-je mieux me laisser aller à la nonchalance de Pétrone, que d'étudier une fermeté que l'on n'acquiert pas sans beaucoup d'efforts.

Si vous étiez d'humeur à vous dévouer pour la patrie, je vous conseillerois de ne lire autre chose que la vie de ces vieux Romains qui cherchoient à mourir pour le bien de leur pays; mais, en l'état où vous êtes, il vous convient de vivre pour vous, et de passer le plus agréablement que vous pourrez le reste de votre vie. Or, cela étant comme il est, laissez là toute étude de sagesse qui ne va pas à diminuer vos chagrins, ou à vous redonner des plaisirs. Vous chercherez de la confiance dans Sénèque, et vous n'y trouverez que de l'austérité. Plutarque sera moins gênant, cependant il vous rendra grave et sérieux, plus que tranquille. Montagne vous fera mieux connoître l'homme qu'aucun autre, mais c'est l'homme avec toutes ses foiblesses : connoissance utile dans la bonne fortune pour la modération, triste et affligeante dans la mauvaise.

Que les malheureux donc ne cherchent pas dans les livres à s'attrister de nos misères, mais à se réjouir de nos folies; et par cette raison vous préférerez à la lecture de Sénèque, de Plutarque et de Montagne, celle de Lucien, de Pétrone, de Don Quichotte. Je vous recommande surtout Don Quichotte : quelque affliction que vous ayez, la finesse de son ridicule vous conduira imperceptiblement à la joie.

Vous me direz peut-être que je n'ai pas été d'une humeur si enjouée dans mes malheurs que je le parois dans les vôtres, et qu'il est malhonnête de donner toutes ses douleurs à ses maux, lorsqu'on garde son indifférence et sa gaieté même pour ceux de ses amis. J'en demeurerois d'accord avec vous, si j'en usois de la sorte ; mais je puis dire avec vérité, que je ne suis guères moins sensible à votre exil que vous-même : et la joie que je vous conseille est à dessein de m'en attirer, quand je vous aurai vu capable d'en recevoir.

Pour ce qui regarde mes malheurs, si je vous y ai paru plus triste que je ne vous parois aujourd'hui, ce n'est pas que je le fusse en effet. Je croyais que les disgrâces exigeoient de nous la bienséance d'un air douloureux, et que cette mortification apparente étoit un respect dû à la volonté des supérieurs, qui songent rarement à nous punir sans dessein de nous affliger : mais sachez que sous de tristes dehors et une contenance mortifiée, je me suis donné toute la satisfaction que j'ai su trouver en moi-même, et tout le plaisir que j'ai pu prendre dans le commerce de mes amis.

Après avoir trouvé ridicule la gravité de la

Morale, je serois ridicule moi-même si je continuois un discours si sérieux ; ce qui me fait passer à des conseils moins gênants que les instructions.

Accommodez, autant qu'il vous sera possible, votre goût à votre santé ; c'est un grand secret de pouvoir concilier l'agréable et le nécessaire, en deux choses qui ont été presque toujours opposées. Pour ce grand secret, néanmoins, il ne faut qu'être sobre et délicat. Et que ne doit-on pas faire pour apprendre à manger délicieusement, aux heures du repas, ce qui tient l'esprit et le corps dans une bonne disposition pour toutes les autres ? On peut être sobre sans être délicat, mais on ne peut jamais être délicat sans être sobre. Heureux qui a les deux qualités ensemble ! il ne sépare point son régime d'avec son plaisir.

N'épargnez aucune dépense pour avoir des vins de Champagne, fussiez-vous à deux cents lieues de Paris; ceux de Bourgogne ont perdu leur crédit avec les gens de bon goût, et à peine conservent-ils un reste de vieille réputation, chez les Marchands. Il n'y a point de Province qui fournisse d'excellents vins pour toutes les saisons que la Champagne : elle nous fournit le vin d'Ay, d'Avenay, de Haut-Villiers, jusqu'au printemps ; Tessy, Sillery, Versenay, pour le reste de l'année.

Si vous me demandez lequel je préfère de tous les vins, sans me laisser aller à des modes de goûts qu'introduisent de faux délicats, je vous dirai que le vin d'Ay est le plus naturel de tous les vins, le plus sain, le plus épuré de toute senteur de terroir, d'un agrément le plus exquis par son goût de pêche qui lui est particulier, et le premier, à mon avis, de tous les goûts. Léon X, Charles-Quint, François premier, Henri VIII, avoient tous leur propre maison, dans Ay ou proche d'Ay, pour y faire plus curieusement leurs provisions. Parmi les plus grandes affaires du monde qu'eurent ces grands Princes à démêler, avoir du vin d'Ay ne fut pas un des moindres de leurs soins.

Ayez peu de curiosité pour les viandes rares, et beaucoup de choix pour celles qu'on peut avoir commodément. Un potage de santé bien naturel, qui ne sera ni trop peu fait, ni trop consommé, se doit préférer pour un ordinaire à tous les autres, tant par la justesse de son goût, que par l'utilité de son usage. Du mouton tendre et succulent; du veau de bon lait, blanc et délicat; la volaille de bon suc, moins engraissée que nourrie; la caille grasse, prise à la campagne; un faisan, une perdrix, un lapin, qui sentent bien chacun dans son goût ce qu'ils doivent sentir, sont les véritables viandes qui pourront faire, en différentes saisons, les délices de votre repas. La gelinotte de bois est estimable, surtout par son excellence, mais peu à conseiller où vous êtes et où je suis, par sa rareté.

Si une nécessité indispensable vous fait dîner avec quelques-uns de vos voisins, que leur argent ou leur adresse aura sauvé de l'arrière-ban, louez le lièvre, le cerf, le chevreuil, le sanglier, et n'en mangez point ; que les canards et presque les sarcelles s'attirent la même louange. De toutes les viandes noires, la seule bécassine sera sauvée, en faveur du goût, avec un léger préjudice de la santé.

Que tous mélanges et compositions de cuisine, appellés *Ragoûts* ou *Hors-d'œuvres*, passent auprès de vous pour des espèces de poisons : si vous n'en mangez qu'un peu, ils ne vous feront qu'un peu de mal ; si vous en mangez beaucoup, il n'est pas possible que leur poivre, leur vinaigre et leurs oignons ne ruinent à la fin votre goût, et n'altèrent bientôt votre santé. Les sauces toutes simples que vous ferez vous-même, ne peuvent avoir rien de malfaisant. Le sel et l'orange sont l'assaisonnement le plus général et le plus naturel : les fines herbes sont plus saines et ont quelque chose de plus exquis que les épices, mais elles ne sont pas également propres à toutes choses ; il faut les employer avec discernement aux mets où elles s'accommodent le mieux, et les dispenser avec tant de discrétion, qu'elles relèvent le propre goût de la viande, sans faire quasi sentir le leur.

Après avoir parlé de la qualité des vins et de la condition des viandes, il faut venir au conseil le plus nécessaire pour l'accommodement du goût et de la santé.

Que la nature vous incite à boire et à manger, par une disposition secrète qui se fait légèrement sentir, et ne vous y presse pas par le besoin. Où il n'y a point d'appétit, la plus saine nourriture est capable de nous nuire, et la plus agréable de nous dégoûter : où il y a de la faim, la nécessité de manger est une espèce de mal qui en cause un autre après le repas, pour avoir fait manger plus qu'il ne faut. L'appétit donne de l'exercice à notre chaleur naturelle, dans la digestion ; l'avidité lui prépare du travail et de la peine. Le moyen de nous tenir toujours dans une disposition agréable, c'est de ne souffrir ni vide ni replétion, afin que la nature n'ait jamais à se remplir avidement de ce qui lui manque, ni à se soulager avec empressement de ce qui la charge.

Voilà tous les conseils que mon expérience m'a su fournir pour la lecture et la bonne chère. Je ne veux pas finir, sans toucher un mot de ce qui regarde l'amour.

Si vous avez une maîtresse à Paris, oubliez-la le plus tôt qu'il vous sera possible, car elle ne manquera pas de changer; et il est bon de prévenir les infidèles. Une personne aimable à la cour, y veut être aimée; et là où elle est aimée, elle aime à la fin. Celles qui conservent de la passion pour les gens qu'elles ne voient plus, en font naître bien peu en ceux qui les voient : la continuation de leur amour pour les absents est moins un honneur à leur constance qu'une honte à leur beauté. Ainsi, Monsieur, que votre maîtresse en aime un autre, ou qu'elle vous aime encore, le bon sens vous la doit faire quitter comme trompeuse, ou comme méprisée. Cependant, en cas que vous voyiez quelque jour à la fin de votre disgrâce, vous ne devez pas en mettre à votre amour. Les courtes absences animent les passions, au lieu que les longues les font mourir.

De quelque côté que se tourne votre esprit, ne lui donnez pas un nouveau poids par la gravité des choses trop sérieuses; la disgrâce n'a que trop de sa propre pesanteur. Faites en votre exil ce que Pétrone fit à sa mort : *Amove res serias quibus gravitatis et constantiæ gloria peti solet; tibi, ut illi, levia carmina et faciles versus.*

Il y en a que le malheur a rendus dévots par un certain attendrissement, par une pitié secrète qu'on a pour soi, assez propre à disposer les hommes à une vie plus religieuse. Jamais disgrâce ne m'a donné cette espèce d'attendrissement : la nature ne m'a pas fait assez sensible à mes propres maux. La perte de mes amis pourroit me donner de ces douleurs tendres, et de ces tristesses délicates dont les sentiments de dévotion se forment avec le temps. Je ne conseillerois jamais à personne de résister à la dévotion qui se forme de la tendresse, ni à celle qui nous donne de la confiance. L'une touche l'âme agréablement; l'autre assure à l'esprit un doux repos. Mais tous les hommes, et particulièrement les malheureux, doivent se défendre avec soin d'une dévotion superstitieuse qui mêleroit sa noirceur avec celle de l'infortune.

VI.

LETTRE AU MÊME.

(1677.)

Je ne sais pas pourquoi vous admireriez mes vers, puisque je ne les admire pas moi-même ; car vous devez savoir qu'au sentiment d'un grand maître de l'art poétique [1], le poëte est toujours le plus touché de son ouvrage. Pour moi, je reconnois beaucoup de fautes dans le mien, que je pourrois corriger, si l'exactitude ne faisoit trop de peine à mon humeur, et ne consumoit trop de temps à une personne de mon âge. D'ailleurs, j'ai une excuse que vous recevrez, si je ne me trompe : les coups d'essais ne sont pas souvent des chefs-d'œuvre, et les louanges que je donne au roi, étant les premières véritables et sincères que j'ai données, il ne faut pas s'étonner que je n'y aie pas trop bien réussi. Les vôtres, pour moi, ont une ironie ingénieuse, dans laquelle je me suis vu si grand maître autrefois, que le maréchal de Clérambaut ne trouvoit que moi capable de

---

1. Aristote.

vous disputer le mérite de cette figure-là. Vous ne deviez pas vous en servir contre un homme qui en a perdu l'usage, et qui est autant votre serviteur que je le suis. Vous me voyez assez en garde contre le ridicule ; et, malgré toutes mes précautions, je ne laisse pas de me laisser aller agréablement aux louanges que vous me donnez sur mon goût. Vous avez intérêt qu'il soit bon, juste et délicat ; car l'idée du vôtre, que je conserve toujours, règle le mien.

Le miracle d'amour [1], que je vis à Bourbon, est le miracle de beauté que je vois à Londres. Quelques années qui lui sont venues, lui ont donné plus d'esprit, et ne lui ont rien ôté de ses charmes.

Beaux yeux, de qui l'éclat feroit cacher sous l'onde
Ceux qu'on en vit sortir pour animer le monde,
Je ne m'étonne pas que les plus grands malheurs
   Ne vous coûtent jamais de pleurs :
Ce n'est pas au malheur à vous causer des larmes ;
On ne les connoît point où règnent tant de charmes.
Si vous avez, beaux yeux, des larmes à jeter,
C'est l'amour seulement qui vous les doit coûter.

Pour les attentats que vous me conseillez, je suis peu en état de les faire, et elle est en état de les souffrir. S'il faut veiller les nuits entières,

1. Mme Mazarin.

on ne me donne pas quarante ans ; s'il faut faire un long voyage avec le vent et la pluie : quelle santé que celle de M. de Saint-Evremond ! Veux-je approcher ma tête de la sienne, sentir des cheveux et baiser le bout de l'oreille, on me demande si j'ai connu Mme Gabrielle [1], et si j'ai fait ma cour à Marie de Médicis. Le papier me manque : je vous prie de me mettre au rang des amis solides, immédiatement après M. de Canaples [2]. Miracle d'amour est votre servante [3].

1. Gabrielle d'Estrées, maîtresse de Henri IV.
2. Alphonse de Créqui, marquis de Canaples, qui a été ensuite duc de Lesdiguières.
3. Indépendamment de ces lettres au comte d'Olonne, il en est une autre, de date plus ancienne, qui eut une certaine publicité; dont les copies furent répandues dans le monde, et ne parvinrent à l'impression, dans les recueils de Barbin, qu'avec des altérations qui la rendoient méconnoissable. Lorsque Des Maizeaux la remit sous les yeux de Saint-Evremond, le vieillard écrivit en marge : *Tout est changé : point de moi, comme elle est.* Nous nous sommes donc abstenus de la reproduire ici, avec d'autant moins de regret qu'elle se rapporte à des événements de société dont nous ignorons l'histoire et les détails. Il y est question, probablement, d'un projet de mariage du comte d'Olonne avec Mademoiselle de Leuville, et d'une singularité de voyage, par le coche d'Orléans, qui ne fut point approuvée du commandeur de Souvré, ni du commandeur de Jars. Saint-Evremond ne voulut pas refaire cette lettre. Telle qu'elle est imprimée, elle est dépourvue d'intérêt.

VII.

LETTRE AU MARQUIS DE CRÉQUI[1].

(1664[2].)

APRÈS avoir vécu dans la contrainte des cours, je me console d'achever ma vie dans la liberté d'une république, où, s'il n'y a rien à espérer, il n'y a pour le moins rien à craindre. Quand on est jeune, il seroit honteux de ne pas entrer dans le monde, avec le dessein de faire sa fortune : quand nous sommes sur le retour, la nature nous rappelle à nous; et revenus des sentiments de l'ambition au désir de notre repos, nous trouvons qu'il est doux de vivre dans un pays où les lois nous mettent à couvert des volontés des hommes, et où, pour être sûrs de tout, nous n'avons qu'à être sûrs de nous-mêmes.

Ajoutons à cette douceur, que les magistrats

---

1. François, marquis de Créqui, maréchal de France en 1668; le même à qui Saint-Évremond a adressé d'autres ouvrages, et surtout la relation sur la paix des Pyrénées.

2. Saint-Evremond écrivit cette lettre après avoir repassé d'Angleterre en Hollande.

sont fort autorisés dans leurs charges pour l'intérêt du public, et peu distingués en leurs personnes par des avantages particuliers. Vous ne voyez donc point de différences odieuses, dont les honnêtes gens soient blessés; point de dignités inutiles, de rangs incommodes ; point de ces fâcheuses grandeurs, qui gênent la liberté, sans contribuer à la fortune. Ici, les magistrats procurent notre repos, sans attendre de reconnoissance, ni de respect même, pour les services qu'ils nous rendent. Ils sont sévères dans les ordres de l'État, fiers dans l'intérêt de leur pays avec les nations étrangères, doux et commodes avec leurs citoyens, faciles avec toutes sortes de personnes privées. Le fond de l'égalité demeure toujours, malgré la puissance; et, par là, le crédit ne devient point insolent, la conduite jamais dure.

Pour les contributions, véritablement elles sont grandes; mais elles regardent sûrement le bien public, et laissent à chacun la consolation de ne contribuer que pour soi-même. Ainsi l'on ne doit pas s'étonner de l'amour qu'on a pour la patrie, puisqu'à le bien prendre c'est un véritable amour-propre. C'est trop parler du gouvernement, sans rien dire de celui qui paroît y avoir le plus de part [1]. A lui faire jus-

1. Le grand pensionnaire de Wit.

tice, rien n'est égal à sa suffisance, que son désintéressement et sa fermeté.

Les choses spirituelles sont conduites avec une pareille modération. La différence de religion, qui excite ailleurs tant de troubles, ne cause pas ici la moindre altération dans les esprits. Chacun cherche le ciel par ses voies, et ceux qu'on croit égarés, plus plaints que haïs, s'attirent une charité pure et dégagée de l'indiscrétion du faux zèle.

Comme il n'y a rien en ce monde qui ne laisse quelque chose à désirer, nous voyons moins d'honnêtes gens que d'habiles : plus de bon sens dans les affaires, que de délicatesse dans les entretiens. Les dames y sont fort civiles, et les hommes ne trouvent pas mauvais qu'on préfère à leur compagnie celle de leurs femmes ; elles sont assez sociables pour nous faire un amusement, trop peu animées pour troubler notre repos. Ce n'est pas qu'il n'y en ait quelques-unes de très-aimables : mais il n'y a rien à espérer d'elles, ou par leur sagesse, ou par une froideur qui leur tient lieu de vertu. De quelque façon que ce soit, on voit en Hollande un certain usage de pruderie établi partout, et je ne sais quelle vieille tradition de continence, qui passe de mère en fille comme une espèce de religion.

A la vérité, on ne trouve pas à redire à la

galanterie des filles, qu'on leur laisse employer bonnement, comme une aide innocente à se procurer des époux. Quelques-unes terminent ce cours de galanterie par un mariage heureux; quelques malheureuses s'entretiennent de la vaine espérance d'une condition qui se diffère toujours, et n'arrive point. Ces longs amusements ne doivent pas s'attribuer au dessein d'une infidélité méditée. On se dégoûte avec le temps, et le dégoût pour la maîtresse prévient la résolution bien formée d'en faire une femme. Ainsi, dans la crainte de passer pour trompeur, on n'ose se retirer, quand on ne veut pas conclure; et moitié par habitude, moitié par un sot honneur qu'on se fait d'être constant, on entretient languissamment les misérables restes d'une passion usée. Quelques exemples de cette nature font faire de sérieuses réflexions aux plus jeunes filles, qui regardent le mariage comme une aventure, et leur naturelle condition, comme le véritable état où elles doivent demeurer.

Pour les femmes, s'étant données une fois, elles croient avoir perdu toute disposition d'elles-mêmes; et ne connoissant plus que la simplicité du devoir, elles feroient conscience de se garder la liberté des affections, que les plus prudes se réservent ailleurs, sans aucun égard à leur dépendance. Ici, tout paroît infidélité; et l'infidélité, qui fait le mérite galant des cours agréables, est le plus gros des vices chez cette bonne nation, fort sage dans la conduite et dans le gouvernement, peu savante dans les plaisirs délicats et les mœurs polies. Les maris payent cette fidélité de leurs femmes d'un grand assujettissement; et si quelqu'un, contre la coutume, affectoit l'empire dans la maison, la femme seroit plainte de tout le monde comme une malheureuse, et le mari décrié comme un homme de très-méchant naturel.

Une misérable expérience me donne assez de discernement pour bien démêler toutes ces choses, et me fait regretter le temps où il est bien plus doux de sentir que de connoître. Quelquefois je rappelle ce que j'ai été, pour ranimer ce que je suis; et du souvenir des vieux sentiments, il se forme quelque disposition à la tendresse, ou du moins un éloignement de l'indolence. Tyrannie heureuse que celle des passions qui font les plaisirs de notre vie! Fâcheux empire que celui de la raison, s'il nous ôte les sentiments agréables, et nous tient dans une inutilité ennuyeuse, au lieu d'établir un véritable repos!

Je ne parlerai guère de la Haye : il suffit que les voyageurs en sont charmés, après avoir vu les magnificences de Paris et les raretés d'Italie.

D'un côté, vous allez à la mer, par un chemin digne de la grandeur des Romains ; de l'autre, vous entrez dans un bois, le plus agréable que j'aie vu de ma vie. Dans le même lieu, vous trouvez assez de maisons pour former une grande et superbe ville ; assez de bois et d'allées pour faire une solitude délicieuse. Aux heures particulières, on y trouve les plaisirs des champs : aux heures publiques, on y voit tout ce que la foule des villes les plus peuplées sauroit fournir. Les maisons y sont plus libres qu'en France, au temps destiné à la société ; plus resserrées qu'en Italie, lorsqu'une régularité trop exacte fait retirer les étrangers, et remet la famille dans un domestique étroit. De temps en temps nous allons faire notre cour au jeune prince [1], à qui je laisserai sujet de se plaindre, si je dis seulement que jamais personne de sa qualité n'a eu l'esprit si bien fait que lui, à son âge. A dire tout, je dirois des vérités qu'on ne croiroit point ; et par un secret mouvement d'amour-propre, j'aime mieux taire ce que je connois, que manquer à être cru de ce que vous ne connoissez pas.

1. Le prince d'Orange, qui n'avoit alors que quatorze ans.

VIII.

LETTRE AU MARÉCHAL DE GRAMMONT.

(1665.)

(Saint-Evremond reçut, en 1664, une lettre du maréchal de Grammont qui lui reprochoit de négliger trop ses affaires, et de ne pas solliciter assez vivement ses amis de faire sa paix avec la cour. Voici la réponse de Saint-Evremond.)

ous me reprochez de ne point donner de mes nouvelles à mes amis, et je vous réponds qu'il faut les connoître, avant que de leur écrire.

On se méprend, dans la mauvaise fortune, si on compte sur de vieilles habitudes, qu'on nomme assez légèrement amitiés. Bien souvent nous voulons faire souvenir de nous des gens qui veulent nous oublier, et dont nous excitons plutôt le chagrin que les offices. En effet, ceux qui veulent bien nous servir dans nos disgrâces, sont impatients de faire connoître l'envie qu'ils en ont, et leur générosité épargne à un honnête homme la peine secrète qu'on sent toujours à expliquer ses besoins. Pour ceux qui se laissent rechercher, ils ont déjà comme un dessein formé de nous fuir : nos prières les plus raisonnables sont pour eux des importunités assez fâcheuses. Je ferai une application particulière de ce sentiment général, et vous dirai que je pense avoir reçu des nouvelles de toutes les personnes qui voudroient s'employer en ma faveur : je fatiguerois inutilement des miennes ceux qui ne m'ont pas donné des leurs jusqu'ici.

Parmi les amis que la nouvelle fortune m'a fait éprouver, j'en ai vu qui étoient tout pleins de chaleur et de tendresse : j'en ai vu d'autres qui ne manquoient pas d'amitié, mais qui avoient une lumière fort présente à connoître leur inutilité à me servir; qui peu touchés de se voir sans crédit, en cette occasion, ont remis aisément tous mes malheurs à ma patience. Je leur suis bien obligé de la bonne opinion qu'ils en ont : c'est une qualité dont on s'accommode le mieux qu'il est possible, et dont on laisseroit pourtant volontiers l'usage à ses ennemis. Cependant, il faut nous louer du service qu'on nous rend, sans nous plaindre de celui qu'on ne nous rend pas ; et rejeter, autant qu'on peut, certains sentiments d'amour-propre, qui nous représentent les personnes plus obligées à nous servir qu'elles ne le sont. La mauvaise fortune ne se contente pas de nous apporter les malheurs, elle nous rend plus délicats à être blessés de toutes choses; et la nature, qui devroit lui résister, est d'intelligence avec elle, nous prêtant un sentiment plus tendre, pour souffrir tous les maux qu'elle fait.

Dans la condition où je suis, mon plus grand soin est de me défendre de ces sortes d'attendrissements. Quoique je montre un air assez douloureux, je me suis rendu en effet presque insensible : mon âme, indifférente aux plus fâcheux accidents, ne se laisse toucher aujourd'hui qu'aux offices de quelques amis, et à la bonté qu'ils m'ont conservée. Depuis quatre ans que je suis sorti du royaume, j'ai éprouvé, de six mois en six mois, de nouvelles rigueurs, que je rends aussi légères que je puis, par la facilité de la patience. Je n'aime point ces résistances inutiles, qui, au lieu de nous garantir du mal, retardent l'habitude que nous avons à faire avec lui.

D'ailleurs, ceux qui peuvent tout, ne nous rendent pas aussi malheureux qu'ils le pourroient, quand ils rencontrent de la docilité à leurs ordres. L'opposition aigrit leur volonté, et ne diminue rien de leur pouvoir. Cette soumission pour les maîtres me dispose insensiblement à souffrir de ceux qui ne le sont pas. Je m'entends blâmer souvent mal à propos ; et après une justification légère, pour ne pas aigrir le monde par trop de raison, j'attends patiemment qu'il se détrompe de lui-même; et véritablement, il faut plus attendre du temps que de ses raisons. Dans la chaleur d'une méchante affaire, les uns ont de la peine à les dire, et les autres à les écouter ; mais, dans quelque retour, ou d'humeur, ou d'intérêt, l'on fait notre mérite de ce qui avoit fait notre disgrâce. Il y a peu de personnes à la cour dont je n'aie vu changer la réputation deux fois l'année, soit par la légèreté de nos jugements, soit par la diversité de leur conduite. J'ose espérer que la même chose arrivera sur mon sujet, mais plus par les réflexions d'autrui, que par aucun changement de mon côté. Un jour on me louera d'être bon François, par ce même écrit qui m'attire des reproches ; et si Monsieur le Cardinal vivoit encore, j'aurois le plaisir de me savoir justifier dans sa conscience ; car je n'ai rien dit de lui, qu'il ne se soit dit intérieurement cent fois lui-même. Jaloux de l'honneur du roi et de la gloire de son règne, je voulus laisser une image de l'état où nous étions avant la paix, afin que toutes les nations connussent la supériorité de la nôtre, et rejetant le mauvais succès de la négociation sur un étranger, ne s'attachassent qu'à considérer les avantages que nous avions eu dans la guerre.

Je finis un si fâcheux entretien : c'est un ridicule ordinaire aux disgraciés d'infecter toutes choses de leurs disgrâces ; et possédés qu'ils en sont, d'en vouloir toujours infecter les autres. La conversation de M. d'Aubigny, que je vais avoir présentement, me sauve d'une plus longue impertinence; et vous, de la fatigue que vous en auriez. Avec lui, la joie est de tous les pays, et de toutes les conditions; jusque-là qu'un malheureux y devient trop gai, et perd, sans y penser, la bienséance d'un sérieux que l'on doit, pour le moins, aux infortunes.

IX.

LETTRE A M. LE COMTE DE GRAMMONT.

(1680.)

J'AI appris de M. le Maréchal de Créqui, que vous étiez devenu un des plus opulents Seigneurs de la cour.[1] Si les richesses qui amollissent le courage, et qui savent anéantir l'industrie, ne font pas de tort aux qualités de mon héros, je suis prêt à me réjouir du changement de votre fortune; mais si elles ruinent les vertus du CHEVALIER, et le mérite du COMTE, je me repens de n'avoir pas exécuté le dessein que j'ai eu tant de fois de vous tuer; pour assu-

---

1. Il avoit hérité de son frère Henri, comte de Toulongeon, mort en 1679; et *le chevalier* s'appela désormais *le comte* de Grammont. Voy. notre *Introduction*.

rer l'honneur de votre mémoire. Que j'aurais de chagrin, Monsieur le Comte, de vous voir renoncer au jeu, et devenir indifférent pour les dames; de vous voir réserver de l'argent pour le mariage de votre fille ; aimer les rentes et parler du fonds de terre, comme d'une chose nécessaire à l'établissement des maisons ! Quel changement, si vous faisiez tant de cas du fonds de terre, après l'avoir abandonné si longtemps aux pies, aux corneilles et aux pigeons ! Quel changement, si vous aspiriez à devenir *Monsieur le Baron de Saint-Meat*, pour avoir la noblesse de Bigorre à votre lever, et entretenir vos voisins avec ce fausset heureux et brillant, qui gagne tous les cœurs de la Gascogne !

> Ah ! Que deviendroit cette *vie*
> Tant *admirée* et *peu suivie ?*

Que deviendroient tous les avantages que je vous ai donnés sur Salomon !

> *Ce grand Sage avec ses PROVERBES,*
> *Avec sa connoissance d'herbes,*
> *Et le reste de ses talens,*
> Sans bien, comme tu vis, n'eût pas vécu deux ans.

Beaux éloges, vous seriez effacés de la mémoire des hommes ! et, pour toute louange du Comte de Grammont, on entendroit dire aux Gascons et aux Béarnois : *La maison de Monsieur le Comte va bien ; on y mange dans le vermeil de Monsieur de Toulongeon, et l'ordre y est excellent; si les choses continuent, Mademoiselle de Grammont se fait un des bons partis de la Cour!* Sauvez-vous, Seigneur, de tout discours de cette nature : celui qui a soin des allouettes, aura soin de vos enfants. C'est à vous de songer à votre réputation et à vos plaisirs.

Devenez opulent, Seigneur, devenez riche;
Mais ne vous donnez pas un languissant repos.
Vous pouvez n'être pas en amour un héros,
Que vous ne serez pas, comme un comte de Guiche.
On peut, on peut encore aujourd'hui vous aimer;
Et, si jamais le temps, à tous inexorable,
Vous ôtoit les moyens de plaire et de charmer,
N'aimez pas moins, Seigneur, ce qui paroît aimable.
Salomon, après vous, ce sage incomparable,
Sur la fin de ses jours se laissoit enflammer,
Et plus il vieillissoit, plus ce feu secourable
      Savoit le ranimer.
Waller qui ne sent rien des maux de la vieillesse,
Dont la vivacité fait honte aux jeunes gens,
S'attache à la beauté, pour vivre plus longtemps;
Et ce qu'on nommeroit, en un autre, foiblesse,
Est en ce rare esprit une sage tendresse
Qui le fait résister à l'injure des ans.
Contre l'ordre du Ciel, je reste sur la terre;
      Et le charme divin
De celle qui me fait une éternelle guerre,
      Arrête mon destin.
Du chagrin malheureux où l'âge fait conduire,
Les plus beaux yeux du monde ont droit de me sauver.

Un funeste pouvoir qui tâche à me détruire,
En rencontre un plus fort qui veut me conserver.
Mon corps tout languissant, ma triste et froide masse
Reçoit une chaleur qui vient fondre sa glace ;
Et la nature usée abandonnant mes jours,
Je vis sans elle encor par de nouveaux secours.
Je vis, et chez un autre est le fond de ma vie ;
Je ne suis animé que de feux empruntés ;
Ma machine ne va que par ressorts prêtés ;
   Ma trame désunie
   Se reprend et se lie
Par des esprits secrets qu'inspirent ses beautés.
N'enviez pas, Seigneur, ces innocentes aides
Que nous savons tirer de nos derniers désirs.
Les sentimens d'amour sont pour nous des remèdes,
   Et pour vous des plaisirs.
Notre exemple, pour vous, n'est pas encore à suivre.
Par diverses raisons nous nous laissons charmer ;
Dans l'âge où je me vois, je n'aime que pour vivre :
Il vous reste du temps à vivre pour aimer.

 Je vous souhaiterois un siècle, si je ne savois que les hommes extraordinaires ont plus de soin de leur gloire, que de leur durée.

Soutenez jusqu'au bout la gloire d'une vie
Qui fait l'amour d'un sexe, et de l'autre l'envie ;
Unissez les talens d'un abbé singulier,
Avec les qualités d'un rare chevalier ;
   Joignez le chevalier au comte,
Et qu'on trouve un héros, qui mon héros surmonte.
Abbé, vous sûtes plaire à ce grand Richelieu :
Vous plûtes, chevalier, au foudre de la guerre.

Le COMTE a le plus digne lieu ;
Il a part aux bienfaits du Maître de la terre,
D'un roi que l'univers regarde comme un Dieu ;
Je sais que son courroux est pis que le tonnerre :
Heureux qui peut jouir de ses faveurs ! Adieu.

X.

(Le comte de Grammont ayant fait une grave maladie, dont il faillit mourir, Saint-Evremond avoit composé d'avance son épitaphe, qu'il lui envoya dès qu'il apprit son retour à la santé.)

**ÉPITAPHE DE MONSIEUR LE COMTE DE GRAMMONT,
AVEC LE PORTRAIT DE L'AUTEUR.**

(1695.)

Passant, tu vois ici le comte de Grammont,
Le héros éternel du vieux Saint-Evremond.
    Suivre CONDÉ toute sa vie,
    Et courir les mêmes hazards
    Qu'il couroit dans les champs de Mars,
Des plus vaillans guerriers pouvoit faire l'envie.

    Veux-tu des talens pour la cour ?
    Ils égalent ceux de la guerre.
    Faut-il du mérite en amour ?
    Qui fut plus galant sur la terre ?

    Railler, sans être médisant ;
    Plaire, sans faire le plaisant ;
    Garder son même caractère,
    Vieillard, époux, galant et père ;

C'est le mérite du héros,
Que je dépeins en peu de mots.

Alloit-il souvent à confesse ?
Entendoit-il vêpres, sermon ?
S'appliquoit-il à l'oraison ?
Il en laissoit le soin à la comtesse.

Il peut revenir un Condé,
Il peut revenir un Turenne ;
Un comte de Grammont en vain est demandé,
La nature auroit trop de peine.

APRÈS avoir lu l'ÉPITAPHE du comte de Grammont, si tu as la curiosité de connoître celui qui l'a faite, je t'en donnerai le caractère. C'est un philosophe également éloigné du superstitieux et de l'impie ; un voluptueux qui n'a pas moins d'aversion pour la débauche, que d'inclination pour les plaisirs ; un homme qui n'a jamais senti la nécessité, qui n'a jamais connu l'abondance. Il vit dans une condition méprisée de ceux qui ont tout, enviée de ceux qui n'ont rien, goûtée de ceux qui font consister leur bonheur dans leur raison. Jeune, il a haï la dissipation, persuadé qu'il falloit du bien pour les commodités d'une longue vie. Vieux, il a de la peine à souffrir l'économie, croyant que la nécessité est peu à craindre, quand on a peu de temps à pouvoir être misérable ; il se loue de la nature : il ne se plaint point de la fortune. Il hait le crime, il souffre les fautes, il plaint le malheur. Il ne cherche pas dans les hommes ce qu'ils ont de mauvais, pour les décrier; il trouve ce qu'ils ont de ridicule, pour s'en réjouir; il se fait un plaisir secret de le connoître; il s'en feroit un plus grand de le découvrir aux autres, si la discrétion ne l'en empêchoit.

La vie est trop courte, à son avis, pour lire toutes sortes de livres, et charger sa mémoire d'une infinité de choses, aux dépens de son jugement. Il ne s'attache point aux écrits les plus savants, pour acquérir la science; mais aux plus sensés, pour fortifier sa raison. Tantôt il cherche les plus délicats, pour donner de la délicatesse à son goût; tantôt les plus agréables, pour donner de l'agrément à son génie. Il me reste à vous le dépeindre, tel qu'il est dans l'amitié, et dans la religion : en l'amitié, plus constant qu'un philosophe, plus sincère qu'un jeune homme de bon naturel, sans expérience ; à l'égard de la religion,

> De justice et de charité,
> Beaucoup plus que de pénitence,
> Il compose sa piété ;
> Mettant en Dieu sa confiance,
> Espérant tout de sa bonté.
> Dans le sein de la Providence
> Il trouve son repos et sa félicité.

XI.

FRAGMENT DE LETTRE, AU MÊME.

Jusqu'ici vous avez été mon *héros*, et moi votre *philosophe* [1]. Nous partagions l'un et l'autre ces rares qualités; présentement tout est pour vous, vous m'avez enlevé ma philosophie. Je voudrois être mort et avoir dit, en mourant, ce que vous avez dit dans l'agonie : *Comtesse, si vous n'y prenez garde, Dangeau vous escamotera ma conversion* [2]. On parle de ce beau Dit dans toutes les Cours de l'Europe****.

---

1. Voy. la pièce de vers imprimée au tome II, pag. 537-38 : *Il est des héros pour la guerre*, etc. Voy. aussi les *Mémoires* d'Hamilton, où le chevalier de Grammont qualifie constamment Saint-Evremond de *son philosophe*.

2. Le comte de Grammont étant à l'agonie, le marquis de Dangeau le vint voir de la part du roi, pour lui dire qu'il falloit songer à Dieu : le comte se tournant alors du côté de la comtesse son épouse, lui adressa le joli mot dont Saint-Evremond le félicite.

XII.

LETTRE AU MÊME.

(1696.)

UAND Monsieur le Comte de Grammont m'accuse de n'avoir pas fait de réponse à sa Lettre, il me met en droit de lui reprocher qu'il n'a pas fait un bon usage de la mienne. Je lui mandois que sa santé auroit été bue solennellement par Madame Mazarin, par Mylord Montaigu, même sans rancune par son Philosophe, si la compagnie avoit eu du vin qu'on pût boire. Un homme aussi pénétrant que lui ne devinoit-il pas qu'on en avoit besoin, pour cette solennité? Un Galant auroit pu s'excuser autrefois, sur ce qu'il ne devoit non plus se connoître en vin que sa Maîtresse ; mais, depuis que les Dames prennent du tabac, qu'elles vendent leurs bagues pour acheter des tabatières, qu'elles font leurs agréments de boire et de manger de bonne grâce, comment rétablir l'honneur de son intelligence, à moins que de comprendre et de suivre notre première intention? Cependant rien ne m'em-

pêchera de lui donner une partie des louanges qui lui sont dues.

> Quand on trouve aux jeunes gens
> Les chagrins de la vieillesse;
> Qu'ils sont mornes et pesans,
> Qu'ils ont un air de tristesse;
> Le comte a, sur ses vieux ans,
> Tous les goûts de la jeunesse.
> Jeux, ris, nouvelles amours,
> Fête, opera, comédie,
> Feront de ses derniers jours
> Les plus beaux jours de sa vie.

APOSTILLE DE MADAME MAZARIN.

Monsieur de Saint-Evremond écrit pour lui et pour moi; j'ai les mêmes intentions. Je crois que vous aurez l'intelligence plus fine que vous n'avez eu à l'autre lettre qu'il vous a écrite.

XIII.

BILLET AU MÊME.

(1696.)

Votre lettre seule eût suffi : une lettre et d'excellent vin [1] est trop pour la reconnoissance d'un philosophe, qui n'a que de la raison et de la sagesse à offrir; choses ennuyeuses, et qui ne sont d'aucun usage, pour ceux qui conservent encore le goût des plaisirs. Il faudroit d'ailleurs être bien présomptueux, pour offrir de la raison et de la sagesse à celui qui donne un exemple de courage aux philosophes, et un exemple de vie aux courtisans.

1. Du vin de Bourgogne.

XIV.

A M. DE SAINT-EVREMOND.

(Quatre ans plus tard, en 1700, le comte de Grammont fut encore très-gravement malade, et en revint heureusement. Saint-Evremond ne lui ayant rien mandé, à cette occasion, le comte lui fit écrire, par Hamilton, la lettre suivante. Voy. la lettre à Ninon, *infra*, n° 105.)

Votre régularité à m'écrire sur mes autres résurrections me fait croire que vous n'avez rien su de celle-ci. Je viens pourtant de pousser l'aventure plus loin que jamais, avec aussi peu d'envie de la mettre à fin. On se moque de dire que les occasions accoutument au péril : pour moi qui viens de voir la mort d'assez près, je vous dirai franchement que je me sens une grande aversion pour elle; et lorsqu'on la voit venir droit à son homme, je tiens qu'il est difficile de n'en être pas ému.

> Malgré la misère ou les ans,
> Malgré les chagrins accablants
> D'une ennuyeuse maladie;
> Malgré cette glace ennemie
> Qui se répand sur tous les sens;
> Quoique perclus, quoique mourants,
> Il reste aux humains, pour la vie,

De chers et de tendres penchants.
On a beau le voir d'un œil ferme;
On n'aime point le dernier terme;
Et de vos Grecs, de vos Romains,
Qui se tuaient à belles mains,
On a beau vanter le courage;
Et l'on auroit beau discourir
Sur une vertu si sauvage;
Je tiens, pour moi, que l'homme sage
N'est jamais pressé de mourir.
Je conviens qu'après certain âge
La mort à peu près s'envisage
Comme un mal qu'on ne peut guérir,
Ou comme la fin d'un voyage
Qu'on n'achève point sans périr :
Mais, pour nous rendre à ce passage
Doucement, d'étage en étage,
Approchons-en, sans y courir;
Allons au bout de la carrière,
Sans ennui, sans empressement :
Assez tôt de l'heure dernière
Arrive le fatal moment.
Je suis peu fort sur la morale,
Et je ne sais pas grand latin;
Mais, afin que, d'une âme égale,
Je puisse soutenir ma fin,
Voici, pour l'une et l'autre vie,
Le plan de ma philosophie.
Je tâche de mettre à profit
Ce que la comtesse m'en dit;
Car, sans méditer et sans lire,
Je commence à me faire instruire
Des principes de notre foi,

Petitement, pour me suffire.
Je sais ce que prescrit la loi ;
Au prochain je ne veux plus nuire,
A moins qu'il ne me nuise, à moi ;
Sur l'incontinence, je croi
Que l'on n'a plus rien à me dire.
Dévot, sans jeûner, ni médire,
Je le suis; je l'ai dit au roi,
Et n'ai garde de m'en dédire.

XV.

RÉPONSE DE SAINT-EVREMOND AU COMTE DE GRAMMONT.

J'AI appris avec beaucoup de douleur votre seconde mort, et avec beaucoup de joie votre seconde résurrection. J'écris toujours à mon héros d'un style poétique; je vous dirai donc, en poëte, que vous avez trouvé un gué au Cocyte, que vous passez, et repassez, avec plus de facilité que je ne ferois un ruisseau. La difficulté que j'aurois à revenir de l'autre monde me tient attaché, autant que je puis, à celui-ci.

Heureux qui, de bonne heure, a pu songer aux cieux !
C'est là qu'on peut trouver la félicité sûre,
Le bien toujours égal et toujours précieux.
Je trouve cependant une chose assez dure;

C'est qu'on n'arrive point au séjour glorieux,
    Sans passer par la sépulture;
  Une autre route serait mieux.

XVI.

RÉPLIQUE DU COMTE DE GRAMMONT A LA LETTRE DE SAINT-EVREMOND, PAR HAMILTON.

Les compliments que vous me faites sur mon retour de l'autre monde, plaisent beauconp dans celui-ci Les applaudissements qu'on donne à votre lettre et le nombre de copies que l'on m'en a demandées, sont dignes de la réputation de mon Philosophe. On ne se lasse point d'admirer cette vivacité que les ans ne font que réveiller; et l'on soutient que deux hommes, nés, comme vous et moi, pour porter si loin et conserver si longtemps tous les agréments de l'esprit, ne sont pas faits pour mourir. Il me semble que vous ne vous éloignez pas de cette opinion, dans votre style poétique; et, pour moi, mes voyages là-bas l'autorisent assez.

    Deux fois, du ténébreux Cocyte
      Ayant su repasser les bords,
      Je prétends faire mes efforts
Pour différer longtemps la dernière visite

Que l'on doit rendre chez les morts.
Là pourtant le gentil Voiture,
Sous quelques myrtes verdoyants,
Les grâces et les ris près de lui badinants,
Admiroit de vos vers les sons et la mesure,
La cadence, les tours brillants,
Et ravissoit, par leur lecture,
Les Malherbes et les Racans ;
Et là, votre maître Épicure,
A certains morts des plus récents,
Demandoit par quelle aventure,
Avec tant d'esprit, tant de sens,
Vous restiez parmi les vivants.
Mais, n'en déplaise à la figure
Que font là-bas tous vos savants,
Puisque c'est par la sépulture
Qu'on passe à leurs paisibles champs,
Suivez ici les doux penchants
Où vous attache la nature,
Et que, dans la demeure obscure,
On vous attende encor longtemps[1] !

1. Le comte de Grammont n'est mort qu'en 1707, âgé de quatre-vingt-six ans. Il avoit huit ans de moins que Saint-Evremond, et il lui survécut de quatre ans. Il paroît que la Comtesse et Hamilton le décidèrent enfin à recevoir les secours de la religion. Hamilton étoit alors réfugié en France, avec Jacques II, et il étoit zélé catholique. Il n'est mort lui-même qu'en 1720.

XVII.

LETTRE AU COMTE DE LIONNE[1].

(1667.)

(Le comte de Lionne ayant marqué à Saint-Evremond, que le marquis de Lionne, son oncle, secrétaire d'État pour les affaires étrangères, souhaitoit qu'on lui envoyât une lettre qui pût être montrée au roi, et qu'il s'engageoit à l'appuyer; Saint-Evremond écrivit la lettre suivante au comte.)

NE croyez pas, Monsieur, que j'aime trop les Pays étrangers, quand vous me voyez employer si peu de soin et d'industrie, pour mon retour dans le nôtre. Ce n'est point une véritable nonchalance ; ce n'est point un grand attachement aux lieux où je suis, ni une aversion pour ceux où vous êtes. La vérité est que je n'ai pas voulu demander au Roi le moindre soulagement, sans avoir souffert ce que j'ai dû souffrir, pour avoir été si malheureux que de lui déplaire. Après tant d'années de disgrâces et de maladies, je crois pouvoir exposer la manière dont j'ai failli, ou, si je l'ose dire, me justifier de l'apparence d'une faute.

Comme le blâme de ceux qui nous sont op-

---

1. Premier écuyer de la grande écurie du roi.

posés, fait la louange la plus délicate qu'on nous donne, j'avois cru travailler ingénieusement à la gloire du génie qui règne, en établissant la honte de celui qui a gouverné auparavant. Ce n'est pas que Monsieur le Cardinal n'ait eu des talents recommandables; mais ces qualités, qui auroient eu de l'approbation parmi les hommes, considérées purement en elles-mêmes, sont devenues méprisables, par l'opposition de celles du Roi. D'où il arrive que des actions assez belles sont obscurcies par de plus éclatantes; que le moindre mérite auprès du plus grand, passe pour défaut; d'où il arrive que la gloire du Prince ruine la réputation du Ministre; et trouver mauvais qu'on méprise ce qu'a fait son Eminence, est en quelque sorte avoir du chagrin qu'on admire ce que fait Sa Majesté.

Que si l'on voyoit en usage les mêmes maximes qui étoient suivies, il paroîtroit qu'on veut exiger des approbations en leur faveur; et nous donnerions les nôtres aussitôt, par une respectueuse obéissance. Mais, puisqu'on s'en éloigne à dessein, jusqu'à prendre les voies les plus opposées, il y a quelque délicatesse à n'approuver pas ce qu'on évite, et quelque prudence à rejeter ce qu'un Roi si sage ne veut pas faire.

Ne m'alléguez point que c'est un crime

d'attaquer la réputation d'un mort : autrement, celui qui la ruine, seroit le premier et plus grand criminel lui-même. Quand il humilie l'orgueil des Espagnols et la fierté des Allemands; quand il abaisse Rome et s'assujettit à l'Eglise; quand il maintient l'Empire contre la puissance du Turc, au même temps que le Roi d'Espagne abandonne l'Empereur, et laisse les Etats de sa Maison exposés à l'invasion des Infidèles; quand il fait la guerre avec tant de conduite et de valeur, et la paix avec tant de hauteur et de sagesse; que fait-il, sinon condamner par ses actions, ce que j'ai blâmé par le discours, et en donner à toute la terre une plus forte et plus expresse censure?

N'en doutez point, Monsieur, c'est du Roi que Monsieur le Cardinal a reçu l'injure que l'on m'attribue. Les belles et admirables qualités de Sa Majesté, ses actions, son gouvernement, ses conseils, m'ont donné les petites idées que j'ai de son Eminence : et dans la condition où je suis, j'ai à demander pardon d'une chose dont il m'est impossible de me repentir. Mais, quel sujet de plainte à Monsieur le Cardinal, qui ne lui soit commun avec tous nos Rois? Leurs règnes n'ont-ils pas le même sort que son ministère? Leurs faits ne sont-ils pas anéantis comme les siens, leur réputation effacée comme la sienne?

Autrefois, nous pensions assez faire de nous soutenir contre une nation ennemie : toute l'Europe, si on le peut dire, toute l'Europe aujourd'hui confédérée, ne se trouve pas capable de nous résister. Autrefois, nous tenions les paix glorieuses, qui nous apportoient la restitution de quelque place : aujourd'hui, les Espagnols cherchent leur salut dans la cession de leurs provinces ; et, si la justice ne régloit toujours nos prétentions, il s'agiroit moins de ce qu'ils nous cèdent, que de ce qui leur reste. Autrefois, nos alliés murmuroient d'avoir été mal soutenus dans la guerre, ou abandonnés dans la paix : de notre temps, ceux qu'on a vus tomber par leur faute, ont été relevés par notre secours ; et l'influence de notre pouvoir a formé toute la grandeur des autres. S'attacher à nous, c'est une élévation certaine ; s'en séparer, une chute comme assurée.

Tant que le Roi agira comme il agit, il m'autorise à parler comme je parle : si on veut que je me démente, qu'il se relâche, qu'il abandonne ses alliés, qu'il laisse rétablir ses ennemis ; alors je deviendrai favorable à Monsieur le Cardinal, et ferai valoir les mêmes choses que j'ai décriées. Mais, aujourd'hui que les peuples attachés à notre amitié regardent avec joie le gouvernement que nous voyons, et que les nations opposées à nos intérêts regrettent avec douleur le ministère que nous avons vu, toutes mes réflexions me confirment en ce que j'ai dit; et mon esprit, ferme dans ses premiers sentiments, ne se peut tourner à d'autres pensées.

Si une tendresse du Roi, conservée à la mémoire d'une personne qui lui fut chère; si la constance de son affection pour un mort, lui ont fait trouver mauvais ce qui m'a paru si fort à son avantage, je le supplie de considérer que mes intentions ont été trompées. Je n'ai pas cru blesser la délicatesse de son amitié, et je pensois avoir des sentiments exquis sur l'intérêt de sa gloire. En toutes choses, les méprises sont excusables; mais l'erreur qui vient d'un principe si noble et si beau, ne laisse aucun droit à la justice. Ne pensez pas néanmoins que je veuille faire ici des leçons, au lieu de très-humbles prières; et instruire SA MAJESTÉ de ce qu'Elle doit, au lieu de me soumettre à ce qu'Elle veut. J'attends, avec une parfaite résignation, qu'il lui plaise ordonner de ma destinée; et je me prépare à la reconnoissance de la grâce, ou à la patience du châtiment.

Si Elle a la bonté de finir mes maux, Elle joindra la dépendance d'une créature à l'obéissance d'un sujet, et adoucira la contrainte qui lie, par l'affection qui attache. Mais je consulte peu mes sentimens, quand je parle de la sorte. L'obligation dans laquelle je suis né, me tient lieu de tous les attachements du monde : le devoir a les mêmes charmes pour moi, que les grâces pourroient avoir pour les autres. Presqu'en tous les hommes, la sujétion n'a qu'une docilité apparente : tandis qu'elle affecte un air soumis, elle excite un murmure intérieur ; et sous des dehors humiliés, on tâche à défendre un reste de liberté, par des résistances secrètes. Ce n'est pas en moi la même chose. La nature ne garde rien pour elle en secret, quand il faut obéir : les ordres du roi ne trouvent aucun sentiment dans mon âme, qui ne les prévienne par inclination, ou ne s'y soumette sans contrainte, par devoir. Quelque rigueur que j'éprouve, je cherche la consolation de mes maux dans le bonheur de celui qui les fait naître. J'adoucis la dureté de ma condition par la félicité de la sienne ; et rien ne sauroit me rendre malheureux, puisqu'il ne sauroit arriver aucun changement dans la prospérité de ses affaires [1].

---

1. Ni cette lettre, ni les sollicitations de Monsieur le marquis de Lionne, n'eurent aucun effet sur l'esprit du roi, comme on l'a vu dans l'*Introduction*.

XVIII.

LETTRE AU MÊME.

(1668.)

Monsieur,

Si je pouvois m'acquitter de toutes les obligations que je vous ai, par des remercîments, je vous rendrois mille grâces très-humbles ; mais, comme la moindre des peines que vous avez prises pour moi, vaut mieux que tous les compliments du monde, je vous laisserai vous payer vous-même du plaisir que sent un honnête homme d'en faire aux autres. Peut-être direz-vous que je suis un ingrat : si cela est, au moins, ce n'est pas d'une façon ordinaire ; et, connoissant la délicatesse de votre goût, je crois vous plaire mieux par une ingratitude recherchée, que par une reconnoissance trop commune. Si, par malheur, ce procédé ne vous plaisoit pas, justifiez-moi vous-même ; et, par ce que vous avez fait pour moi, croyez que je sens tout ce que je dois sentir pour vous. Quelque succès que puissent avoir vos soins, je vous serai toujours obligé ; et les bonnes intentions de ceux qui veulent me rendre service, ont toujours quelque chose de fort doux et de fort agréable pour moi, quand même elles ne réussiroient pas.

Pour les papiers dont vous me parlez, vous en êtes le maître : rien n'est mieux à nous que ce que nous donne notre industrie. L'adresse que vous avez eue à faire votre larcin, méritoit d'être mieux récompensée, en vous faisant rencontrer quelque chose de plus rare. Vous ne pouviez pas me dire plus ingénieusement, qu'Émilie[1] n'est pas fort au goût des dames de Paris. A vous dire vrai, elle est un peu hollandoise ; son *embonpoint* me fait assez juger à moi-même qu'elle boit de la bière; et sa *dévotion*, qu'elle porte sa Bible sous son bras tous les dimanches.

Je vous prie de ne point donner de copie à personne des petits ouvrages que je vous envoie, hormis celle de la Lettre que M. de Turenne vous a demandée, pour trouver moyen de me servir, et que vous auriez bien fait de lui avoir déjà donnée. J'ai ajouté quelque chose à la Dissertation sur l'Alexandre de M. Racine, qui me l'a fait paroître plus raisonnable que vous ne l'avez vue. Si M. le comte de Saint-Albans a envie de voir ce qui est entre vos mains, vous pouvez le lui

---

[1]. Ceci se rapporte évidemment à une relation de Saint-Evremond en Hollande.

montrer, car je n'ai pensée au monde dont je ne le fisse confident.

J'aurois bien de la joie que le mariage du fils du marquis de Cœuvres se fît avec la fille de M. de Lionne le Ministre, ayant toujours été serviteur de MM. d'Estrées et de M. de Lionne, autant qu'on sauroit l'être. Mais, quand je songe que j'ai vu marier M. le marquis de Cœuvres; que j'ai vu son fils à la bavette, venir donner le bonjour à M. de Laon [1], qu'il appeloit son tonton, je fais une fâcheuse réflexion sur mon âge; et levant les yeux au ciel, avec un petit mouvement des épaules, je chante moins agréablement que Noblet :

> Mais, hélas ! quand l'âge nous glace,
> Nos beaux jours ne reviennent jamais.

Le bruit court ici comme à Paris, que la paix de Portugal est faite [2]; mais la nouvelle en vient de Madrid. L'ambassadeur de Portugal [3], avec qui je joue à l'ombre tous les jours, n'en a aucune nouvelle de Lisbonne. Il se plaint, dans la créance qu'on donne à cette nouvelle-là, que le Portugal soit compté pour rien; et voici son raisonnement : *On croit*, dit-il, *la paix faite, parce qu'on sait que l'Espagne nous offre*

---

1. Ensuite cardinal d'Estrées.
2. Elle fut signée le 25 de février 1668.
3. Dom Francisco de Mélos dont il a été déjà parlé.

tout ; mais qui sait si nous voulons recevoir tout? Ce qui vient des Castillans m'est suspect. Je ne croirai rien, que je ne sois informé par les avis de Lisbonne. Il y a dépêché un exprès pour cela, et pour les affaires qu'il a en ce pays-ci. L'électeur de Cologne est à Amsterdam *incognito*, et le Prince de Toscane y arrive dans quelques jours. Le Prince de Strasbourg (*François Egon de Furstemberg*) est à la Haye, prêchant que la paix se fera, et peu de gens le veulent croire. On est persuadé qu'avant que les Espagnols se soient bien résolus de traiter, on aura mis en campagne. Ne leur enviez pas l'honneur de perdre avec patience ; ils laissent gagner tout ce qu'on veut, car, par la longue habitude qu'ils ont avec les malheurs, ils se donnent peu d'action pour les éviter.

Voilà tout ce que vous aurez de moi. Ce que vous me demandez, par honnêteté, pour me témoigner que vous vous souvenez de mes bagatelles de la Haye, est en si méchant ordre et si mal écrit, que vous ne pourriez pas seulement le lire; outre que je sais assez bien vivre pour vous exempter de l'ennui que vous en auriez. Dans la vérité, il y a bien quelques endroits qui me plaisent assez ; mais il y en a beaucoup à retrancher. Si vous voulez des observations que j'ai faites sur quelques histoires latines, je vous les enverrai.

Je vous prie de faire bien mes remercîments à M***. Quelque estime que vous ayez pour lui, si vous le connoissiez autant que moi, vous l'estimeriez encore davantage. Adieu, Monsieur; je suis né si reconnoissant, que, par dessein ou par étude, je ne saurois devenir ingrat; et, quelque résolution que j'aie eue au commencement de ma lettre, je ne puis la finir sans vous assurer qu'il me souviendra toute ma vie des obligations que je vous ai. Je souhaite que ce soit longtemps;

> Mais, hélas! quand l'âge nous glace,
> Nos beaux jours ne reviennent jamais.

Si vous ne vous piquiez plus d'avoir des bras à casser, des jambes à rompre pour la campagne, que d'écrire, je vous dirois que votre lettre est aussi délicatement écrite qu'elle sauroit l'être.

XIX.

AU MÊME.

Monsieur,

Si vous me faites l'honneur de m'écrire, je vous prie que nous retranchions ce Monsieur, et toute la cérémonie qui gêne la liberté d'un commerce de lettres. Je vous prierai ensuite de vous moquer moins de moi, par des louanges excessives que vous donnez à des bagatelles : l'inutilité les a produites, et je n'en fais cas que par l'amusement qu'elles me donnent, en des heures fort ennuyeuses ; je souhaiterois qu'elles pussent faire le vôtre. Telles qu'elles sont, je ne laisserai pas de vous envoyer, par le premier ordinaire, les Observations sur Salluste et sur Tacite, desquelles je vous ai parlé. Le premier, donne tout au naturel. Chez lui, les affaires sont de purs effets du tempérament : d'où vient que son plus grand soin est de donner la véritable connoissance des hommes par les éloges admirables qu'il nous en a laissés. L'autre, tourne tout en politique, et fait des mystères de tout, ne laissant rien désirer de la finesse et de l'habileté, mais ne donnant presque rien au naturel. Je passe de là à la difficulté qu'il y a de trouver ensemble une connoissance des hommes, et une profonde intelligence des affaires; et en huit ou dix lignes, je fais voir que M. de Lionne, le Ministre, a réuni deux talents ordinairement séparés, qui se trouvent en lui dans la plus grande perfection où ils sauroient être. Il fait si froid, que pour un empire je n'écrirois pas une feuille de papier. Je vous enverrai aussi la DISSERTATION SUR L'ALEXANDRE, à mon avis, beaucoup plus raisonnable que vous ne l'avez. Voilà tout ce que je puis faire pour toutes les grâces que vous me faites.

Je vous suis fort obligé de m'avoir envoyé la traduction qu'a faite M. Corneille du petit poëme latin des conquêtes du roi. Je louerois extrêmement le latin, si je n'étois obligé, en conscience, à louer davantage le françois. Notre langue est plus majestueuse que la latine, et les vers plus harmonieux, si je me puis servir de ce terme. Mais ce n'est pas merveille que celui qui a donné plus de force et plus de majesté aux pensées de Lucain, ait eu le même avantage sur un auteur latin de notre temps. Avec cela, j'admire encore plus ce que Corneille a fait, de lui-même, sur le retour du roi, que sa traduction, tout admirable qu'elle est[1]. Je n'ai ja-

1. Le P. de la Rue avoit fait un poëme latin sur

mais vu rien de plus beau. Si nous avions un poëme de cette force-là, je ne ferois pas grand cas des Homères, des Virgiles et des Tasses. Je mets entre les bonnes fortunes du roi, d'avoir un homme qui puisse parler si dignement de ses grandes actions.

Je vous prie d'assurer M. de Lionne de mes très-humbles respects. Je ne doute point qu'il n'ait la bonté de me rendre ses bons offices, quand il en trouvera l'occasion; et j'attends de vous une sollicitation discrète qui ne l'importune pas, mais qui le fasse souvenir de temps en temps de l'affaire de votre très-humble et très-obéissant serviteur.

M. Van Benningben s'en va ambassadeur en France [1] : ce seroit bien mon fait de m'en retourner avec lui.

---

les Victoires du Roi, en l'année 1667; Corneille l'avoit traduit en vers françois, en même temps qu'il avoit publié une épître *Au Roi*, sur son retour de Flandres.

1. Il y arriva sur la fin de février 1668.

XX.

AU MÊME.

J'aurois à vous faire de grandes excuses de ne vous pas envoyer ce que je vous ai promis, s'il en valoit la peine. Je suis ingénieux à différer l'ennui que mes bagatelles vous peuvent donner; et c'est une marque d'amitié que je vous donne assez délicate; cependant je passerai pardessus votre intérêt et le mien, pour vous envoyer les pièces que je fais copier présentement. J'en adresse une à M. Vossius, mon ami de lettres, et avec qui il y a plus à apprendre qu'avec homme que j'aie vu en ma vie. Je vous dirai cependant que j'écris aux gens de guerre et de cour, comme un bel esprit et un savant; et que je vis avec les savants, comme un homme qui a vu la guerre et le monde.

Pour la confession galante de ma faute dont vous me parlez, je n'aurois pas manqué de la faire, si j'avois eu dessein de faire voir ce que vous m'avez volé. Personne ne sait mieux que vous combien cela étoit éloigné de ma pensée. Vous me ferez plaisir de me faire savoir si je dois espérer quelque retour en France, ou si je me dois résoudre à habiter le reste de mes jours les pays étrangers. L'espérance est la source, ou du moins une des premières causes de l'inquiétude; et l'inquiétude n'est supportable qu'en amour, où elle a même des plaisirs, puisque, comme vous savez,

Amour,
Tous les autres plaisirs ne valent pas tes peines !

partout ailleurs c'est un grand tourment. Nous n'avons point ici l'ATTILA de Corneille : vous m'obligerez de me l'envoyer avec quelques pièces de Molière, s'il y en a de nouvelles : je n'ai de curiosité que pour leurs ouvrages. Les anciens ont appris à Corneille à bien penser, et il pense mieux qu'eux. L'autre s'est formé sur eux à bien dépeindre les mœurs de son siècle dans la Comédie; ce qu'on n'avoit pas vu encore sur nos théâtres. Insensiblement me voilà savant avec vous : je vais recevoir une visite de M. Vossius, à qui je parlerai de la guerre de Flandre. Adieu, Monsieur; j'ai banni le premier une cérémonie ennuyeuse, je vous prie de le trouver bon.

J'oubliois de vous prier d'assurer M. le comte de Grammont, que je suis ravi de le voir protecteur de la maison de Grammont [1].

---

1. M. le comte de Guiche, après avoir été longtemps exilé, avoit enfin obtenu son retour en France, par le

XXI.

AU MÊME.

Vous n'êtes pas de ces gens qui cherchent plus à se satisfaire de l'honnêteté de leur conduite avec leurs amis, qu'à pousser à bout leurs affaires. Le premier soin que vous avez pris de moi, me laissoit assez d'obligations : votre persévérance et toutes ces peines industrieuses que vous vous donnez, me font une espèce de honte, et je les souffrirois malaisément, si je ne croyois qu'elles pourront me mettre en état de vous aller témoigner ma reconnoissance. Vous savez que rien n'égale la tendresse d'un malheureux. Je suis naturellement assez sensible aux grâces que je reçois : jugez ce que la mauvaise fortune ajoute encore à ce bon naturel. Du tempérament dont je suis, et en l'état où je me vois, je m'abandonne à l'impression que fait sur moi votre générosité, et fais mon plai-

---

crédit de M. le comte de Grammont. M. de Saint-Evremond plaisante ici, sur ce que le comte de Grammont avoit su faire ce que le maréchal de Grammont, son frère, avoit tenté plusieurs fois inutilement. (*Des Maizeaux.*)

sir le plus doux et le plus tendre de me laisser toucher : mais quelquefois des réflexions ingrates veulent intéresser mon jugement, et je me mets dans l'esprit d'examiner de sens froid les obligations que je vous ai. Je vous jure de bonne foi qu'après avoir bien considéré tout ce que vous faites pour moi, je m'étonne qu'une connoissance arrivée par hasard, ait pu produire les empressements que vous avez dans les intérêts d'un nouvel ami.

Il semble que par une justice secrète, les proches de M. de Lionne veuillent reconnoître la grande estime et la vénération que j'ai toujours eues pour lui. M. le marquis de Lesseins Lionne [1], au retour de Hollande, faisoit ses affaires de toutes les miennes. Votre chaleur passe encore celle qu'il avoit. J'espère que vous en inspirerez quelque mouvement à M. le marquis de***, et qu'enfin les bons offices de Monsieur son père feront le bon effet que vous avez préparé. Vous ne sauriez vous imaginer combien je me sens touché de la nouvelle grâce que M. le marquis de*** vient de recevoir. Les grands services du père, les grandes espérances que donne le fils, l'ont attirée : j'entends les espérances des services qu'on attend

---

1. Neveu de M. de Lionne le ministre, du côté de sa mère.

de lui; car pour le mérite, il est déjà pleinement formé, et il n'est pas besoin de rien attendre de ce côté-là.

A peine ai-je eu le loisir de jeter les yeux sur ANDROMAQUE [1], et sur ATTILA [2] : cependant il me paroît qu'ANDROMAQUE a bien de l'air des belles choses; il ne s'en faut presque rien qu'il n'y ait du grand. Ceux qui n'entreront pas assez dans les choses, l'admireront : ceux qui veulent des beautés pleines, y chercheront je ne sais quoi qui les empêchera d'être tout à fait contents. Vous avez raison de dire que cette pièce est déchue par la mort de Monfleury; car elle a besoin de grands comédiens qui remplissent par l'action ce qui lui manque. Mais à tout prendre, c'est une belle pièce, et qui est fort au-dessus du médiocre, quoique un peu au-dessous du grand. ATTILA au contraire a dû gagner quelque chose par la mort de Montfleury. Un grand comédien eût trop poussé un rôle assez plein de lui-même, et eût fait faire trop d'impression à sa férocité sur les âmes tendres. Ce n'est pas que cette tragédie n'eût été admirable du temps de Sophocle et d'Euripide, où l'on avoit plus de goût pour la scène farouche et sanglante, que pour la douce et la

---

1. Tragédie de Racine.
2. Tragédie de Corneille.

tendre. Tout y est bien pensé, et j'y ai trouvé de fort beaux vers. Pour le sujet de l'économie des pièces, je n'ai pas eu le loisir d'y faire la moindre réflexion.

Je souhaite de tout mon cœur que Corneille traite le sujet d'Annibal, et s'il y peut faire entrer la conférence qu'il eut avec Scipion, avant la bataille, je m'imagine qu'on leur fera tenir des discours dignes des plus grands hommes du monde, comme ils l'étoient.

Je vous envoie les *Observations sur Salluste*, dont je vous ai parlé, et je vous enverrai bientôt la dissertation sur l'*Alexandre* : tout cela mal copié. Pour les portraits, ils sont tellement attachés à cette *Conversation avec M. de Candale*, qu'on ne peut pas les en séparer, et je ne puis pas envoyer encore l'ouvrage. Adieu, aimez-moi toujours, et me croyez à vous plus qu'homme du monde.

Je ne sais pas si M. de Lionne veut qu'on le croie aussi poli et aussi délicat, et autant homme de plaisir qu'il l'est. Quand ces qualités-là ne produisent qu'une molle paresse, elles conviennent mal à un ministre ; mais quand un ministre profond et consommé dans les affaires se peut mettre au-dessus d'elles, pour les posséder pleinement, et se faire encore quelque loisir agréable et voluptueux, pour la douceur de l'âme et le commerce des honnêtes gens, le mérite ne peut pas aller plus loin, à mon avis [1].

XXII.

LETTRE AU MÊME.

Je ne sais pas bien encore le succès qu'auront tous vos soins; mais je vous puis assurer qu'ils laissent une grande reconnoissance à un homme très-sensible au moindre plaisir qu'il reçoit. Votre maladie me touche plus par l'incommodité qu'elle vous donne, que par l'empêchement qu'elle apporte à vos sollicitations, dans mon affaire : je crains qu'elles ne soient trop pressantes à l'égard de M. de Turenne, et que je ne lui devienne odieux, par l'importunité que je lui cause. S'il ne m'avoit fait faire des compliments par M. le comte d'Auvergne et par M. le comte d'Estrade, je n'aurois pas pris la liberté de lui demander ses bons offices.

---

1. Ce dernier alinéa, depuis : *Je ne sais pas si M. de Lionne*, a été retranché dans toutes les éditions de Des Maizeaux; mais on le trouve dans le Recueil de Raguenet, de 1700, où il a tous les caractères de l'authenticité. J'ai dû le rétablir. Le retranchement a été, sans doute, l'effet d'une complaisance pour MM. de Lionne.

Je ne lui ai jamais rendu aucun service qui l'oblige à s'intéresser dans mes affaires. Si je l'ai admiré toute ma vie, ç'a été pour rendre justice à ses grandes qualités, et faire honneur à mon jugement ; mais je n'en ai rien attendu, comme en effet je n'en devois rien prétendre. S'il a la bonté de me vouloir obliger, il me laissera beaucoup de gratitude : si je lui suis indifférent, je n'aurai aucun sujet de m'en plaindre.

Les bontés que vous me témoignez de M. de Lionne, le Ministre, me donnent une satisfaction secrète, qui ne me laisse pas sentir le peu que j'en devrois avoir dans la situation où je me trouve : si j'en étois pleinement persuadé, elles occuperoient toute mon attention, et me déroberoient agréablement le loisir de songer à ma mauvaise fortune. En quelque lieu que je puisse être, assurez-le, je vous prie, qu'il aura toujours un serviteur bien inutile, malgré moi, mais aussi zélé que vous, pour tout ce qui le regarde : c'est ce qui m'a paru de plus fort, pour bien exprimer mon sentiment.

Modérez les louanges excessives que vous me donnez, sur mes bagatelles. Dans le temps que vous me faites voir tant de sincérité aux choses solides et aux services effectifs, vous avez un peu moins de franchise à me dire nettement ce que vous pensez de ce que je vous envoie. Je vous pourrois dire avec plus de raison, que votre lettre est la mieux écrite que j'aie vue de ma vie; mais je crains de vous décrier par-là, dans un pays délicat, où l'on ne sauroit beaucoup et fort bien écrire, sans passer pour un pédant ou pour un auteur.

Votre ANDROMAQUE est fort belle; trois de mes amis m'en ont envoyé trois par la poste, sans considérer l'économie nécessaire dans une république. Je ne regarde point à l'argent; mais, si les bourguemestres savoient cette dissipation, ils me chasseroient de Hollande, comme un homme capable de corrompre leurs citoyens. Vous savez ce que c'est qu'un État populaire, quand vous m'exemptez de ces dépenses dont vous chargez très-judicieusement M. l'Ambassadeur [1], à qui il sied très-bien de répandre son argent, pour l'honneur de son maître et pour la dignité de la couronne. Néanmoins, comme toutes ces choses-là s'impriment à Amsterdam huit ou dix jours après qu'elles ont paru en France, je ne voudrois pas coûter à M. l'Ambassadeur des ports si considérables, trop souvent. Ceux qui m'ont envoyé ANDROMAQUE, m'en ont demandé mon sentiment. Comme je vous l'ai dit, elle m'a semblé très-belle; mais je crois qu'on peut

1. M. le comte d'Estrades, ambassadeur à la Haye.

aller plus loin dans les passions, et qu'il y a encore quelque chose de plus profond dans les sentiments, que ce qui s'y trouve. Ce qui doit être tendre n'est que doux, ce qui doit exciter de la pitié ne donne que de la tendresse : cependant, à tout prendre, Racine doit avoir plus de réputation qu'aucun autre, après Corneille.

XXIII.

AU MÊME.

S'IL étoit bien vrai que M. de Lionne le Ministre, agréât, comme vous dites, ces petits ouvrages que je vous ai adressés, le plaisir de toucher un goût aussi délicat que le sien, effaceroit aisément le chágrin de ma disgrâce; et je me tiendrois obligé au malheur de mon exil, où, manque de divertissements, je m'occupe à des bagatelles de cette nature-là. S'il n'est pas satisfait de la peinture que j'ai faite de ses belles qualités, qu'il s'en prenne à son mérite, que je n'ai pu assez heureusement exprimer. Pourquoi est-il si habile et si honnête homme? J'aime mieux lui voir plus de capacité et de délicatesse que je ne lui en donne, que de le faire plus capable et plus délicat que je ne le trouverois. Il lui arrive la même chose qu'à ces femmes trop belles qui laissent toujours quelque chose à désirer dans leurs portraits ; elles doivent être ravies de ruiner la réputation de tous les peintres.

Madame Bourneau m'a fait un très-méchant tour, d'avoir montré un sentiment confus que je lui avois envoyé sur l'Alexandre : c'est une femme que j'ai fort vue en Angleterre, et qui a l'esprit très-bien fait : elle m'envoya cette pièce de Racine, avec prière de lui en écrire mon jugement. Je ne me donnai pas le loisir de bien lire sa tragédie, et je lui écrivis en hâte ce que j'en pensois, la priant, autant qu'il m'étoit possible, de ne point montrer ma lettre. Moins religieuse que vous à se gouverner selon les sentiments de ses amis, il se trouve qu'elle l'a montrée à tout le monde, et qu'elle m'attire aujourd'hui l'embarras que vous me mandez. Je hais extrêmement de voir mon nom courir par le monde presqu'en toutes choses, et particulièrement en celles de cette nature. Je ne connois point Racine ; c'est un fort bel esprit, que je voudrois servir ; et ses plus grands ennemis ne pourroient pas faire autre chose que ce que j'ai fait sans y penser. Cependant, Monsieur, s'il n'y a pas moyen d'empêcher que ces petites pièces ramassées ne s'impriment, comme vous me le mandez, je vous prie que mon nom n'y soit pas. Il vaut mieux qu'elles soient imprimées comme vous les avez, et le plus correctement qu'il est possible, que dans le désordre où elles passent de main en main jusqu'à celles d'un Imprimeur.

Je ne vous recommande point de ne donner à personne cette justification détournée de ce que je fis à Saint Jean de Luz[1] : vous en connoissez les raisons aussi bien que moi. J'ai prétendu louer celui qui règne, mais je ne sais pas si on veut de mes louanges; vous ne donnerez pas aussi le petit portrait que vous ne copiâtes pas tout à fait. Du reste, tout est à vous, vous en userez comme il vous plaira. Vous m'obligeriez pourtant d'employer toute votre industrie, pour empêcher que rien du tout ne s'imprimât. En cas que vous ne le puissiez pas, vous en userez de la manière qui vous semblera la meilleure.

Vos lettres sont si polies et si délicates, que les Imprimeurs de ce pays-ci aussi empressés que ceux de France, ne manqueroient pas de me les demander, s'ils savoient que j'eusse

---

1. Il s'agit ici de la *Lettre sur la paix des Pyrénées* Voy. la lettre de Saint-Evremond adressée *à M. le comte de Lionne,* mais écrite pour être montrée à *M. le marquis de Lionne,* sup., p. 51.

quelque chose d'aussi bien fait et d'aussi poli. Dans la vérité, on ne peut pas mieux écrire que vous faites, ni si bien agir dans l'intérêt de vos amis. Quelqu'envie que j'aie de revoir la France, je ne voudrois pas être retourné avant que de vous avoir connu, autant par la rareté de trouver un ami si soigneux, si passionné, que par la douceur du commerce. Pour les louanges d'ATTILA, vous les rendez plus ingénieuses que je n'ai prétendu. La vérité est que la pièce est moins propre au goût de votre cour, qu'à celui de l'antiquité; mais elle me semble très-belle. Voilà bien des bagatelles dont je me dispenserois, si la confiance d'une amitié fort étroite n'admettoit dans le commerce jusqu'aux moindres choses.

XXIV.

AU MÊME.

J'APPRÉHENDE avec raison que la continuation de notre commerce ne vous devienne odieuse, par celle de mes disgrâces. C'est ce qui m'obligera de prendre beaucoup sur ma propre satisfaction à l'avenir, pour ne pas abuser d'un zèle aussi ardent que le vôtre. La discrétion est une vertu que l'on doit pratiquer parmi ses vrais amis ; et j'ai trop d'intérêt de vous conserver, pour ne m'en pas servir avec circonspection. Si j'osois vous découvrir mon âme en cet endroit, vous la verriez pénétrée des bontés du plus désintéressé de tous les amis du monde : rien ne me soutenant dans votre cœur que votre pure générosité. C'est ce qui m'a fait croire que vous voulez donner un exemple à la postérité, pour la désespérer de ne pouvoir pas vous imiter. Enfin, je m'examine de tous les côtés, et je ne vois rien en moi qui ne justifie le dégoût que l'on devroit avoir de ma personne. Les réflexions me seroient très-fâcheuses, si elles n'étoient adoucies par le souvenir d'une personne pour qui j'ai les adorations qu'un mérite si accompli lui attire généralement de tout le monde.

Mais ne faisons pas souffrir plus longtemps une modestie aussi délicate que la vôtre, et passons au sentiment que vous me demandez de BRITANNICUS[1]. Je l'ai lu avec assez d'attention pour y remarquer de belles choses. Il passe, à mon sens, l'ALEXANDRE et l'ANDROMAQUE : les vers en sont plus magnifiques ; et je ne serois pas étonné qu'on y trouvât du su-

---

1. La tragédie de Racine.

blime. Cependant je déplore le malheur de cet auteur d'avoir si dignement travaillé sur un sujet qui ne peut souffrir une représentation agréable. En effet, l'idée de Narcisse, d'Agrippine et de Néron; l'idée, dis-je, si noire et si horrible qu'on se fait de leurs crimes, ne sauroit s'effacer de la mémoire du spectateur; et quelques efforts qu'il fasse pour se défaire de la pensée de leurs cruautés, l'horreur qu'il s'en forme détruit en quelque manière la pièce.

Je ne désespère pas de ce nouveau génie, puisque la dissertation sur l'ALEXANDRE l'a corrigé. Pour les caractères qu'il a merveilleusement représentés dans le BRITANNICUS, il seroit à souhaiter qu'il fût toujours aussi docile. L'on pourroit attendre de lui qu'il approcheroit un jour d'assez près M. de Corneille [1].

---

[1]. Des Maizeaux a supprimé ce dernier alinéa, dans toutes ses éditions. La confiance que m'inspire Raguenet, pour ces lettres de M. de Lionne, m'engage à rétablir les lignes supprimées.

XXV.

AU MÊME.

OTRE impatience de mon retour augmente la mienne, pour avoir le plaisir de vous revoir : mais vous ne sauriez m'ôter tout à fait la crainte que des sollicitations trop vives auprès de M. de Lionne le Ministre, ne vous rendent moins agréable et mes intérêts importuns. Je dois être assez équitable pour ménager sa bonne volonté, et croire que les grandes affaires dont il est chargé tous les jours, ont quelque chose de plus pressant que les miennes. Votre activité pour vos amis me donne ce soupçon-là ; mais il ne me dure pas longtemps. Votre adresse me rassure et me persuade que vous prendrez toujours votre temps fort à propos. J'eusse été bien fâché que la comparaison de M. le Prince, la lettre détournée, et le portrait de....., se fussent trouvés en la disposition de M. Barbin [1]. Pour tout le reste, il est devenu vôtre par votre larcin, pourvu que mon nom n'y paroisse point,

---

1. Libraire de Paris, qui venoit d'imprimer le petit volume de 1668.

et que je n'y contribue en rien : ainsi la chose et les manières dépendent de vous. Vous êtes trop raisonnable pour être aussi piqué que vous semblez l'être, de ce que je vous écrivis sur les Imprimeurs de Hollande. Je n'ai eu autre dessein que de vous faire voir combien j'estime la délicatesse d'un style aussi poli que le vôtre. Dans la vérité, on ne peut pas mieux écrire que vous faites.

Le nouvel écrit de Lisola [1] a été imprimé à Bruxelles ; il n'en est venu ici que sept ou huit exemplaires. Un de mes amis me le lut, et ne me le voulut pas laisser. C'est une suite des remarques sur la lettre de M. de Lionne le Ministre, où il tâche de prouver que toutes les avances qu'on fait à Paris pour la paix, sont des amusements et des artifices pour empêcher l'Angleterre et la Hollande de s'opposer à la conquête des Pays-Bas. Il maintient que le dessein d'attaquer la Franche-Comté et celui de faire la paix, étoient incompatibles,

---

1. François, baron de Lisola, étoit de Besançon. Il se mit au service de l'Empereur, qui l'employa dans diverses ambassades, où il se fit connoître d'une manière avantageuse. Pendant la guerre de Flandre, la garnison de Lille ayant intercepté une lettre que M. de Lionne écrivoit au Roi, M. de Lisola publia des *Remarques* sur cette lettre. Il écrivit encore quelques autres ouvrages contre la France. Voy. le *Dictionnaire* de M. Bayle, à l'article *Lisola*. (*Des Maizeaux.*)

tirant des conséquences de tout. Dans ses remarques, il y a des choses très-spirituelles, mais il y a trop de railleries pour une matière si importante. Les Espagnols ne sauroient s'empêcher d'accepter l'alternative : l'Angleterre et la Hollande sont maîtresses de la paix; mais le Marquis de Castelle Rodrigue [1] ne souhaite rien tant que la continuation de la guerre, qui mettra les Hollandois et les Anglois dans son parti. On souhaite fort la paix ici, et on ne néglige rien qui puisse regarder la guerre.

Je suis fort obligé à M. Corneille de l'honneur qu'il m'a fait. Sa lettre est admirable, et je ne sais s'il écrit mieux en vers qu'en prose. Je vous supplie de lui rendre ma réponse, et de l'assurer que personne au monde n'a tant d'estime pour tout ce qui vient de lui que moi. Je n'ai lu ni l'AMPHITRION [2], ni LAODICE [3]; mais en jetant les yeux par hasard sur LAODICE, les vers m'y ont arrêté plus que je ne pensois. *Songe-t-on que l'amour se déguise?* Cela est le mieux pensé du monde et le plus heureusement exprimé [4]. Je vous prie de remercier l'Auteur pour moi de la bonté qu'il a eue de

---

1. Gouverneur des Pays-Bas.
2. Comédie de Molière.
3. Tragédie de Thomas Corneille.
4. Phrase supprimée par Des Maizeaux, rétablie d'après Raguenet.

m'envoyer sa pièce : je la lirai avec grand soin, et avec autant de plaisir assurément. Vous n'aurez point de compliments pour votre particulier ; les amitiés bien établies rejettent tout ce qui peut sentir la cérémonie.

Depuis votre lettre écrite, j'ai lu un acte de LAODICE qui m'a semblé fort beau.

Molière surpasse Plaute, dans son AMPHITRYON, aussi bien que Térence, dans ses autres pièces.

XXVI.

AU MÊME.

RIEN n'est si doux en amitié, aussi bien qu'en amour, que l'expression d'une véritable tendresse ; et on ne sauroit mieux la témoigner, qu'en prenant part au malheur de ceux qu'on aime. Votre déplaisir du mauvais succès de mon affaire, emporte la moitié du mien, et me met en état de pouvoir supporter doucement ce qui m'en reste. Je n'avois rien su de tout ce que vous m'écrivez, aucun de mes amis n'ayant voulu me faire savoir, non plus que vous, une chose assez fâcheuse : mais cette discrétion, toute obligeante qu'elle est, me laisse deviner qu'ils ont mauvaise opinion de ma constance. Sept années entières de malheur ont dû me faire une habitude à souffrir, si elles n'ont pu me former une vertu à résister. Pour finir un discours moral, impertinent à celui qui le fait, et trop austère pour celui qu'on entretient, je vous dirai en peu de mots, que j'aurois bien souhaité de revoir le plus agréable pays que je connoisse, et quelques amis aussi chers par le témoignage de leur amitié, que par la considération de leur mérite. Cependant il ne faut pas se désespérer, pour vivre chez une nation où les agréments sont rares. Je me contente de l'indolence, quand il se faut passer des plaisirs : j'avois encore cinq ou six années à aimer la comédie, la musique, la bonne chère; et il faut se repaître de police, d'ordre et d'économie, et se faire un amusement languissant à considérer des vertus hollandoises peu animées. Vous m'obligerez de rendre mille grâces très-humbles à M. de Lionne le Ministre, de la bonté qu'il a eue pour moi. Je suis un serviteur si inutile, que je n'oserois même parler de reconnoissance; mais je n'en suis pas moins sensible à l'obligation. Vous m'obligerez aussi de m'écrire de l'état de mon affaire, et ce qui a été répondu. Votre lettre sera assurément tenue dans le paquet de M. d'Estrades, quand il sera ici. Pour les airs et ce qu'il y a de nouveau, je ne lui veux pas coûter tant de ports : mais ne m'envoyez rien qui ne vous ait fort plu, soit en musique, soit en autre chose. Pour ces bagatelles, où je me suis amusé quelquefois, je n'ai rien que la moitié d'un discours qui est encore tout brouillé. Il y a une année qu'il me prit envie de traiter *l'intérêt sale et vilain, la vertu toute pure et le sentiment d'un homme du monde, qui fait le tempérament, et qui tire de l'un et de l'autre ce qui doit entrer dans le commerce.* J'avois laissé ces papiers en Angleterre, que j'ai trouvés perdus, à la réserve de quelques périodes du dernier Écrit. Je tâcherai de les rajuster ; mais comme elles ont trop de liaison avec les autres qui sont perdus, je ne crois pas que cela puisse être fort bien [1].

1. En effet, ce fragment, recueilli par Des Maizeaux, est fort médiocre, et je l'ai supprimé.

XXVII.

LETTRE AU MÊME.

Monsieur,

Peut-être n'êtes-vous pas à Paris; peut-être y êtes-vous, et que votre silence est plutôt un effet de votre oubli, que de votre absence : mais quand cela seroit, je vous ai trop d'obligation de vos soins passés, pour me plaindre de votre indifférence présente. Je ne demande point de vos nouvelles pour vous fatiguer d'une réponse, et rétablir un commerce qui vous déroberoit des heures que vous sauriez mieux employer : mais, Monsieur, vous devez quelque chose encore à votre amitié, et vous vous en acquitterez, si vous trouvez quelque moyen par vous ou par autrui, de me faire savoir que vous vous portez bien. La nouvelle de votre santé me donnera une joie où vous êtes plus intéressé que personne; et si vous étiez de mon humeur, vous croiriez que se bien porter, vaut mieux que commander à tout le monde. Il n'est point de trésors qui vaillent une année de santé.

Excusez, Monsieur, le caquet d'un infirme,

qui se trouvant un quart-d'heure de santé, ne croit pas qu'on puisse parler d'autre chose. Peut-être étiez-vous de mon humeur, quand vous aviez quelque relâche dans les douleurs de votre bras cassé et de toutes vos blessures. Aujourd'hui que vous êtes pleinement guéri, goûtez-en le plaisir, et me laissez faire de tristes réflexions sur la chanson que vous m'avez apprise.

> Mais, hélas! quand l'âge nous glace,
> Nos beaux jours ne reviennent jamais.

S'il y a quelques airs aussi agréables que celui-là, dans la musique de LA FETE DE VERSAILLES[1], je vous prie de me les envoyer notés, et vous obligerez un homme qui est plus que jamais, etc.

1. Il s'agit ici du volume imprimé sous le titre de : *Les Plaisirs de l'isle enchantée*, etc. Paris, 1664, in-4º, chez Ballard, ou 1673 in-fol. impr. royale. On y trouve de la musique gravée.

XXVIII.

AU MÊME.

Je viens de recevoir la lettre que vous m'avez fait l'honneur de m'écrire, avec les airs que vous m'avez envoyés.

J'aurois mille grâces à vous rendre; mais connoissant votre inclination à m'obliger, vous me permettrez, s'il vous plaît, d'être un peu lent aux remercîments; car le redoublement continuel des obligations pourroit fatiguer une reconnoissance délicate comme la mienne. Croyez pourtant que je suis sensible comme je dois, et que vous pouvez disposer de moi plus que d'homme que vous connoissiez.

Je n'ai jamais été si surpris que de voir vendre ici trois petits livres qu'on dit de moi, et qui s'impriment à Amsterdam. Il y a environ vingt ans que je fis de petits discours sur les maximes qui sont dans ce petit livre-là : je ne sais qui les a pu avoir.

Continuez, je vous supplie, à m'aimer toujours : et croyez que vous n'aurez jamais un ami plus sûr et plus passionné pour votre service.

Quand il y aura quelque chose d'agréable, je vous supplie de me l'envoyer. Sitôt que la Réponse de M. Arnauld à M. Claude [1] sera imprimée, je vous supplierai de me l'envoyer, avec la Réplique de M. Claude, qui suivra bientôt assurément, *habità ratione* du port, c'est-à-dire, par une autre voie que celle de la poste.

Ne laissez pas de continuer à m'obliger : quelque délicate que soit ma reconnoissance, elle durera autant que moi, et je n'oublierai jamais tout ce que vous faites pour mes intérêts.

1. C'est le livre célèbre d'Arnauld, de *La Perpétuité de la foi de l'Église catholique touchant l'Eucharistie, défendue contre le livre du sieur Claude, ministre de Charenton,* annoncée dès 1668. M. Claude y répondit bientôt, et les Jansénistes répliquèrent à cet ouvrage. Voy. le *Dictionnaire* de Bayle, aux articles *Arnauld* et *Claude*; Moréri, et la *Biographie universelle*, v° *Arnauld* (Antoine). Le livre de *la Perpétuité de la foi,* commencé en collaboration avec Nicole, pendant qu'Arnaud étoit caché à l'hôtel de Longueville, produisit le plus grand effet, dans le parti de la réforme. Il parut en 1669, en 3 vol. in-4°, et occupe six volumes dans les OEuvres complètes d'Arnaud, Lausanne, 1777-83, 45 vol. in-4°.

XXIX.

AU MÊME[1].

Si je ne consultois que la discrétion, je pourrois vous épargner la fatigue de recevoir de mes lettres, et la peine que vous donnera une réponse que, par honnêteté, vous me voudrez faire : mais, comme je suis homme à songer autant à mon plaisir qu'au vôtre, vous trouverez bon que je prenne celui que j'ai de vous entretenir; et tout ce que je puis faire pour vous, Monsieur, est de n'en pas abuser par un trop fréquent usage. Si vous saviez la peine que j'ai à me contraindre là-dessus, vous me pardonneriez aisément ce que je fais, par la violence que je me donne à n'en pas faire davantage.

Je suis revenu dans une Cour, après avoir été quatre ans dans une république, sans plaisir, ni douceur; car je crois que la Haye est le vrai pays de l'indolence. Je ne sais comme j'ai ranimé mes sentiments : mais enfin, il m'a pris envie de sentir quelque chose de plus vif;

---

1. Saint-Evremond écrivit cette lettre après son retour en Angleterre en 1670.

et quelqu'imagination de retourner en France, m'avoit fait chercher Londres comme un milieu entre les Courtisans François et les Bourguemestres de Hollande. Jusqu'ici, je pouvois demeurer dans la pesanteur, ou, pour parler plus obligeamment, dans la gravité de messieurs les Hollandois : car je ne me trouve guère plus avancé vers la France que j'étois ; et l'étude de vivacité que j'ai faite, nuit fort à mon repos et me recule de l'indolence, sans m'avancer vers les plaisirs. J'entends celui que je m'imaginois à vous voir à Paris, ne laissant pas, à dire le vrai, d'en trouver ici parmi beaucoup d'honnêtes gens.

M. le duc de Buckingham, votre ami, m'a dit que j'avois beaucoup d'obligation à M. de Lionne le Ministre. Je vous supplie, Monsieur, de lui rendre mille grâces de ma part. Je suis un de ses admirateurs ; mais mon admiration ne vaut pas la peine qu'il s'est donnée, et la seule générosité l'a fait agir si noblement. Je vous conjure d'en avoir assez pour vous souvenir quelquefois de votre très-humble et très-obéissant serviteur.

XXX.

AU MÊME.

Quand je ne regretterois pas M. de Lionne le Ministre, par mon propre intérêt, votre seule considération m'auroit fait recevoir la nouvelle de sa mort [1] avec beaucoup de douleur. Tout le monde le regrette à Paris, à ce qu'on me mande; et je puis vous assurer que les étrangers honorent sa mémoire, avec les mêmes sentiments qu'en ont les François. Quelque mérite qu'aient eu les plus grands Ministres de notre État, on s'est toujours réjoui de leur mort, et il a fallu du temps, pour passer de la haine de leur personne, à la vénération de leurs vertus. M. de Lionne est le seul qui ait fait appréhender de le perdre, et fait connoître ce qu'on a perdu au même instant qu'il est mort. Faire de longs discours sur la mort des grands hommes, c'est vouloir ajouter quelque chose de triste et de douloureux à la mort même : elle n'a pas besoin de ces aides-là pour être

1. Hugues de Lionne, marquis de Fresne et de Berny, ministre et secrétaire d'État, mourut en 1671.

funeste; ce qui m'en fait finir l'entretien, et vous assurer qu'on ne peut pas être plus véritablement que je suis, etc.

XXXI.

AU MÊME.

(1673.)

Quelques fâcheuses que soient mes disgrâces, je trouve de la douceur quand je vois un aussi honnête homme que vous, assez tendre pour les plaindre, et assez généreux pour chercher le moyen de les finir. Je suis infiniment obligé aux bontés de Madame..... et à la chaleur de vos bons offices; mais je serai bien aise à l'avenir que personne n'excite M. le Comte de Lauzun à me servir. Je suis sûr qu'il fera de lui-même tout ce qu'il pourra sur mon sujet sans me nuire; et je serois fort fâché de lui attirer le moindre désagrément : il ne doit rien dire à son maître que d'agréable, et ne rien entendre qui ne lui laisse de la satisfaction. Un maître qui refuse une fois, se fait aisément une habitude de ne pas accorder les autres choses qui lui sont demandées. J'ai ouï dire à un grand courtisan, qu'*il falloit éviter autant qu'on le pouvoit le premier rebut;* je serois au désespoir de l'avoir attiré à une personne que j'honore autant que M. le Comte de Lauzun.

Ce n'est pas que je n'aie presque une nécessité d'aller en France pour deux mois, à moins que de me résoudre à perdre le peu que j'y ai, et tout ce qui me fait vivre dans les pays étrangers. Je crois qu'il m'y est dû encore quarante mille livres dont je ne puis rien tirer : cependant je crains plus que la nécessité, le secours de la nature qui pourroit finir tous les maux que me fait la fortune. J'ai des diablesses de vapeurs qui me tourmentent; mais elles ne sont pas sitôt passées, que je suis plus gai que jamais. Dans une heure, tout ce qu'il y a de funeste et tout ce qu'il y a d'agréable se présente à mon imagination; et je sens aussi bien plus vivement en moi les effets de l'humeur, que le pouvoir de la raison. Je tomberois aisément dans la morale; c'est le penchant de tous les malheureux, dont l'imagination est presque toujours triste, ou les pensées du moins sérieuses. Comme je crains le ridicule de la gravité, je m'arrête tout court, pour vous dire seulement, Monsieur, que personne au monde n'est à vous plus absolument, etc.

Je vous supplie, dans l'occasion, d'assurer

Mme de*** de ma reconnoissance très-humble pour toutes ses bontés.

Depuis que je n'ai eu l'honneur de vous écrire, j'ai passé mes heures ennuyeuses sur des bagatelles. J'ai fait quelques *Observations sur nos Historiens, sur la Tragédie et sur la Comédie Espagnole, Françoise, Italienne; Angloise, sur l'Opéra, etc.*; mais c'étoient seulement des observations particulières, sans beaucoup de dessein et de régularité. Tout cela étoit fondé sur les différents génies des Nations. J'en ai perdu une partie, et l'autre est encore confuse; je vous les envoyerai toutes. Vous m'obligerez infiniment de m'envoyer ce qu'il y a de nouveau, s'il est fort rare.

CORRESPONDANCE AVEC LA DUCHESSE [MAZARIN.]

(Pour l'intelligence des lettres qui suivent, et comme complément de ce que nous avons dit, de la duchesse Mazarin, dans notre Introduction historique, nous reproduisons ici les *Mémoires* d'Hortense Mancini, rédigés sous sa dictée par l'abbé de Saint-Réal, et la réponse de Saint-Evremond au plaidoyer d'Érard, pour le duc de Mazarin, contre son épouse.)

MÉMOIRES DE MADAME LA DUCHESSE MAZARIN [1], RÉDIGÉS PAR L'ABBÉ DE SAINT-RÉAL.

Pu QUE les obligations que je vous ai sont d'une nature à ne devoir rien ménager pour vous témoigner ma reconnoissance, je veux bien vous faire le récit de ma vie que vous demandez. Ce n'est pas que je ne sache la difficulté qu'il y a à parler sagement de

---

1. Comme on ne sauroit bien entendre ces *Mémoires* sans connoître la famille de la duchesse Mazarin, j'en donnerai ici une idée générale.

Pierre Mazarini, natif de Palerme, quitta le lieu de sa naissance pour s'établir à Rome, où il est mort en 1654. Il avoit épousé Hortensia Buffalini, et il en eut entre autres enfants :

1° Jules Mazarini, cardinal, premier ministre d'État en France, qui mourut le 9 mars 1661. Les biens im-

soi-même, et vous n'ignorez pas non plus la répugnance naturelle que j'ai à m'expliquer sur les choses qui me regardent; mais il est encore plus naturel de se défendre contre la médisance, du moins auprès de ceux qui nous ont rendu de grands services. Ils méritent bien qu'on leur fasse connoître qu'on n'est pas tout à fait indigne de les avoir reçus. En tout cas, je ne saurois user plus innocemment du loisir de ma retraite. Que si les choses que j'ai à vous raconter vous semblent tenir beaucoup du roman, accusez-en ma mauvaise destinée plutôt que mon inclination. Je sais que la

---

menses qu'il avoit acquis passèrent, pour la plus grande partie, à Armand-Charles de la Porte de la Meilleraye, par le mariage qu'il contracta avec Hortence Mancini, à la charge qu'il porteroit le nom et les armes pleines de Mazarin : et il institua Philippe-Jules Mancini son neveu, héritier des duchés de Nevers et de Donzy, de ses biens d'Italie et autres portés dans son testament.

2º Michel Mazarini, cardinal, archevêque d'Aix, mort en 1648.

3º Laure-Marguerite Mazarini, mariée à Hierome Martinozzi, morte à Rome en 1685; laquelle laissa deux filles : Laure, mariée à Alfonse d'Est, IV, du nom, duc de Modène, morte en 1687; et Anne-Marie, qui épousa, 1654, Armand de Bourbon, prince de Conty, morte à Paris en 1672.

4º Hierônime Mazarini, qui épousa Michel-Laurent Mancini, chevalier romain, et mourut en 1656, ayant eu entre autres enfants : 1º Philippe-Julien, duc de Nevers, mort à Paris, le 8 mai 1707, après avoir épousé, le 15 décembre 1670, Diane-Gabrielle de Damas de Thianges, fille de Claude-Leonor de Damas, marquis de Thianges, et de Gabrielle de Rochechouart; 2º Laure, mariée, en 1651, à Louis, duc de Mercœur, morte à

gloire d'une femme consiste à ne faire point parler d'elle, et ceux qui me connoissent savent assez que toutes les choses d'éclat ne me plaisent point; mais on ne choisit pas toujours le genre de vie qu'on voudroit mener, et il y a de la fatalité dans les choses mêmes qui semblent dépendre le plus de la conduite.

Je ne vous parlerois point de ma naissance, quelque avantageuse qu'elle soit, si les envieux de mon oncle ne s'étoient point efforcés d'en ternir l'éclat; mais puisque leur rage s'est étendue à tout ce qui lui appartenoit, il m'est bien permis de vous dire, que je suis d'une des plus ancienne familles

Paris, en 1657; 3º Olimpia, mariée, le 20 février 1657, à Eugène-Maurice de Savoie, comte de Soissons, morte le 9 octobre 1708; 4º Marie, mariée, le 11 avril 1661, à Laurent Colonne, connétable du royaume de Naples; 5º Hortense, qui épousa, le 28 février 1661, Armand-Charles de la Porte de la Meilleraye, aux conditions marquées ci-dessus; morte en Angleterre, le 2 juillet 1699. De ce mariage sont sortis, Marie-Charlotte, née à Paris, le 28 mars 1662, et mariée à Armand-Jean de Vignerod du Plessis, marquis de Richelieu; Marie-Anne, née en 1663, nommée abbesse de Lys en 1698; Marie-Olympe, née en 1665, et mariée, en 1681, à Louis-Christophe Gigault, marquis de Bellefonds et de la Boulaye, mort à la bataille de Steenkerke, le 3 août 1692; et Charles-Jules, né le 25 janvier 1666, marié, en décembre 1685, à Félice-Armande-Charlotte de Durfort-Duras, fille aînée de Jacques-Henri de Durfort, duc de Duras, maréchal de France, et de Marguerite-Félice de Lévy-Ventadour; 6º Marie-Anne, qui épousa, le 20 avril 1662, Godefroy-Maurice de la Tour d'Auvergne, duc de Bouillon, pair et grand-chambellan de France.

de Rome, et que mes aïeux, depuis plus de trois cents ans, y tiennent un rang assez considérable, pour me faire passer mes jours heureusement, quand je n'aurois pas été héritière d'un premier ministre de France. L'Académie des beaux esprits de ce pays-là, qui commença aux noces d'un gentilhomme de ma maison[1], fait assez voir la considération où cette maison étoit dès lors; et pour surcroît de bonheur, j'ai l'avantage d'être née d'un père, que sa vertu et ses lumières extraordinaires élevoient au-dessus des plus honnêtes gens de nos aïeux.

Je fus amenée en France à l'âge de six ans[2]; et peu d'années après M. Mazarin refusa ma sœur la connétable, et conçut une inclination si violente pour moi, qu'il dit une fois à Mme d'Aiguillon *que pourvu qu'il m'épousât, il ne se soucioit pas de mourir trois mois après*. Le succès a passé ses souhaits : il m'a épousée, et n'est pas mort, Dieu merci. Aux premières nouvelles que M. le cardinal apprit de cette passion, il parut si éloigné de l'approuver, et si outré du refus que M. Mazarin avoit fait de ma sœur, qu'il dit plusieurs fois *qu'il me donneroit plutôt à un valet*. Ce ne fut pas la seule personne à qui j'eus le malheur de plaire. Un eunuque italien, musicien de M. le cardinal, homme de beaucoup d'esprit, fut accusé de la même chose; mais il est vrai que c'étoit également pour mes sœurs et pour moi. On lui faisoit même la guerre qu'il étoit en-

---

1. Voy. l'*Histoire de l'Académie françoise*, par M. Pélisson, page 3, de l'édition de M. Livet.
2. C'est-à-dire en 1653.

core amoureux des belles statues du palais Mazarin; et il faut bien que l'amour de cet homme portât malheur, puisque ces pauvres statues en ont été punies si cruellement, aussi bien que moi, quoiqu'elles ne fussent pas plus criminelles.

Il ne tenoit pas à ma sœur la connétable que je n'aimasse quelque chose, de même que j'étois aimée. Comme elle avoit un attachement sincère pour le Roi, elle auroit bien souhaité de me voir quelque foiblesse semblable. Mais mon extrême jeunesse ne me permettoit pas de m'attacher à rien; et tout ce que je pouvois faire pour l'obliger, c'étoit de témoigner quelque complaisance particulière pour ceux des jeunes gens, que nous voyions, qui me divertissoient davantage, dans les jeux d'enfants qui m'occupoient alors. La présence du Roi qui ne bougeoit du logis, les troubloit souvent. Quoiqu'il vécût parmi nous avec une bonté merveilleuse, il a toujours eu quelque chose de si sérieux et de si solide, pour ne pas dire de si majestueux, dans toutes ses manières, qu'il ne laissoit pas de nous imprimer le respect, même contre son intention. Il n'y avoit que ma sœur la connétable qu'il ne gênoit pas, et vous comprenez aisément que son assiduité avoit des agréments, pour ceux qui en étoient cause, qu'elle n'avoit pas pour les autres.

Comme les choses que la passion fait faire paroissent ridicules à ceux qui n'en ont jamais senti, celle de ma sœur l'exposoit souvent à nos railleries. Une fois, entre autres, nous lui fîmes la guerre de ce qu'apercevant de loin un gentilhomme de la maison, qui étoit de la taille du Roi, et qu'elle ne voyoit que par derrière, elle avoit couru à lui les bras ouverts en criant : *Ha! mon pauvre Sire.* Une autre chose qui nous fit fort rire, en ce temps-là, fut une plaisanterie que M. le cardinal fit à Mme de Bouillon, qui pouvoit avoir six ans. La Cour étoit pour lors à la Fère. Un jour qu'il la railloit, sur quelque galant qu'elle devoit avoir, il s'avisa à la fin de lui reprocher qu'elle étoit grosse. Le ressentiment qu'elle en témoigna le divertit si fort, qu'on résolut de continuer à le dire. On lui rétrécissoit ses habits de temps en temps, et on lui faisoit accroire que c'étoit elle qui avoit grossi. Cela dura autant qu'il falloit pour lui faire paroître la chose vraisemblable ; mais elle n'en voulut jamais rien croire, et s'en défendit toujours avec beaucoup d'aigreur, jusqu'à ce que le temps de l'accouchement étant arrivé, elle trouva un matin entre ses draps un enfant qui venoit de naître. Vous ne sauriez comprendre quel fut son étonnement et sa désolation à cette vue. *Il n'y a donc*, disoit-elle, *que la Vierge et moi à qui cela soit arrivé, car je n'ai du tout point eu de mal.* La Reine la vint consoler, et voulut être marraine : beaucoup de gens vinrent se réjouir avec l'accouchée ; et ce qui avoit été d'abord un passe-temps domestique, devint à la fin un divertissement public, pour toute la Cour. On la pressa fort de déclarer le père de l'enfant ; mais tout ce qu'on en put tirer, fut *que ce ne pouvoit être que le Roi ou le comte de Guiche, parce qu'il n'y avoit que ces deux hommes-là qui l'eussent baisée.* Pour moi qui avois trois ans plus qu'elle, j'étois toute glorieuse de savoir la vérité de la chose ; et je ne pouvois me lasser d'en rire, pour faire bien voir que je la savois.

Vous aurez sans doute peine à croire, que dans cet âge où l'on ne songe d'ordinaire à rien moins qu'à raisonner, je fisse des réflexions aussi sérieuses que j'en faisois sur toutes les choses de la vie. Cependant il est vrai que mon plus grand plaisir, en ce temps-là, étoit de m'enfermer seule pour écrire tout ce qui me venoit dans la pensée. Il n'y a pas longtemps que quelques-unes de ces écritures me tombèrent encore sous la main, et je vous avoue que je fus étrangement surprise d'y trouver des choses si éloignées de la capacité d'une petite fille. Ce n'étoient que doutes et questions que je me proposois à moi-même, sur toutes les choses qui me faisoient peine à comprendre. Je ne les décidois jamais assez bien à mon gré; je cherchois pourtant avec obstination ce que je ne savois pas trouver; et si ma conduite n'a pas marqué depuis beaucoup de jugement, j'ai du moins cette consolation que j'avois grande envie d'en avoir. Il me souvient encore qu'environ ce même temps voulant écrire à une de mes amies que j'aimois fort, je me lassai à la fin de mettre tant de fois, *je vous aime*, dans une même lettre, et je l'avertis que je ne ferois plus qu'une croix pour signifier ces trois mots-là. Suivant cette belle invention, il m'arrivoit quelquefois d'écrire des lettres à cette personne, où il n'y avoit autre chose que des lignes toutes de croix, l'une après l'autre. Une de ces lettres tomba depuis entre les mains de gens qui avoient intérêt d'en pénétrer le mystère; mais ils ne surent jamais que reprendre dans un chiffre si dévot.

Mon enfance s'étant passée parmi ces divers amusements, on parla de me marier. La fortune qui vouloit me rendre la plus malheureuse personne de mon sexe, commença, en faisant semblant de me vouloir faire Reine, et il n'a pas tenu à elle qu'elle ne m'ait rendu odieux le parti qu'elle me destinoit, par la comparaison de ceux dont elle me flatta d'abord. Cependant je puis me rendre ce témoignage, que ces illustres partis ne m'éblouirent pas; et M. Mazarin n'oseroit dire qu'il ait jamais remarqué en moi de vanité qui fût au-dessus de ma condition. Tout le monde sait les propositions qui furent faites à diverses reprises de me marier avec le roi d'Angleterre; et pour le duc de Savoie, vous savez ce qui s'en dit, au voyage de Lyon[1], que l'affaire ne rompit que par le refus où M. le cardinal s'obstina d'abandonner Genève, en considération de ce mariage. Nous logions en Bellecour, et les fenêtres de nos chambres qui répondoient sur la place, étoient assez basses pour y monter aisément. Mme de Venelle, notre gouvernante, étoit si accoutumée à faire son métier de surveillante, qu'elle se levoit même en dormant pour venir voir ce que nous faisions. Une nuit entre autres que ma sœur dormoit la bouche ouverte, Mme de Venelle, la venant tâtonner à son ordinaire en dormant aussi, lui mit le doigt dedans si avant, que ma sœur s'en réveilla en sursaut, en la mordant bien serré. Jugez quel fut leur étonnement de se trouver toutes deux dans cet état, quand elles furent tout à fait éveillées : ma sœur se mit en une colère étrange; on en fit le conte au Roi le lendemain, et toute la Cour en eut le divertissement.

1. En 1658.

Soit modestie, soit dissimulation, M. le cardinal parut toujours aussi contraire que la Reine à l'attachement que le Roi avoit pour ma sœur. Aussitôt que le mariage d'Espagne fut conclu[1], il n'eut rien de plus pressé que de l'éloigner, de peur qu'elle n'y apportât de l'obstacle. Il nous envoya, quelque temps après le retour de Lyon, l'attendre à Fontainebleau. De là, il nous mena à Poitiers, où il lui donna le choix de se retirer où il lui plairoit. Elle choisit la Rochelle ; et M. le cardinal, qui vouloit la dépayser encore davantage, lui fit enfin proposer à Brouage, par M. de Fréjus, d'épouser M. le connétable ; mais elle le refusa, n'étant pas encore attirée en Italie par ce qui l'y attira depuis. Il avoit résolu de mener Mme de Bouillon et moi au mariage, mais ma sœur la connétable s'étant obstinée à ne nous laisser pas aller, quand il nous envoya quérir, si elle n'y alloit aussi, il aima mieux se priver du plaisir de nous y voir, que de la laisser venir avec nous. Au retour de la frontière[2], on nous fit venir à Fontainebleau où la Cour étoit. Le Roi traita ma sœur assez froidement, et son changement commença de la résoudre à se marier en Italie. Elle me prioit souvent de lui en dire le plus de mal que je pourrois. Mais outre qu'il étoit assez difficile d'en trouver à dire d'un Prince fait comme lui, et qui vivoit parmi nous avec une familiarité et une douceur charmante, l'âge de dix ans, où j'étois alors[3], ne me permettoit pas de bien com-

1. En 1659.
2. C'est-à-dire de l'entrevue des deux Rois en 1660.
3. L'abbé de Saint-Réal se trompe ; la duchesse Mazarin avoit treize ans, en 1650.

prendre ce qu'elle souhaitoit de moi ; et tout ce que je pouvois faire pour son service, la voyant fort désolée, et l'aimant tendrement, c'étoit de pleurer avec elle son malheur, en attendant qu'elle m'aidât à pleurer les miens.

Le chagrin que M. le cardinal avoit de sa liaison avec le Roi lui avoit donné une grande aversion pour elle ; et comme cette intrigue avoit commencé d'abord qu'elle parut dans le monde, on peut presque dire qu'il ne l'avoit jamais aimée. L'humeur de mon frère ne lui plaisoit guère davantage, et sa conduite encore moins, surtout depuis qu'on l'accusa d'avoir été de la débauche de Roissi[1] : car une des choses sur lesquelles il étoit plus mécontent de nous, c'étoit la dévotion. Vous ne sauriez croire combien le peu que nous en avions le touchoit. Il n'est point de raisons qu'il n'employât pour nous en inspirer. Une fois, entre autres, se plaignant de ce que nous n'entendions pas la messe tous les jours, il nous reprocha que nous n'avions ni piété ni honneur. *Au moins*, disoit-il, *si vous ne l'entendez pas pour Dieu, entendez-la pour le monde*.

Quoique j'eusse autant de part que les autres à ses remontrances, néanmoins, soit que comme la plus jeune, il me jugeât la moins blâmable, soit qu'il y eût quelque chose dans mon humeur qui lui

---

1. Le comte de Guiche, le comte de Bussy-Rabutin et Manicamp, étoient de cette débauche, qui se fit à Roissi, terre du comte de Vivonne, à quatre lieues de Paris, en 1659. Voy. l'*Histoire amoureuse des Gaules*, les *Mémoires du comte de Bussy-Rabutin*, et suiv., et notre Introduction historique, p. CXLIX.

revînt davantage, il eut longtemps autant de tendresse pour moi que d'aversion pour eux. C'est ce qui l'obligea à me choisir, pour laisser son bien et son nom au mari qu'il me donneroit; ce fut encore ce qui le rendit plus soigneux de ma conduite que de celle des autres; et à la fin aussi plus mécontent, quand il crut avoir sujet de s'en plaindre. Il craignoit fort que je m'engageasse d'inclination. Mme de Venelle, qui avoit ordre de m'épier, me parloit incessamment de tous les gens qui me fréquentoient, et que je pouvois aimer, afin de découvrir, par mes discours, mes sentiments pour chacun d'eux; mais comme je n'avois rien dans le cœur, elle n'y pouvoit rien connoître, et elle seroit encore en cette peine, si l'indiscrétion de ma sœur n'eût point donné à croire ce que je n'y avois pas. Je vous ai dit qu'elle vouloit toujours que j'aimasse quelque chose. Elle me pressa durant plusieurs années avec tant d'instance de lui dire s'il n'y avoit point d'homme à la Cour qui me plût plus que les autres, que je lui avouai à la fin, vaincue par son importunité, *que je voyois quelquefois au logis un jeune garçon qui me revenoit assez; mais que je serois bien fâchée qu'il me plût autant que le Roi lui plaisoit à elle.* Ravie de m'avoir tiré cet aveu de la bouche, elle m'en demanda le nom, mais je ne le savois pas; et quelque peine qu'elle se donnât pour m'obliger à le dépeindre, elle fut plus de deux mois à m'en faire la guerre sans le connoître. Elle sut à la fin que c'étoit un gentilhomme italien nouvellement sorti de page de la chambre, qui n'étoit encore que sous-lieutenant aux gardes, et qui fut tué, il y a quelques années, en Flandres, dans une charge beaucoup plus élevée. Elle me dit son nom, et le dit aussi au Roi à qui elle fit fête de ma prétendue inclination, et pour qui elle n'avoit rien de secret. M. le cardinal le sut bientôt après; et croyant que ce fut toute autre chose que ce n'étoit, il m'en parla avec un emportement étrange. C'étoit justement le vrai moyen de faire quelque chose de rien; et si j'avois été capable de m'engager par dépit, les reproches qu'il me fit m'auroient fait résoudre à les mériter. Comme le cavalier étoit familier dans la maison, le bruit que M. le cardinal avoit fait alla jusqu'à lui, et lui fit peut-être venir une pensée qu'il n'avoit pas. Quoi qu'il en soit, il trouva le moyen de me la faire connoître, et il ne tint pas à ma sœur que je ne répondisse à sa passion, au lieu de la mépriser.

Cependant M. le cardinal empiroit à vue d'œil. Le désir d'éterniser son nom l'emporta sur l'indignation qu'il avoit conçue contre moi; il s'en ouvrit à l'évêque de Fréjus, et lui demanda son avis sur plusieurs partis qu'il avoit dans l'esprit. L'évêque, gagné par M. Mazarin, moyennant une promesse de cinquante mille écus, n'oublia rien pour les mériter. Il ne les a pourtant jamais touchés. Il rendit le billet qu'on lui en avoit fait d'abord, en lui laissant entendre *qu'il aimeroit mieux l'évêché d'Évreux s'il se pouvoit;* mais le Roi en ayant disposé ailleurs, après deux mois d'importunité de M. Mazarin, M. de Fréjus redemanda les cinquante mille écus, et M. Mazarin ne se trouva plus en état de les donner.

Aussitôt que le mariage fut conclu, il m'envoya un grand cabinet, où entre autres nippes il y avoit dix mille pistoles en or. J'en fis bonne part à mon frère et à mes sœurs, pour les consoler de mon opulence, qu'elles ne pouvoient voir sans envie, quelque mine qu'elles fissent. Elles n'avoient pas même besoin de m'en demander. La clef demeura toujours où elle étoit quand on l'apporta ; en prit qui voulut, et un jour entre autres que nous n'avions pas de meilleur passe-temps, nous jetâmes plus de trois cents louis par les fenêtres du palais Mazarin, pour avoir le plaisir de faire battre un peuple de valets qui étoit dans la cour. Cette profusion étant venue à la connoissance de monsieur le cardinal, il en eut tant de déplaisir, qu'on crut qu'elle avoit hâté sa fin. Quoi qu'il en soit, il mourut huit jours après[1], et me laissa la plus riche héritière, et la plus malheureuse femme de la chrétienté.

A la première nouvelle que nous en eûmes, mon frère et ma sœur pour tout regret se dirent l'un à l'autre : *Dieu merci il est crevé*. A dire vrai, je n'en fus guère plus affligée ; et c'est une chose remarquable qu'un homme de ce mérite, après avoir travaillé toute sa vie pour élever et enrichir sa famille, n'en ait reçu que des marques d'aversion, même après sa mort. Si vous saviez avec quelle rigueur il nous traitoit en toutes choses, vous en seriez moins surprise. Jamais personne n'eut les manières si douces en public, et si rudes dans le domestique ; et toutes nos humeurs et nos inclinations étoient contraires aux siennes. Ajoutez à cela la sujetion incroyable où il nous tenoit, notre extrême jeunesse, et l'insensibilité pour toutes cho-

1. Le cardinal Mazarin mourut le 9 mars 1661.

ses, où le trop d'abondance et de prospérité jette d'ordinaire les personnes de cet âge, quelque bon naturel qu'elles aient. Pour mon particulier, la fortune a pris soin de punir mon ingratitude par les malheurs dont ma vie a été une suite continuelle depuis cette mort. Je ne sais quel pressentiment ma sœur en avoit, mais dans les premiers chagrins qui suivirent mon mariage, elle me disoit pour toute consolation : *Crepa, crepa, tu seras encore plus malheureuse que moi.*

M. de Lorraine qui l'aimoit passionnément la pressoit depuis longtemps de l'épouser, et continua dans cette poursuite même après la mort de M. le cardinal. La Reine mère qui ne vouloit point en toute manière qu'elle restât en France, chargea Mme de Venelle de rompre cette intrigue à quelque prix que ce fût; mais tous leurs efforts auroient été inutiles, si des raisons ignorées de tout le monde ne les eussent secondés : et quoique le Roi eût la générosité de lui donner à choisir qui elle vouloit épouser en France, si M. de Lorraine ne lui plaisoit pas, et qu'il témoignât un sensible déplaisir de son départ, sa mauvaise étoile l'entraîna en Italie contre toute sorte de raisons. M. le connétable, qui ne croyoit pas qu'il pût y avoir de l'innocence dans les amours des rois, fut si ravi de trouver le contraire dans la personne de ma sœur, qu'il compta pour rien de n'avoir pas été le premier maître de son cœur. Il en perdit la mauvaise opinion qu'il avoit, comme tous les Italiens, de la liberté que les femmes ont en France, et il voulut qu'elle jouît de cette même liberté à Rome, puisqu'elle en savoit si bien user.

Cependant l'eunuque son confident, qui demeuroit sans crédit par son absence, et par la mort de M. le cardinal, entreprit de se rendre nécessaire auprès de moi; mais, outre que mon inclination m'éloignoit fort de toutes sortes d'intrigues, M. Mazarin me faisoit observer trop soigneusement. Enragé de cet obstacle, il résolut de s'en venger sur M. Mazarin même. Cet homme avoit conservé un accès assez libre auprès du Roi depuis le temps qu'il étoit confident de ma sœur. Il lui va faire de grandes plaintes de la rigueur avec laquelle M. Mazarin me traitoit, *qu'il étoit obligé de s'y intéresser comme créature de M. le cardinal, et mon serviteur particulier; que M. Mazarin étoit jaloux de tout le monde, et surtout de Sa Majesté, et qu'il me faisoit observer avec un soin tout particulier dans tous les lieux où le Roi*, qui ne songeoit pas à moi, *pouvoit me voir. Qu'au reste, il tranchoit du grand ministre, et qu'il avoit menacé de faire sortir tous les Italiens de Paris.* A tout cela le Roi ne lui répondit autre chose, sinon, *que si tout ce qu'il disoit étoit vrai, le duc Mazarin étoit fou, et qu'il n'avoit pas hérité de la puissance de M. le cardinal, comme de son bien.* Ce qu'il y avoit de véritable dans ce rapport, est que M. Mazarin ayant appris quelque chose des intrigues de l'eunuque, avoit menacé de le chasser du palais Mazarin où il logeoit.

Non content de ce qu'il avoit fait, il fut assez mal avisé pour s'en vanter en présence d'une femme de qualité de Provence, nommée Mme de Ruz, qui connoissoit je ne sais comment M. Mazarin. Elle l'avertit du mauvais office qu'on lui avoit rendu; il vouloit mettre près de moi quelque dame, qui, sans avoir le nom de gouvernante, en fît toute la fonction; et trouvant cette Mme de Ruz fort propre à faire ce personnage, il jeta les yeux sur elle, en reconnoissance de l'avis qu'elle lui donnoit. Il lui dit de trouver le moyen de se faire présenter à moi, sans que je susse qu'il la connoissoit. M. de Fréjus m'en parla comme de lui-même quelque temps après, et me l'amena par un escalier dérobé, un jour que M. Mazarin étoit à la chasse. J'en fus fort satisfaite, et comme je croyois que si on savoit qu'elle me plût, on ne me la donneroit pas, je ne voulois pas que personne du logis la connût, avant qu'elle y fût établie. Un jour que j'étois seule avec elle, Mme de Venelle entrant brusquement, fit sauter un busc que nous avions mis derrière la porte pour nous fermer. Aussitôt Mme de Ruz, par une présence d'esprit merveilleuse, se mit à rouler les yeux dans la tête, pleurer, et crier d'un vrai ton de gueuse, *qu'elle étoit une pauvre demoiselle de Lorraine, et qu'elle me prioit d'avoir pitié de sa misère.* Comme elle a l'air du visage extrêmement vif et ardent, ainsi que la plupart des Provençaux, sa grimace lui réussit si bien, et la défigura tellement, que j'avois peine moi-même à la reconnoître. Mme de Venelle en eut grand'peur; elle s'en éloigna bien vite le plus qu'elle put, et fut depuis dire partout *qu'elle avoit trouvé le diable dans ma chambre.*

La conduite artificieuse de M. Mazarin dans le choix de cette dame, en un temps qu'il ne pouvoit encore avoir aucun sujet de se plaindre de moi, suffit pour vous faire connoître sa défiance naturelle, et dans quelle disposition d'esprit il m'avoit épousée. Comme il craignoit pour moi le séjour de Paris, il me promenoit incessamment par ses terres et ses gouvernements. Pendant les trois ou quatre premières années de notre mariage, je fis trois voyages en Alsace, autant en Bretagne, sans parler de plusieurs autres à Nevers, au Maine, à Bourbon, Sedan et ailleurs. N'ayant point de plus sensible joie à Paris que celle de le voir, il ne m'étoit pas si dur qu'il auroit été à une autre personne de mon âge d'être privée des plaisirs de la Cour. Peut-être ne me serois-je jamais lassée de cette vie vagabonde, s'il n'eût point trop abusé de ma complaisance. Il m'a plusieurs fois fait faire deux cents lieues étant grosse, et même fort près d'accoucher.

Mes parents et mes amis qui étoient sensibles pour moi aux dangers où il exposoit ma santé, me les représentoient quand je venois à Paris le plus fortement qu'il leur étoit possible; mais ce fut long-temps inutilement. Qu'eussent-ils dit, s'ils eussent su que je ne pouvois parler à un domestique qu'il ne fût chassé le lendemain? Que je ne recevois pas deux visites de suite d'un même homme, qu'on ne lui fît défendre la maison? Que si je témoignois quelque inclination pour l'une de mes filles, plus que pour les autres, on me l'ôtoit aussitôt. Si je demandois mon carrosse, et qu'il ne jugeât pas à propos de me laisser sortir, il défendoit, en riant, qu'on y mît les chevaux, et plaisantoit avec moi sur cette défense, jusqu'à ce que l'heure d'aller où je voulois aller fût passée. Il auroit voulu que je n'eusse vu que lui seul dans le monde; surtout il ne pouvoit souffrir que je visse ses parents, ni les miens. Les miens, parce qu'ils entroient alors dans mes intérêts; et les siens, parce qu'ils n'approuvoient non plus sa conduite que les miens. J'ai été longtemps logée à l'arsenal avec Mme d'Oradous sa cousine, sans qu'il me fût permis de la voir. L'innocence de mes divertissements, capable de rassurer un autre homme de son humeur, qui auroit conservé quelque égard pour mon âge, lui faisoit autant de peine, que s'ils eussent été fort criminels. Tantôt c'étoit péché de jouer à colin-maillard avec mes gens: tantôt de se coucher trop tard : il ne put alléguer que ces deux sujets de plainte, une fois que M. Colbert voulut savoir tous ceux qu'il avoit. Souvent on ne pouvoit pas aller au cours en conscience, à plus forte raison à la comédie; une autre fois je ne priois pas Dieu assez longtemps; enfin son chagrin sur mon chapitre étoit si puissant, que si on lui eût demandé comment il vouloit que je vécusse, je crois qu'il n'auroit pas pu en convenir avec lui-même. Il a dû dire depuis, *que ce qu'il en faisoit étoit à cause qu'il connoissoit ce que je valois, et que le commerce du monde étant si contagieux, quelque raillerie qu'on fît de lui, il vouloit empêcher qu'on ne me gâtât, parce qu'il m'aimoit encore plus que sa propre réputation.* Mais si c'est son amour pour moi, qui l'obligeoit à me traiter d'une manière si bizarre, il auroit presque été à souhaiter pour tous deux, qu'il m'eût un peu honorée de son indifférence.

Aussitôt qu'il savoit que je me plaisois en un lieu, il m'en faisoit partir, quelque raison qu'il y eût de m'y laisser. Nous étions au Maine quand la nouvelle vint du voyage de Marsal[1]. Il eut ordre

---

1. En 1663.

d'en être, et m'envoya en Bretagne tenir compagnie à son père qui étoit aux États. Pendant qu'il disposoit son départ à Paris, il apprit par les espions, dont il m'environnoit toujours, que je me divertissois fort ; il en tomba malade de chagrin, et me manda en diligence. Son père, qui apprit en même temps que les médecins l'envoyoient à Bourbon, ne voulut pas me laisser partir, disant *qu'il ne falloit point avoir de femme pendant qu'on buvoit les eaux.* Il tomba évanoui de douleur en recevant cette réponse ; et après plusieurs courriers, son père m'ayant à la fin laissée partir, je fus le mener à Bourbon, où je demeurai un mois enfermée avec lui dans une chambre à lui voir rendre ses eaux, sans visiter seulement Mme la Princesse qui y étoit, et à qui il a l'honneur d'appartenir. Il n'avoit pu croire d'abord que ce fût son père qui m'eût arrêté en Bretagne, et quelque assurance qu'il en eût depuis, il soutint toujours que j'avois mieux aimé m'y divertir que de le venir consoler dans son malheur. Il m'auroit été aisé de m'en justifier, s'il eût voulu m'entendre ; mais c'étoit ce qu'il fuyoit le plus, parce que tout le tort se trouvoit de son côté dans les éclaircissements, et il ne vouloit jamais avouer de s'être trompé. Rien ne m'a plus affligée de lui, que cette aversion qu'il avoit pour s'éclaircir, parce qu'il en prenoit droit de me traiter toujours comme coupable.

Quelque temps après ayant été obligé, pour le service du Roi, d'aller en Bretagne, il se mit si fortement en tête de m'avoir près de lui, et écrivit des choses si étranges sur ce sujet à l'abbé d'Effiat son proche parent, que je fus obligée de partir de

Paris trois semaines après être accouchée. Peu de femmes de ma qualité en auroient fait autant, mais que ne faisoit-on point pour jouir d'un bien aussi précieux que la paix? Pour achever de me remettre, il me fit demeurer dans un des plus chétifs villages de tout le pays, et dans une maison si vilaine, qu'on étoit contraint de se tenir tout le jour dans les prés. Il choisissoit toujours ces sortes de lieux, afin que je ne visse point de compagnie. Aussi, bien loin d'en avoir dans le village même, ceux que la civilité ou les affaires obligeoient à l'y venir voir, étoient contraints de camper faute de cabaret; et, pour peu qu'ils lui déplussent, il les renvoyoit bientôt sous prétexte de diverses affaires, dont il les chargeoit, et qui dépendoient de lui dans la province. Cependant nous passâmes six mois, dans cet agréable séjour, l'année 1666.

Une autre fois qu'il étoit seul à Bourbon, et qu'il m'avoit envoyée en Bretagne, il eut encore avis par ses espions que je m'y divertissois assez avec Mme de Coatquin, et qu'il se passoit peu de jours que nous ne fissions quelque partie de promenade par terre ou sur mer. Son inquiétude le reprend. Il me mande que je l'aille joindre à Nevers où *il y avoit*, disoit-il, *de fort bons comédiens entre autres divertissements*. Je commençois à me lasser de faire de semblables corvées; j'écrivis à M. Colbert pour m'en plaindre, mais m'ayant conseillé de partir, je fus bien surprise de trouver M. Mazarin à dix lieues de Nevers, qui s'en venoit à Paris avec mon frère qui revenoit d'Italie. Il ne me rendit jamais aucune raison d'un procédé si extraordinaire, et nous fûmes sans autre éclaircissement nous confiner à notre cassine près Sedan, où mon frère me voyant fort triste eut la complaisance de venir avec nous.

Ce fut là, pour la première fois, que M. Mazarin, qui n'étoit pas bien aise d'avoir un semblable témoin de sa conduite domestique, ne sachant comment s'en défaire autrement, s'avisa de faire semblant d'en être jaloux. Jugez du ressentiment que je dus en avoir pour une si grande méchanceté. Que si tous ces outrages paroissent durs à souffrir, en les entendant raconter, la manière de les faire étoit encore quelque chose de plus cruel. Vous en jugerez par cet échantillon. Un soir que j'étois chez la Reine, je le vis venir à moi tout gai, et avec un rire contraint et affecté, pour me faire tout haut ce compliment : *J'ai une bonne nouvelle à vous donner, madame, le Roi vient de me commander d'aller en Alsace.* M. de Roquelaure, qui se trouva présent, indigné comme le reste de la compagnie de cette affectation, mais plus franc que les autres, ne put se tenir de lui dire; *que c'étoit là une belle nouvelle à venir donner avec tant de joie à une femme comme moi;* mais M. Mazarin, sans daigner répondre, sortit tranquillement de la chambre, tout fier de sa galanterie. Le Roi, à qui on la conta, en eut pitié. Il prit la peine de me dire lui-même, *que mon voyage ne seroit que de trois mois*, et me tint parole comme il a toujours fait.

Si je n'avois peur de vous ennuyer, je pourrois vous dire mille malices semblables qu'il me faisoit sans aucune nécessité, et pour le seul plaisir de me tourmenter, comme celle-là. Imaginez-vous donc des oppositions continuelles à mes plus innocentes fantaisies; une haine implacable pour tous les gens qui m'aimoient, et que j'aimois, un soin curieux de présenter à ma vue tous ceux que je ne pouvois souffrir, et de corrompre ceux en qui je me fiois le plus, pour savoir mes secrets, si j'en eusse eu ; une application infatigable à me décrier partout, et donner un tour criminel à toutes mes actions ; enfin, tout ce que la malignité de la cabale bigote peut inventer et mettre en œuvre dans une maison où elle domine avec tyrannie, contre une jeune femme simple sans égard, et dont le procédé peu circonspect donnoit tous les jours de nouvelles matières de triomphe à ses ennemis.

Je me sers hardiment du mot de *cabale bigote*, car je ne crois pas que les plus rigoureuses lois de la charité chrétienne m'obligent de présumer que les dévots, par qui M. Mazarin s'est gouverné, soient du nombre des véritables, après avoir dissipé tant de millions. Et c'est ici l'article fatal qui a poussé ma patience à bout, et qui est la véritable origine de tous mes malheurs. Si M. Mazarin s'étoit contenté de m'accabler de tristesse et de douleur, d'exposer ma santé et ma vie à ses caprices les plus déraisonnables, et de me faire enfin passer mes plus beaux jours dans une servitude sans exemple, puisque le Ciel me l'avoit donné pour maître, je me serois contentée de gémir et de m'en plaindre à mes amis. Mais quand je vis que, par ses dissipations incroyables, mon fils, qui devoit être le plus riche gentilhomme de France, couroit risque de se trouver le plus pauvre, il fallut céder à la force du sang, et l'amour maternelle l'emporta sur toute la modération que je m'étois proposé de garder. Je voyois tous les jours disparoître des sommes immenses, des meubles hors de prix, des charges, des gouvernements, et tous les autres débris de la fortune de mon oncle, le fruit de ses travaux et la récompense de ses services : j'en vis vendre pour plus de trois millions avant que d'éclater; il ne me restoit presque plus pour tout bien assuré que mes pierreries, lorsque M. Mazarin s'avisa de me les ôter. Il prit son temps, un soir que je me retirai fort tard de la ville, pour s'en saisir. Ayant voulu en savoir la raison avant que de me coucher, il me dit *qu'il craignoit que je n'en donnasse, libérale comme j'étois, et qu'il ne les avoit prises que pour les augmenter.* Je lui répondis *qu'il seroit à souhaiter que sa libéralité fût aussi bien réglée que la mienne; que je me contentois de ce que j'en avois, et que je ne me coucherois point qu'il ne me les eût rendues*; et voyant que, quoique je disse, il ne me répondoit que par de mauvaises plaisanteries, dites avec un rire malicieux, et d'un air tranquille en apparence, et très-aigre en effet, je sortis de la chambre de désespoir, et m'en allai au quartier de mon frère toute éplorée, et ne sachant que devenir. Mme de Bouillon, que nous envoyâmes d'abord querir, ayant appris le nouveau sujet de plainte que j'avois, me dit que je le méritois bien, puisque j'avois souffert tous les autres sans rien dire. Je voulois m'en aller avec elle sur l'heure même, si Mme Bellinzani, que nous envoyâmes aussi prendre, ne m'en eût empêchée, en me priant d'attendre qu'elle eût parlé à M. Mazarin. Il avoit donné ordre qu'on ne laissât entrer personne; mais Mme Bellinzani s'étant obstinée à lui parler, il ne lui laissa jamais le temps de rien dire, et elle n'en put tirer autre chose, sinon qu'elle ne pouvoit point avoir d'affaire assez pressée avec lui pour le venir trouver à une heure si indue, et que si elle avoit à lui parler, il alloit le lendemain matin à Saint-Germain, et qu'il lui donnoit rendez-vous à la croix de Nanterre. Mme Bellinzani étant revenue aussi indignée que nous d'une raillerie si hors de raison, il fut conclu que j'irois coucher chez Mme de Bouillon.

Le lendemain, toute la famille s'y étant assemblée pour mon affaire, Mme la Comtesse[1] fut chargée d'en parler au Roi. Il la reçut le mieux du monde, et Mme la princesse de Carignan eut ordre de me venir prendre pour m'emmener à l'hôtel de Soissons. J'y fus environ deux mois, au bout desquels je fus obligée de retourner avec M. Mazarin, sans qu'il me rendît même mes pierreries, et sans autre avantage pour moi, que de pouvoir chasser quelques femmes qu'il m'avoit données et que je n'agréois pas. Ce fut la seule faveur que je pus obtenir. Quand je voulus m'obstiner aux pierreries, Mme la Comtesse fut la première à me dire que je faisois une vilainie. J'eus toujours la Cour contre moi depuis ce temps. On sait ce que cela emporte en toute sorte d'affaires, et je dis au Roi à ce propos, *que je me consolerois de voir M. Mazarin si favorisé contre moi, s'il l'étoit également en tout, et si le peu de support qu'il trouvoit dans ses autres intérêts, ne faisoit pas voir qu'il n'avoit 'autres amis que mes ennemis.*

1. Mme la comtesse de Soissons.

Comme cette paix étoit plutôt un triomphe pour lui qu'un accommodement, elle le rendit trop fier pour être de durée. Une heure avant que d'aller au palais Mazarin, j'y envoyai un valet de chambre que Mme la Comtesse m'avoit donné depuis que j'en étois sortie, et qui portoit mes hardes. M. Mazarin, qui le connoissoit comme moi, lui ayant demandé ce qu'il vouloit, et à qui il étoit, le congédia sans attendre seulement que je fusse arrivée. Ce valet me rencontra à deux cents pas du logis; et quoique Mme la Comtesse, qui me conduisoit, vit bien que c'étoit une nouvelle occasion de brouillerie, elle se contenta de m'exhorter à passer outre, me laissa au bas de l'escalier, et ne voulut point voir M. Mazarin, parce qu'il avoit fait tous ses efforts pour me faire mettre à l'hôtel de Conti, comme si je n'eusse pas été si bien à l'hôtel de Soissons. Je demandai d'abord grâce pour le valet chassé, et la nécessité où je me voyois réduite par l'autorité des puissances, me fit faire des soumissions que je n'aurois jamais espérées de la fierté de mon naturel; mais ce fut inutilement. J'avois affaire à un homme qui vouloit profiter de la conjoncture; et voyant qu'il ne me payoit que de mauvaises excuses, et de plus mauvaises plaisanteries, je me mis en devoir de le quitter pour me retirer chez mon frère une seconde fois. M. Mazarin qui, comme vous verrez, avoit pris ses mesures pour m'empêcher de sortir quand il me plairoit, et me faire une prison de mon palais, se jeta au-devant de moi, et me poussa fort rudement pour me fermer le passage; mais la douleur me donnant des forces extraordinaires, je passai, malgré qu'il en eût, et quoiqu'il se tuât de crier, par la fenêtre, *qu'on fermât toutes les portes et surtout celle de la cour*, personne, me voyant toute en pleurs, n'osa lui obéir. Je fis le tour de la rue, où il y avoit grand monde; dans ce triste état, seule, à pied, et en plein midi pour me rendre à mon asile ordinaire. Ce scandale fut l'effet de la prévoyance qu'il avoit eue de faire murer les portes qui communiquoient du palais de mon frère au nôtre, et par où je m'étois sauvée l'autre fois; mais cette précaution fit juger, à ceux qui la surent, qu'il n'avoit pas dessein, si je retournois avec lui, de me traiter mieux que par le passé, quand il prenoit ainsi ses sûretés pour l'avenir.

D'abord que je fus chez mon frère, j'écrivis au Roi pour lui rendre raison de ma conduite; et Mme la Comtesse m'emmena à l'hôtel de Soissons; mais au bout de cinq ou six jours, M. de Louvois m'étant venu proposer de la part du Roi d'entrer dans quelque couvent, elle ne le voulut pas, et elle négocia si bien, qu'on obligea M. Mazarin à me venir prendre, à condition qu'elle se raccommoderoit avec lui. Mon frère s'en alla d'abord après en Italie, en partie pour faire voir qu'il ne tiendroit pas à lui que je ne demeurasse en bonne intelligence avec mon mari; mais elle ne fut jamais qu'apparente; et pendant trois ou quatre mois que nous fûmes ensemble, il ne se passa point de jour que je ne fusse obligée de quereller, quelque besoin et quelque envie que j'eusse de vivre en paix.

Au bout de ce temps, il voulut aller en Alsace, et au lieu de m'accorder toutes choses pour m'obliger à l'y suivre, comme j'y étois résolue, il fut assez mal conseillé pour s'obstiner à me faire garder une femme que je ne voulois plus. Cette difficulté de bagatelle me fit ouvrir les yeux, et me donna le temps de penser mieux à ce que je faisois. Mes amis eurent la charité de me faire comprendre le peu de sûreté qu'il y avoit à m'aller mettre à la discrétion d'un homme de ce caractère d'esprit, dans un pays si éloigné, et où il avoit une autorité absolue ; *qu'après les choses qui s'étoient passées, il falloit que je fusse folle pour espérer d'en revenir ; qu'il avoit déjà fait partir mes pierreries par avance, et que ce ne pouvoit être que pour se retirer tout à fait dans ce gouvernement, où sa conduite ne seroit pas éclairée comme elle étoit à Paris, et où mes amis, quelque besoin que j'eusse d'eux, ne pourroient plus faire pour moi que des vœux inutiles.*

Ces considérations, qui n'étoient que trop bien fondées, me firent réfugier chez Mme la Comtesse la veille du départ de M. Mazarin, de peur qu'il ne m'emmenât par force avec lui. J'étois si troublée de me voir réduite de nouveau à cette nécessité, que j'oubliai même d'emporter mes petites pierreries, qui m'étoient toujours demeurées pour mon usage, et qui pouvoient bien valoir cinquante mille écus. Comme c'étoit le seul bien du monde que j'avois à ma disposition, Mme la Comtesse eut la prévoyance de me les demander d'abord qu'elle me vit ; et cela fut cause que je pus les envoyer querir assez à temps pour les avoir. Il vint le lendemain demander ce que je voulois. On lui dit deux choses : ne point aller en Alsace, et qu'il rendît mes grosses pierreries qui étoient déjà parties, et qui avoient été la première cause de nos différends. Pour l'Alsace, il m'en auroit aisément dispensée, parce qu'il n'espéroit plus de m'y pouvoir mener : mais pour les pierreries, il ne rendoit point de réponse précise ; et comme cependant elles marchoient toujours, aussitôt qu'il nous eut quittés, Mme la princesse de Bade me mena chez M. Colbert pour le prier de s'en saisir. Il ne crut pas pouvoir me refuser cette grâce ; il fallut les faire revenir, et elles sont toujours demeurées depuis entre ses mains.

Il ne fut plus question que de savoir ce que je deviendrois. M. Mazarin me donna le choix de demeurer à l'hôtel de Conti ou à l'abbaye de Chelles, les deux lieux du monde qu'il savoit que je haïssois le plus, et pour les plus justes raisons. L'accablement d'esprit où j'étois ne me permit jamais de me déterminer entre deux propositions également odieuses ; il fallut que d'autres choisissent pour moi, et les raisons contre l'hôtel de Conti étoient fortes, que Chelles fut préféré[1]. Ce fut en cette solitude, que faisant réflexion sur l'obligation où mes parents me représentoient que j'étois, de me séparer de biens, pour sauver le reste des dissipations de M. Mazarin, en faveur de mes pauvres enfants, je m'y résolus à la fin. Mais quelque persuadée que je fusse de le devoir faire, les raisons particulières que j'avois de déférer en toutes choses aux sentiments de M. Colbert, m'arrêtèrent tout court lorsque, l'ayant fait pressentir sur ce dessein, j'appris qu'il n'en étoit pas d'avis.

Au bout de six mois, M. Mazarin, revenant d'Al-

---

1. En 1667. Voy. le *Factum pour madame Mazarin*.

sace, me vint voir en passant, et voulut m'obliger à chasser deux filles que Mme la Comtesse m'avoit données depuis son départ. Comme il n'avoit point d'autre raison pour exiger de moi cette déférence, que son animosité contre elles, je ne crus pas qu'il fût de mon devoir de la satisfaire. Le ressentiment qu'il en eut l'obligea à prier le Roi de me faire changer de couvent, sous je ne sais quel prétexte; mais, en effet, parce que l'abbesse de Chelles, qui étoit sa tante, en usoit honnêtement avec moi, et que j'en étois satisfaite. Il obtint tout ce qu'il voulut; et quoique cette abbesse s'en tînt aussi offensée qu'elle devoit, et qu'elle rendît les plus favorables témoignages de ma conduite qu'il pouvoit désirer, M. le Premier me vint dire, *que je ferois plaisir au Roi d'aller à Sainte-Marie de la Bastille*; et Mme de Toussi me vint prendre avec six gardes du corps pour m'escorter. Peu de temps après, M. Mazarin, partant pour la Bretagne, m'y vint voir. Il ne me pouvoit souffrir avec des mouches; il se trouva par hasard que j'en avois mis ce jour-là, et il me dit d'abord, *qu'il ne me parleroit point que je ne les ôtasse*. Jamais homme ne demanda les choses avec une hauteur plus propre à les faire refuser, surtout quand il croyoit que la conscience y étoit intéressée comme en cette occasion; et ce fut aussi ce qui me fit obstiner à demeurer comme j'étois, pour lui faire bien voir que ce n'étoit ni mon intention, ni ma croyance d'offenser Dieu par cette parure. Il contesta une grosse heure sur ce sujet; mais voyant que c'étoit inutilement, il s'expliqua à la fin nonobstant mes mouches, et me pressa non moins inutilement d'aller avec lui. Je songeois à le plaider et non pas à le suivre; j'obtins d'en aller parler au Roi, Mme la princesse de Bade m'y conduisit, et Sa Majesté eut la bonté de me le permettre. Mais M. Colbert, qui avoit peine à y consentir pour des raisons qui ne souffroient point de réplique en toute autre conjoncture, tira les choses en longueur jusqu'à ce que Mme de Courcelles, ayant été mise avec moi dans ce couvent, j'obtins enfin la permission de commencer mon procès par la faveur des amis qu'elle avoit à la Cour.

Comme elle étoit fort aimable de sa personne et fort réjouissante, j'eus la complaisance pour elle d'entrer dans quelques plaisanteries qu'elle fit aux religieuses. On en fit cent contes ridicules au Roi; que nous mettions de l'encre dans le bénitier pour faire barbouiller ces bonnes dames; que nous allions courir par le dortoir pendant leur premier somme avec beaucoup de petits chiens, en criant *tayaut*; et plusieurs autres choses semblables, ou absolument inventées ou exagérées avec excès. Par exemple, ayant demandé à nous laver les pieds, les religieuses s'avisèrent de le trouver mauvais et de nous refuser ce qu'il falloit; comme si nous eussions été là pour observer leur règle. Il est vrai que nous remplîmes d'eau deux grands coffres qui étoient sur le dortoir; et parce qu'ils ne la tenoient pas, et que les ais du plancher joignoient fort mal, nous ne prîmes pas garde que ce qui répandit, perçant ce mauvais plancher, alla mouiller les lits de ces bonnes sœurs. Si vous étiez alors à la Cour, il vous souviendra qu'on y conta cet accident comme un franc tour de page. Il est encore vrai, que sous prétexte de nous tenir compagnie, on nous gardoit à vue. On choisissoit pour cet office les plus âgées des religieuses, comme les plus difficiles à suborner; mais ne faisant autre chose que nous promener tout le jour, nous les eûmes bientôt mises toutes sur les dents l'une après l'autre; jusque-là, que deux ou trois se démirent le pied pour avoir voulu s'obstiner à courir avec nous. Je ne vous conterois pas ces petites choses, si les partisans de M. Mazarin ne les avoient pas publiées; mais puisqu'ils m'en ont fait autant de crimes, je suis bien aise que vous en sachiez toute l'énormité.

Après avoir été trois mois dans ce couvent, nous eûmes permission d'aller à Chelles, où je savois que nous serions traitées plus raisonnablement, quoique nous ne pussions pas y avoir tant de visites; et M. Mazarin arriva de Bretagne le même jour que nous y fûmes transférées. Ce fut à quelques jours de là qu'il y vint avec soixante chevaux, et permission de M. de Paris pour entrer dans le couvent, et m'enlever de force; mais l'abbesse sa tante, ne se contentant pas de lui refuser l'entrée, me remit toutes les clefs entre les mains, pour m'ôter jusqu'au soupçon du mal qu'elle me pouvoit faire, à condition seulement que je parlerois à M. Mazarin. Je lui demandai fort ce qu'il vouloit, mais il me répondit toujours *que je n'étois pas l'abbesse;* et lui ayant répliqué *que j'étois abbesse pour lui ce jour-là, puisque j'avois toutes les clefs de la maison, et qu'il n'y pouvoit entrer que par ma faveur,* il me tourna le dos et s'en alla. Un gentilhomme qui m'étoit venu visiter de la part de Mme la Comtesse, s'en fut tout rapporter à Paris, ajoutant que le bruit étoit à Chelles, que M. Mazarin n'étoit pas retiré tout à fait, et qu'il reviendroit la nuit suivante. Vous avez su, sans doute, comment Mme de Bouillon, M. le comte, M. de Bouillon, et tout ce qu'il y avoit de plus honnêtes gens qualifiés à la cour, montèrent à cheval sur ce rapport pour venir à mon secours. Au bruit qu'ils firent en arrivant, Mme de Courcelles et moi les prîmes pour mes ennemis, mais la frayeur ne nous troubla point si fort, que nous ne nous avisassions d'un excellent expédient pour nous cacher. Il y avoit à la grille de notre parloir un trou assez grand pour faire entrer un grand plat, par où nous n'avions jamais songé jusqu'alors qu'une personne pût passer. Nous y passâmes pourtant toutes deux; mais ce fut avec tant de peine, que M. Mazarin même, s'il eût été dans le couvent, ne s'en seroit jamais défié, et nous auroit plutôt cherchées partout que dans ce parloir. Nous connûmes bientôt que nous avions pris l'alarme à faux, et la honte que nous en eûmes nous fit résoudre à rentrer par où nous étions sorties, sans en avertir personne. Mme de Courcelles repassa la première aisément; pour moi je demeurai plus d'un quart d'heure comme évanouie entre deux fers, qui me serroient par les côtés, sans pouvoir avancer ni reculer. Mais quoique je souffrisse étrangement dans cet état, je m'obstinai à n'appeler personne à notre aide, et Mme de Courcelles me tira tant qu'elle m'eut. Je fus remercier tous ces messieurs, et ils s'en retournèrent après avoir plaisanté quelque temps sur l'équipée que M. Mazarin avoit faite pour ne rien prendre.

Cependant j'eus un arrêt comme je voulois à la troisième des enquêtes. Cette chambre étoit presque toute de jeunes gens fort raisonnables, et il n'y en eut pas un qui ne se piquât de me servir. Il fut dit que *j'irois demeurer au Palais Mazarin, et M. Mazarin à l'Arsenal; qu'il me donneroit vingt mille francs de provision*, et ce qui étoit plus important, *qu'il produiroit les pièces par lesquelles je prétendois vérifier la dissipation qu'il avoit faite*. Mme la princesse de Carignan me vint querir pour m'aller installer chez moi ; j'y trouvai tous les officiers qu'il me falloit, choisis par M. Mazarin ; mais je les remerciai fort civilement de leur bonne volonté. Mme la Comtesse, qui me piquoit toujours de générosité mal à propos, me persuada encore *qu'il seroit vilain d'exiger la provision que le parlement m'avoit accordée*. M. Mazarin n'étoit pas homme à me la donner de bon gré. Cependant il falloit subsister. Elle me demandoit bien si j'avois besoin d'argent ; mais elle n'en pouvoit pas douter, et sans mes petites pierreries et mon frère, j'étois assez mal dans mes affaires. Il revint d'Italie dix jours après mon arrêt; et quoiqu'il fût fort fâché du procès, par les mêmes raisons qui l'avoient fait désapprouver à M. Colbert, et qu'il m'eût toujours prédit que Mme la Comtesse m'abandonneroit après m'avoir embarquée, je trouvois tous les matins sur ma toilette plus d'argent qu'il ne m'en falloit, sans que je pusse jamais vérifier d'où il venoit.

Cependant M. Mazarin avoit porté notre affaire à la grand'chambre pour la faire juger au fond ; mais on fit en sorte que le Roi s'entremît de nouveau pour nous accommoder. Nous signâmes un écrit entre ses mains, qui portoit, *que M. Mazarin reviendroit loger au Palais Mazarin, mais que j'aurois la liberté de choisir tous mes gens comme il me plairoit, excepté un écuyer qui me seroit donné par M. Colbert; que nous demeurerions chacun dans notre appartement; que je ne serois pas obligée à le suivre dans quelque voyage que ce fût; et que pour la séparation de biens que je demandois, MM. les ministres en seroient les arbitres, et que nous nous tiendrions inviolablement à ce qu'ils en diroient.* Le même jour que je signai cet écrit, je rencontrai Mme de Brissac à la foire, qui me dit en riant : *Vous voilà donc replâtrée, madame, pour la troisième fois ?* Aussi n'étions-nous point véritablement raccommodés. M. Mazarin prenoit à tâche de me fâcher en tout. Je pourrois vous en dire plusieurs particularités, mais je me contenterai de vous en rapporter une des plus éclatantes. J'avois fait élever un théâtre dans mon appartement pour y donner la comédie à quelques personnes de la Cour. Deux heures avant qu'on s'en dût servir, M. Mazarin, sans m'en avertir, s'avisa de le faire abattre, parce que *c'étoit jour de fête, et que la comédie est un divertissement profane.* Tout cela n'empêcha pas que nous ne nous vissions fort civilement les après-dînées : car nous ne mangions, ni couchions ensemble. M. Mazarin ne l'entendoit pas de la sorte; mais outre que notre écrit n'en disoit rien, je ne voyois pas apparence que les choses pussent demeurer comme elles étoient, et si par hasard nous en revenions au Parlement, je ne voulois pas m'exposer à solliciter étant grosse. Ma prévoyance ne fut pas vaine. Il se repentit bientôt de ce qu'il avoit fait; il pria le Roi de déchirer l'écrit, et de rendre les paroles; je n'y consentis qu'à condition que le Roi ne se mêleroit jamais de nos affaires, ni pour, ni contre. Sa Majesté eut la bonté de me le promettre, et me l'a toujours tenu depuis.

Nous voilà de retour à la grand'chambre, et les choses plus aigries que jamais. M. Mazarin et ses partisans n'oublièrent rien depuis ce temps pour noircir ma réputation dans le monde, et surtout dans l'esprit du Roi. L'extravagance de Courcelles leur en fournit entre autres un moyen admirable. J'avois oublié de vous dire que lorsque je sortis de Chelles, je fis tant que j'obtins que sa femme viendroit demeurer avec moi. Quand elle y fut, ceux qui l'avoient tirée autrefois d'auprès de son mari, étant bien aises de la lui rendre, le firent introduire, je ne sais comment, dans le palais Mazarin pendant que j'étois en ville, en telle sorte qu'il se raccommoda avec elle et la ramena chez lui. Un jour que je l'allois voir, elle fut assez imprudente pour me faire dire qu'elle n'y étoit pas, quoique le carrosse de Cavoie fût à sa porte. Dans le premier chagrin que j'eus de son incivilité, je rencontrai malheureusement son mari en mon chemin à qui je ne pus m'empêcher d'en témoigner quelque chose. Ce maître fou hésitoit depuis quelque temps à faire tirer l'épée à Cavoie, par la seule raison qu'il lui fâchoit de faire voir qu'il étoit jaloux du meilleur de ses amis; il vouloit qu'on crût qu'il se battoit pour un autre sujet; il n'en trouva pas de plus plausible que de faire l'amoureux de moi par le monde; de feindre *que sa femme avoit eu entre les mains des lettres de conséquence, que je devois avoir écrites à un homme de la Cour, qu'elle les avoit données à Cavoie; que Cavoie les montroit, qu'il vouloit se battre contre lui pour les retirer, et qu'il me l'avoit promis.* Quelque ridicule et mal inventée que toute cette histoire paroisse d'abord, il se trouva des gens assez sots pour y ajouter foi, et la publier sur sa parole. Il fit bien pis. Il eut l'imprudence de me la faire à moi-même dans la cour du palais Mazarin. Je lui dis *que sachant mieux que personne que tout ce qu'il disoit ne pouvoit pas être, je ne pouvois croire autre chose, sinon qu'il vouloit railler;* et que *si je savois qu'il eût la moindre pensée de se battre sur cet impertinent prétexte, j'en avertirois sur l'heure M. le comte qui étoit à deux pas de nous, et qui entendoit une partie de ce que nous disions.* Courcelles voyant bien à l'air dont je lui parlois, que je n'entendois pas raillerie, me fit signe de la tête que c'étoit pour rire; n'osant pas me le dire à cause de M. le comte qui nous joignit en même temps. Jugez de mon étonnement quand j'appris le lendemain, non-seulement qu'il s'étoit battu; mais que dans l'accommodement qu'ils avoient fait ensemble sur-le-champ, il avoit eu l'effronterie de soutenir sa fiction jusqu'au bout, et d'excepter une femme du secret qu'ils se promirent l'un à l'autre. Il étoit si satisfait de lui-même, qu'il ne put s'empêcher de se vanter de l'exception qu'il avoit faite, à des gens qu'il n'avoit pas exceptés. Ce fut ce qui divulgua la chose, et qui les fit envoyer tous deux à la Conciergerie, faire pénitence de la sottise d'un seul.

On ne manqua point à la Cour de me traiter de brouillonne, et de m'accuser de brutalité sur ce digne sujet : *qu'il ne tiendroit pas à moi que je n'en fisse égorger bien d'autres;* et un valet de chambre que j'avois, ayant été blessé dangereusement, environ ce même temps, par des bretteurs de sa connoissance, on eut encore la charité de faire entendre au Roi, *que ce garçon étoit entièrement dans ma confidence, et qu'en ayant abusé, j'avois trouvé à propos de le faire assassiner.* L'insolence avec laquelle on débitoit ces calomnies m'obligea d'en parler au Roi; Mme la Comtesse avec qui j'y fus, lui dit d'abord en entrant, *qu'elle lui amenoit cette criminelle, cette méchante femme dont on disoit tant de maux.* Le Roi eut la bonté de me dire, *qu'il n'en avoit jamais rien cru;* mais ce fut si succinctement, et d'une manière si éloignée de l'honnêteté avec laquelle il avoit coutume de me traiter, que tout autre que moi en auroit pris sujet de douter s'il disoit vrai. Vous savez que la Cour est un pays de grande contradiction. La pitié qu'on avoit peut-être pour moi quand on me savoit enfermée dans un couvent, s'étoit changée en envie, quand on m'avoit vue paroître chez la Reine, et y faire beaucoup meilleure figure que je ne voulois. Je n'avois pourtant autre prétention que de faire quelque accommodement supportable avec M. Mazarin; mais ceux par qui je me conduisois, et qui avoient, à ce qu'on a cru, d'autres desseins, jouèrent à me perdre pour essayer de les faire réussir. Abusant de ma simplicité, et de la déférence aveugle que j'avois pour leurs sentiments, ils me faisoient faire tous les jours des démarches, dont je ne savois ni la conséquence, ni les motifs.

Parmi ces brouilleries, notre procès avançoit toujours. M. Mazarin trouva la même faveur auprès des vieux, que j'avois trouvée auprès des jeunes. J'eus avis au bout de trois mois : *qu'il étoit maître de la grande chambre; que sa cabale y étoit toute puissante; qu'il auroit tel arrêt qu'il voudroit;*

que quand même on m'accorderoit la séparation de biens que je demandois, on ne me laisseroit pas dans celle de corps dont je jouissois, et que je ne demandois pas alors; qu'enfin les juges ne pouvoient pas, dans les formes, se dispenser de m'ordonner de retourner avec mon mari, quand ils me seroient aussi favorables qu'ils m'étoient contraires. Si cet avis m'étoit venu de moins bonne part, j'aurois la liberté de vous en nommer les auteurs; mais comme ils faisoient un pas fort délicat en me le donnant, ils exigèrent de moi un secret que je leur garderai éternellement. Jugez quel traitement je pouvois espérer de M. Mazarin, si je retournois avec lui par arrêt, ayant la Cour et le parlement contre moi, et après les sujets de ressentiment qu'il croyoit avoir.

Voilà quels furent les motifs de la résolution si étrange, et tant blâmée que je pris de me retirer en Italie auprès de mes parents, voyant qu'il n'y avoit plus d'asile ni de sûreté pour moi en France. Mon frère qui étoit tout ensemble le plus proche, le plus cher, et le plus éclairé, fut aussi le premier à l'approuver, et à m'offrir tout ce qui dépendoit de lui pour la favoriser. Le chevalier de Rohan son ami particulier et le mien, en ayant eu le vent je ne sais comment, nous en parla d'une manière si claire, qu'il y auroit eu de l'imprudence à lui en faire mystère, et si obligeante que nous ne pouvions pas sans quelque sorte d'ingratitude refuser son secours. Mon dessein n'étoit pas pour lors de me retirer tout à fait à Rome, mais seulement de voir ma sœur la connétable à Milan, où je lui mandois de me venir attendre, et de me rendre ensuite à Bruxelles pour négocier de plus près quelque accommodement plus stable et plus avantageux avec M. Mazarin, que les précédents. M. de Rohan nous pria de trouver bon qu'il m'y vînt joindre avec mon frère quand j'y serois, et nous ne pûmes pas honnêtement le refuser. J'avois mes raisons pour croire que M. Mazarin ne me verroit pas plutôt hors de France, qu'il accepteroit toute sorte de condition pour m'y faire revenir; et la frayeur où je l'avois vu toutes les fois que je l'avois menacé de m'en aller, ne me permettoit pas d'en douter. Le désespoir où il me jetoit, m'avoit souvent portée à lui dire, *que si j'étois une fois loin, il me courroit longtemps après avant que de me rattraper;* mais pour mon malheur, il n'a jamais cru que j'eusse ce courage, que quand il l'a vu.

Depuis que j'eus pris ma résolution, je négligeai si fort mon procès, que je me suis cent fois étonnée, comment ceux qui y prenoient intérêt, ne la devinèrent pas. Mme la Comtesse de qui j'étois plus en garde que d'aucun autre, fut la seule qui en eut quelque soupçon; mais elle ne la crut pas. Elle venoit de temps en temps chez mon frère où nous ne songions en apparence qu'à nous réjouir pour mieux tromper le monde, et elle se tuoit d'y crier, *que nous ne sollicitions point, et que c'étoit une honte.* Huit jours avant que je partisse, elle s'y trouva quand un gentilhomme de mon frère nommé Parmillac vint prendre congé de nous *pour aller*, disoit-il, *trouver son père qui commandoit quelque cavalerie en Lorraine;* mais en effet, pour aller disposer mes relais sur cette route, que j'avois choisie, comme celle dont on se défieroit le moins. La vue de cet homme, qui alloit commencer mon entreprise, me troubla si fort, que je ne comprends pas encore, comment Mme la Comtesse ne le remarqua pas. Elle étoit toute occupée à gloser sur la nonchalance où je vivois parmi des affaires si importantes : *Que ce n'étoit pas le temps de demeurer tout le jour déshabillée par ma chambre à jouer de ma guitare, et que cette effroyable négligence lui faisoit quasi croire ce qu'on disoit, que je voulois m'enfuir en Italie.* Son inutile remontrance finit en m'exhortant d'aller à Saint-Germain avec elle pour faire du moins ma cour, mais comme je ne manquois pas d'affaires, je la priai de m'excuser. Il étoit absolument nécessaire pour mon dessein, qu'elle y fût quand je partirois; car si elle eût été à Paris, dans l'inquiétude qu'elle avoit de ma conduite, il eût été difficile qu'elle n'eût pas pressenti quelque chose.

Enfin, le mercredi treizième juin 1668, jour destiné pour mon départ, étant venue [1], dans le temps que je disposois mes petites affaires pour le soir, elle m'envoya querir pour aller dîner à Saint-Germain avec elle. Je voulus refuser d'abord; on me pressa si fortement de sa part, que je crus presque être découverte; mais comme il faut toujours présumer qu'on ne l'est pas, dans ces sortes

---

1. M. Erard, dans son *Plaidoyer pour M. le duc de Mazarin*, dit que Mme Mazarin partit *la nuit du* 13 *au* 14 *juin de l'année* 1667; mais il paroît, par le *Factum pour Mme la duchesse Mazarin*, que ce fut en 1668. Voici encore une preuve que M. Erard s'est trompé. Mme de Montmorency ayant appris à Bussy le départ de Mme Mazarin, comme une nouvelle, il lui fit cette réponse, le 10 août 1668 : *L'aventure de Mme de Mazarin est plaisante. Mais n'admirez-vous pas là-dessus les projets*

d'affaires, quelque apparence qu'on voie de l'être, je trouvai à propos de promettre d'aller, de peur qu'elle ne me vînt querir elle-même. Quand l'heure du dîner fut passée sans que je parusse, elle m'envoya conjurer une seconde fois de ne pas faillir d'y aller avant le soir; je m'excusai le mieux que je pus d'avoir manqué de parole, et je promis encore plus positivement cette fois que l'autre; mais voyant dix heures du soir passées sans avoir de mes nouvelles, elle monta en carrosse et s'en vint droit à Paris. Elle avoit fait plus de la moitié du chemin quand elle rencontra mon frère. Il en étoit parti en même temps que moi, pour aller faire part à M. de Louvois de mon voyage. Elle lui demanda fort brusquement, *où j'étois*, mais il lui demanda à elle-même, *si elle ne m'avoit pas rencontrée?* Et comme elle lui dit *que non; il faut donc*, lui répondit-il froidement *qu'elle ait pris par l'autre chemin, car je l'ai vue partir devant que moi.*

A trois heures après minuit, M. Mazarin fut éveiller le Roi pour le prier de faire courir après moi; mais le Roi eut la générosité de lui répondre, *qu'il vouloit garder la parole qu'il avoit donnée de ne se mêler plus de nos affaires, quand il avoit dé-*

---

du cardinal? Il a mis tous les biens du monde, et tous les honneurs entre les mains de gens qui confessent par leur misérable conduite, qu'à eux n'appartient pas tant de braverie. Si le chevalier de Rohan est véritablement amoureux, je le tiens au désespoir sur les défenses qu'on lui a faites. S'il ne veut faire que du bruit, et qu'il n'ait que de la vanité, il a contentement. (Lettres du comte de Bussy-Rabutin, t. I, lettre 121, p. 122, édit. Lalanne.)

chiré l'écrit que nous avions fait entre ses mains ; et qu'il n'y avoit pas apparence de m'attraper avec l'avance que j'avois, et ayant pris mes mesures à loisir comme j'avois fait. On tourna autrement cette réponse dans le monde, et vous avez bien peut-être ouï dire les vers qu'on fit dessus, qui commencent,

Mazarin triste, pâle, et le cœur interdit,

et qui finissent par cette plaisanterie sur la révélation qu'il avoit eue pendant la grande maladie de la Reine, touchant le Roi et Mme de la Vallière,

Ma pauvre femme, hélas! qu'est-elle devenue?
La chose, dit le Roi, vous est-elle inconnue?
L'Ange qui vous dit tout ne vous l'a-t-il pas dit[1]*!*

M. Mazarin, voyant qu'il ne pouvoit rien obtenir du Roi, s'en fut trouver M. Colbert, qui lui conseilla d'envoyer en diligence après moi quelques personnes de créance m'offrir tout ce que je voudrois pour revenir : ce fut un lieutenant de l'artillerie nommé la Louvière, et vous jugerez par le lieu où il me joignit, que le Roi avoit eu raison de dire qu'il n'étoit plus temps de me suivre.

Pendant que ces choses se passoient à la Cour, je courois une étrange carrière, et je vous avoue que si j'en avois prévu toutes les suites, j'aurois plutôt choisi de passer ma vie entre quatre mu-

---

1. M. Mazarin alla un jour trouver le Roi, pour l'informer que l'ange Gabriel lui étoit apparu, et l'avoit chargé de dire à Sa Majesté de renvoyer Mme de la Vallière : *Il m'a aussi apparu,* lui répondit ce Prince, *et m'a assuré que vous étiez fou.*

railles, et de la finir par le fer ou par le poison, que d'exposer ma réputation aux médisances inévitables à toute femme de mon âge, et de ma qualité, qui est éloignée de son mari. Quoique je n'eusse pas assez d'expérience pour en prévoir les conséquences, ni ceux qui étoient de mon secret aussi, je ne laissai pas de rendre de grands combats contre moi-même avant que de terminer; et la peine que j'eus à le faire, si vous la pouviez savoir, vous feroit beaucoup mieux comprendre que toutes les choses que je vous ai contées, combien pressante étoit la nécessité de prendre le funeste parti que je pris. Je puis bien vous assurer que mes divertissements ne furent qu'apparents depuis que j'eus formé ma résolution; et que Mme la Comtesse avoit grand tort de me reprocher ma tranquillité. Je ne dormois presque, ni buvois, ni mangeois, plus de huit jours auparavant, et je fus si troublée en partant, qu'il fallut revenir de la porte Saint-Antoine prendre la cassette de mon argent, et de mes pierreries que j'avois oubliée. Il est vrai que je ne songeois pas seulement que l'argent pût jamais manquer, mais l'expérience m'a appris que c'est la première chose qui manque; surtout aux gens qui pour en avoir toujours eu de reste, n'en ont jamais connu l'importance et la nécessité de le ménager. J'avois pourtant laissé les clefs de mon appartement à mon frère pour se saisir de ma vaisselle d'argent, et de plusieurs autres meubles et nippes de prix; mais il usa de si grande négligence, que M. Mazarin le prévint, à telles enseignes qu'il en vendit quelque temps après à Mme de la Vallière pour cent mille francs.

Pour toute compagnie, j'avois une de mes filles nommée Nanon, qui n'étoit à moi que depuis six mois, habillée en homme comme moi ; un des gens de mon frère nommé Narcisse, que je ne connoissois guère, et un gentilhomme de M. de Rohan, nommé Courbeville, que je n'avois jamais vu. Mon frère ayant prié M. de Rohan de ne me point quitter que je ne fusse hors de la ville, il me dit adieu à la porte Saint-Antoine, et je continuai ma route en carrosse à six chevaux, jusqu'à une maison de la princesse de Guimené sa mère, qui est à dix lieues de Paris. Je fis ensuite cinq ou six lieues en chaise roulante ; mais ces voitures n'allant point assez vite au gré de mes frayeurs, je montai à cheval, et j'arrivai le vendredi à midi à Bar. De là, me voyant hors de France, je me contentai d'aller coucher à Nancy. M. de Lorraine, ayant demandé à me voir, eut l'honnêteté de ne s'y pas obstiner quand il sut que j'y avois de la répugnance. Le résident de France près de lui fit des instances inutiles pour me faire arrêter, et, pour comble de générosité, il me donna vingt de ses gardes et un lieutenant pour m'accompagner jusqu'en Suisse.

Nous avions été presque partout reconnues pour femmes. Il échappoit toujours à Nanon de m'appeler : Madame ; et, soit pour cette raison, ou que mon visage donnât quelque soupçon de ce que j'étois, on nous observoit par le trou de la serrure après que nous étions enfermées, et on voyoit tomber nos longs cheveux que nous déployions d'abord que nous étions en liberté, parce qu'ils nous incommodoient beaucoup dans notre coiffure d'homme. Nanon étoit extrêmement petite, et si peu propre à être habillée de cette sorte, que je ne pouvois la regarder sans rire.

Le soir que je couchai à Nancy, où nous reprîmes nos habits de femme, la joie que j'avois de me voir en lieu de sûreté me laissant la liberté de me divertir à mes jeux ordinaires, comme je courois après elle pour m'en moquer, je tombai sur le genou fort rudement. Je ne m'en sentis pourtant point d'abord; mais quelques jours après, ayant fait tendre un lit dans un méchant village de Franche-Comté pour me reposer en attendant le dîner, il me prit tout d'un coup des douleurs si horribles à ce genou, que je ne pus plus me lever. Il fallut pourtant passer outre; je ne laissai pas de partir en brancard après avoir été saignée par une femme faute d'un chirurgien, et j'arrivai à Neuchâtel, où l'on se mit en tête que j'étois Mme de Longueville. Vous ne sauriez croire la joie que ce peuple me témoigna; n'étant pas accoutumé de voir passer par leur pays des femmes de qualité de France, ils ne pouvoient comprendre qu'autre que Mme de Longueville y eût affaire. Je connois des gens qui auroient profité de l'occasion pour goûter de la souveraineté. A tout prendre, la méprise m'étoit avantageuse : je gagnois bien à la qualité ce que je perdois à l'âge; mais l'établissement me parut trop honnête pour une fugitive; j'y fus si mal pansée, et mon mal en augmenta si fort, que je mis en délibération de retourner à Paris; et il n'y eut que l'espérance d'être bientôt mieux à Milan qui me fit poursuivre mon voyage.

Peu de jours après, passant par un village de

Suisse où il y avoit quelque garnison, nous faillîmes d'être tous assommés faute d'entendre la langue; et pour comble de bonne fortune nous apprîmes, en arrivant à Altorf, qu'il falloit y faire quarantaine avant que d'entrer dans l'État de Milan. Ce fut alors que la patience commença à m'abandonner. Je me voyois dans un pays barbare, très-dangereusement malade, avec de grandes douleurs; et pour du secours, vous jugerez par ce qui arriva à Narcisse si j'en pouvois trouver dans ce misérable lieu. Il demanda un chirurgien pour se faire tirer du sang, à cause de quelque mal qu'il avoit; on lui amena un maréchal, qui, s'étant mis en devoir de le saigner avec une flammette, le manque, et Narcisse le menaçant de le tuer, cet homme lui répondit toujours froidement, *que ce n'étoit rien, et qu'il n'avoit pas fâché l'artère.* Mais ce qui acheva de me désespérer, fut que la division s'étoit mise entre mes gens. Narcisse ne pouvoit souffrir que Courbeville, qui ne me connoissoit que depuis huit jours, se mêlât de mes affaires sans en être prié; par la même raison Nanon ne pouvant souffrir ni Narcisse ni Courbeville, elle prétendoit qu'ils ne devoient agir tous deux que par ses ordres : mais pendant que Narcisse et elle s'amusoient à quereller de cette sorte, ils ne me servoient guère bien, et ils ne s'y appliquoient presque plus que par boutade. Courbeville, au contraire, ne songeoit uniquement qu'à me soulager, je suis encore persuadée qu'il m'auroit fallu couper la jambe sans lui; et comme le pitoyable état où j'étois me rendoit fort reconnoissante, la considération que je témoignois pour lui acheva d'aigrir les autres; et ils m'abandonnèrent bientôt entièrement à ses soins.

Ce fut à cette quarantaine que la Louvière me joignit; je remis à me résoudre sur ce qu'il me proposa quand je serois à Milan. J'y arrivai peu de jours après par la faveur du duc de Seste qui en étoit gouverneur et beau-frère de M. le connétable; il sut comment j'étois arrêtée à Altorf, et me fit grâce de dix-huit jours. Ma sœur et M. le connétable me vinrent joindre à une maison à quatre journées de Milan où nous fûmes quelques jours, et de là à Milan même, où nous reçûmes neuf courriers de Paris dans six semaines que nous y demeurâmes. J'appris qu'aussitôt après ma fuite tout s'étoit déclaré pour moi contre M. Mazarin; que M. de Turenne même avoit parlé au Roi en ma faveur, et que ma résolution avoit donné tout ensemble de l'admiration et de la pitié à tout le monde raisonnable; mais que les choses avoient bien changé dans la suite, puisque tous mes parents s'étoient joints, peu de jours après, au procès que M. Mazarin avoit intenté contre mon frère et M. de Rohan pour les accuser de m'avoir enlevée. Je sus encore qu'il avoit envoyé un commissaire après moi, informer de gîte en gîte de tout ce que j'avois fait, et c'est peut-être la seule obligation que je lui aie, puisque le procès-verbal de cet homme, qui est enregistré au Parlement, est un témoignage éternel de l'innocence de ma conduite pendant ce voyage, contre tout ce que mes ennemis en ont publié. Mais ce n'étoit pas encore la meilleure pièce de son sac. J'avois écrit à mon frère et à M. de Rohan en partant de Neuchâtel;

à mon frère, pour lui donner de mes nouvelles; et à M. de Rohan, pour le remercier des services qu'il m'avoit rendus dans mon départ. J'avois chargé Narcisse d'envoyer ces deux lettres; mais soit que sa haine pour Courbeville passât jusqu'à celui qui me l'avoit donné, ou que ce fût par pure négligence, il avoua à Milan d'avoir oublié celle de M. de Rohan sur la cheminée du maître de la poste de Neuchâtel, à qui il l'avoit recommandée.

La Louvière qui l'y avoit trouvée, chemin faisant, n'en avoit pas fait de même; M. Mazarin s'en servit avec tant de bonheur, qu'elle mit tout le monde contre moi, et c'est sur cette lettre qu'il eut depuis la témérité de présenter requête pour me faire déchoir de tous mes droits, ce qui ne se fait que contre des femmes convaincues de la dernière turpitude[1].

Je vous ai dit que M. de Rohan avoit fait consentir mon frère, qu'ils me viendroient joindre ensemble à Bruxelles quand j'y serois. Le besoin que nous avions de lui, ayant fait résoudre la chose ainsi, il étoit assez naturel que je lui parlasse de ce projet dans une lettre qui n'étoit faite que pour lui témoigner ma reconnoissance. Ce fut assez à M. Mazarin pour prouver notre complot, et que le Che-

---

1. Voici ce que dit là-dessus Mme de Montmorency, dans une lettre au comte de Bussy, du 27 août 1668 : *Pour la lettre de Mme de Mazarin à M. le chevalier de Rohan, elle n'a point couru. Le mari l'a montrée au Roi, et l'a donnée au Parlement. Ainsi n'étant point cocu de chronique, au moins le sera-t-il de registre. M. de Rohan est ravi de cette aventure, rien ne lui pouvoit venir plus à souhait.* (Lettres du comte de Bussy-Rabutin, t. I, lettre 125, p. 125.)

valier étoit amoureux de moi. Mais, outre qu'il l'étoit pour lors ailleurs, à la vue de toute la cour, et en lieu si élevé, qu'il en fut exilé, son procédé ne s'y accordoit pas. C'étoit bien la conduite d'un véritable ami de me donner les moyens de m'éloigner de lui, et de me confier à des valets fidèles; mais ce n'étoit pas trop celle d'un amant, et il n'y en a guère qui étant favorisés d'une confidence de cette nature, eussent pu se résoudre à perdre des yeux leur maîtresse, dans une occasion si extraordinaire. Cependant tout le monde crut ce que M. Mazarin voulut faire croire; et pour mon frère, il y avoit longtemps, comme vous avez vu, qu'il s'étoit avisé d'en faire le jaloux pour le rendre suspect en toutes mes affaires, et me priver de cette sorte de son appui. Il n'est rien de si innocent qu'on n'empoisonnât pour soutenir une accusation aussi détestable; on produisit jusqu'à des lettres en vers, faute de meilleures pièces. La postérité aura peine à croire, si nos affaires vont jusqu'à elle, qu'un homme de la qualité de mon frère ait été interrogé en justice, sur des bagatelles de cette nature; qu'elles lui aient été représentées sérieusement par des juges; qu'on ait pu faire un usage si odieux d'un commerce d'esprit et de sentiments, entre des personnes si proches; qu'enfin l'estime et l'amitié pour un frère d'un mérite aussi connu que le mien, et qui m'aimoit plus que sa vie aient pu servir de prétexte à la plus injuste, et à la plus cruelle de toutes les diffamations. On trouvera peu d'exemples plus étranges du malheur des personnes de mon sexe, et de mon âge. Les liaisons les plus saintes, où la nature et la raison les engagent, si tôt qu'il plaît à la jalousie et à l'envie, deviennent le plus grand des crimes ; mais il n'est rien d'impossible à un dévot de profession, et plutôt qu'il ait tort, il faut que les plus honnêtes gens de la terre soient les plus abominables de tous les hommes.

Je m'emporte peut-être, et le souvenir de ce cruel outrage me fait jeter dans des digressions dont vous n'avez que faire ; mais il est bien difficile de faire de sang-froid un récit si funeste. Il étoit mal aisé de se défier qu'on dût jamais me faire d'affaire, sur une chose aussi connue, que l'union de mon frère avec ma sœur la connétable et moi. Presque toute la Cour a vu une lettre qu'il écrivit de Rome quelque temps après nos mariages, dans laquelle, représentant à un de ses amis le bonheur qu'il avoit d'avoir deux sœurs qu'il aimoit extrêmement, dans les deux plus belles villes du monde, il finissoit par ces deux vers :

> Avec la belle Hortense, ou la sage Marie,
> Ainsi de sœur en sœur je vais passant ma vie.

Il y a apparence que M. Mazarin auroit employé cette écriture dans son procès, si ma sœur, qu'il vouloit ménager, afin de la mettre contre moi, n'y eût point été intéressée : car elle est bien pour le moins aussi criminelle que l'autre lettre dont il se servit. Mon frère m'avoit écrit cette autre lettre à Saint-Germain où j'étois, quelques jours après que M. Mazarin eut fait abattre le théâtre, que je vous ai dit que j'avois fait faire dans mon appartement. Elle commence ainsi :

> Vous, de tout l'univers, unique en votre espèce,
> Plus belle que Vénus, plus chaste que Lucrèce, etc.

Ensuite il continue par des remercîments de ce que je lui avois écrit, et par des nouvelles de sa santé qui ne veulent rien dire ; après quoi il poursuit de cette sorte :

> *Vous saurez, cependant, que votre cher époux*
> *S'informe à tout le monde incessamment de vous :*
> *Il me vint voir un soir d'un air acariâtre,*
> *Et se moqua de moi, me parlant du théâtre.*
> *Le beau duc de Navaille au teint hâve et plombé,*
> *Par son raisonnement m'avoit presque absorbé,*
> *Près d'une heure avec moi, tous deux ils demeurèrent,*
> *Et vous fûtes toujours le sujet qu'ils traitèrent.*
> *Monsieur de Mazarin poursuit de vous braver,*
> *Et fait courir le bruit qu'il veut vous enlever.*
> *Il dit qu'il n'est ni roi, reine, empereur, ni pape,*
> *Qui puisse l'empêcher qu'un jour il ne vous happe.*
> *Polastron s'est offert à l'exécution*
> *D'une si téméraire et perfide action :*
> *Pour moi je vous conseille en ce besoin extrême,*
> *D'implorer de Louis l'autorité suprême.*
> *Qu'il serve de bouclier à ce noir attentat,*
> *Qu'a formé contre vous un époux trop ingrat,* etc.

le reste n'est rien. Comme je montrois cette lettre à quelques amies, le comte de Grammont qui survint me l'arracha, et la porta au Roi : elle fut lue tout haut en sa présence, et il n'y eut de toute la Cour qu'un de ses chirurgiens, nommé Éliam, qui s'en scandalisa. Cette homme, qui apparemment étoit fort zélé pour ses malades, entendant lire :

> *Le beau duc de Navaille au teint hâve et plombé.*

ne put s'empêcher d'interrompre, *que cela n'étoit rien, et qu'on le purgeroit bientôt.*

Ce fut pourtant sur des pièces si convaincantes

que le Parlement donna un arrêt par lequel il fut permis à M. Mazarin de me faire arrêter, quelque part que je fusse. Tous mes parents signèrent en même temps un écrit entre ses mains, pour prier conjointement M. le Connétable, qui s'en moqua, de ne me pas recevoir. On avoit pourtant joint des lettres scandaleuses à cet écrit, et je reçus en même temps un courrier particulier qui venoit m'en faire des excuses de la part de Mme la Comtesse, mais de bouche seulement. J'avoue que ma confiance ne fut pas à l'épreuve d'un si rude coup; je tombai dans une mélancolie extraordinaire, et des démarches si violentes ne me laissant aucune espérance d'accommodement, je ne songeai plus à aller à Bruxelles.

Mon frère arriva sur ces entrefaites; mais au lieu de me consoler, il commença bientôt une autre persécution contre moi, d'autant plus cruelle, qu'elle avoit un fondement fort spécieux. Je devois renvoyer Courbeville, quand je serois à Milan; mais ayant appris la procédure criminelle qu'on avoit faite à Paris, et dans laquelle il étoit enveloppé, il se jeta à mes genoux, et me représenta *qu'il ne pouvoit retourner près de son Maître sans porter sa tête sur un échafaud et que n'ayant pas de quoi subsister ailleurs, il étoit réduit à la dernière nécessité, si je le congédiois.* Ce gentilhomme m'avoit servie si utilement, que je ne crus pas pouvoir l'abandonner sans une extrême ingratitude. Je lui donnai ma parole de le garder tant qu'il voudroit, et les cruels déplaisirs qui m'arrivèrent depuis, pour l'avoir tenue, ne m'ont point encore persuadée que je ne fusse pas obligée de la donner. Nanon et Narcisse, enragés de ce que je le gardois, l'accusèrent d'avoir parlé fort insolemment de mon frère. Les choses qu'ils lui faisoient dire étoient vraisemblables : mon frère les crut et voulut que je le chassasse ; mais comme je savois qui lui avoit prêté cette charité, je ne les crus pas, et m'obstinai à le garder. Ma résolution ayant jeté Nanon et Narcisse dans le désespoir, ils ne trouvèrent point de meilleur expédient pour me forcer à ce qu'ils vouloient, que de faire courre le bruit qu'il m'aimoit. Mon frère, qui vouloit ignorer les obligations que j'avois à cet homme, et la parole que je lui avois donnée, parce qu'il croyoit en avoir été offensé, et qui étoit accoutumé à la complaisance aveugle que j'avois toujours eue pour lui, craignit qu'il n'y eût quelque chose d'extraordinaire dans mon obstination. Mais il n'en douta plus, lorsque, m'ayant représenté avec beaucoup de hauteur le bruit qui couroit, il vit que je ne m'y rendois pas. Une calomnie si ridicule m'irrita au lieu de m'ébranler, et je fus si touchée de voir qu'il y ajoutoit foi, que je ne pouvois plus le souffrir. M. le Connétable et ma sœur furent d'abord pour moi contre lui ; mais ils changèrent dans la suite. Ce ne fut bientôt qu'éclaircissements continuels entre nous quatre, dans lesquels j'avois toujours le tort, et les autres se justifioient à mes dépens ; et cette étrange vie, pleine d'aigreur et de ressentiment, contre un frère et une sœur que j'aimois si fort, et de qui j'avois cru que la compagnie suffisoit toute seule pour me rendre heureuse, me fit à la fin comprendre, mais trop tard, qu'il ne faut jamais rien souhaiter.

Nous allâmes à Venise parmi ces brouilleries, où M. le Connétable, qui ne s'y plaisoit pas peut-être, parce que ma sœur s'y plaisoit, me promit toutes choses pour m'emmener à Rome : *qu'il me répondoit du Pape, et qu'il n'y oublieroit rien pour soulager le noir chagrin où j'étois plongée.* Me voyant si cruellement brouillée avec mon frère, je crus devoir ménager l'amitié du Connétable, par ma complaisance. Nous allâmes tous à Sienne, chez le cardinal Chigi, d'où au bout de trois semaines mon frère, s'étant brouillé avec nous, s'en retourna à Venise sans dire adieu, et nous prîmes le chemin de Rome. Les chaleurs y étoient si grandes que nous fûmes contraints d'en sortir, pour aller demeurer six semaines à Marine, maison de plaisance de M. le Connétable. En même temps que nous en revînmes, mon frère arriva, et avec lui un gentilhomme de la part de M. de Rohan, pour faire, à ce qu'on me dit, assassiner Courbeville.

J'appris que, s'étant trouvé fort mal à Venise, il avoit cru être empoisonné; que dans ce désespoir il avoit écrit des lettres épouvantables à Paris contre mon frère, et contre M. de Rohan, qu'il croyoit d'intelligence avec mon frère, pour le faire chasser d'auprès de moi; que ces lettres avoient été surprises par M. de Rohan, et qu'il les renvoyoit à mon frère, pour en faire la punition qu'elles méritoient. Le peu de conduite de Courbeville, l'éclat désagréable que cette affaire faisoit dans le monde, et le désir du repos, me firent à la fin résoudre de m'en défaire, jugeant bien qu'il me rendroit volontiers la parole que je lui avois donnée. Tout ce que je demandai au fils aîné du président de Champlâtreux, qui négocioit entre nous, fut seulement, *que mon frère n'exigeât pas de moi cette déférence avec tant de hauteur, et qu'il me fût permis d'aller demeurer chez ma tante Martinozzi.* Une heure avant que Courbeville dût partir, et ma tante étant déjà au logis pour m'emmener, ma sœur, outrée de ce que je ne voulois plus demeurer chez elle, se mit à le railler en ma présence, et lui demanda *s'il ne me fléchiroit point encore cette fois comme les autres.* Cet homme qui étoit au désespoir de s'en aller, lui ayant répondu fort brusquement : *que si je ne le lui ordonnois pas il ne sortiroit point : qu'il ne respectoit personne que moi* ; elle lui commanda de sortir sur-le-champ, et lui dit, *qu'il trouveroit à qui parler dans la cour.* Il obéit de rage ; je ne doutai pas qu'on ne lui voulût faire un mauvais parti ; je crus lui devoir sauver la vie ; je sortis avec lui, et je le conduisis chez mon oncle, le cardinal Mancini.

Je me retirai ensuite chez ma tante, où je demeurai quelque temps enfermée, comme dans une prison. Néanmoins, quelque affligée que je fusse, je ne pus m'empêcher de rire de l'offre qu'elle me fit de danser les matassins, au son de ma guitare, pour me divertir. Je ne sais si le refus que j'en fis l'aigrit contre moi ; mais un jour que j'étois à la fenêtre, elle me dit fort rudement de m'en ôter, *que ce n'étoit pas la coutume à Rome de s'y mettre ;* et une autre fois que je m'y remis encore, elle m'envoya son confesseur me dire : *qu'on m'en feroit ôter par force.* Ce moine s'acquitta si insolemment de sa commission, que les larmes m'en vinrent aux yeux. L'écuyer du cardinal Chigi, qui travailloit des chevaux devant la maison, m'entendant plaindre, monta pour m'offrir ses services ; mais je n'eus plus le courage de rien dire, quand je le vis. Il alla pourtant conter à son maître *qu'il y avoit deux jours que je n'avois bu, ni mangé.* Le cardinal Chigi en fut touché de pitié, et le cardinal Mancini lui ayant répondu *que M. Mazarin souhaitoit que je fisse une retraite de quinze jours dans un couvent, où il y avoit une sœur de M. le cardinal Mazarin:* je le pris au mot. Mon frère et ma sœur, voyant le déplorable état où j'étois, commencèrent à faire réflexion sur leur conduite passée, et n'eurent point de repos que je ne leur eusse pardonné. Je ne voulois pourtant point voir mon frère; mais, à la fin, ils gagnèrent encore ce point sur ma résolution, et quoique je visse bien que leurs remords ne réparoient pas l'outrage qu'ils avoient fait à ma réputation, la facilité de mon naturel l'emporta encore cette fois sur le plus juste de tous les ressentiments. Je vous avoue que le cœur me serre à ce récit. Je ne connois rien de plus cruel dans la vie, que de voir revenir de bonne foi les gens à nous, après qu'ils nous ont fait des injures mortelles. C'est bien assez de ce qu'on a souffert d'eux, sans partager encore la douleur de leur repentir. Cette réflexion et plusieurs autres, que j'avois sujet de faire, me firent résoudre à retourner en France, à la merci de M. Mazarin, et sans aucune condition, plutôt que de demeurer encore exposée à de nouvelles aventures aussi cruelles que celles qui m'étoient arrivées. J'en fis écrire à la princesse de Conti par ma tante Martinozzi sa mère, et je me disposai à partir aussitôt que la réponse seroit venue. Peu de jours après, Courbeville trouva, je ne sais comment, le moyen de me faire savoir: *qu'après avoir été gardé quelques jours chez le cardinal Mancini, on l'avoit conduit à*

Civita-Vecchia, où il étoit prisonnier depuis six semaines, et où il seroit, à ce qu'il mandoit, *bien plus de temps, si je n'avois pas la générosité de m'employer encore pour lui*. Quelque sujet que j'eusse de ne plus me mêler de cet homme, néanmoins, pour ne pas laisser mon ouvrage imparfait, je demandai sa liberté à Fra Vincenzo Rospigliosi, neveu du Pape, qui me l'accorda.

Cependant, le temps que je devois être dans le couvent étant passé, le cardinal Mancini répondit aux instances que ma sœur faisoit, à mon insu, pour m'en tirer : *qu'il me conseilloit d'attendre un peu, parce qu'il seroit avantageux pour moi que la réponse qui venoit de France m'y trouvât encore.* Cette réponse fut : *qu'après que j'y aurois demeuré deux ans, M. Mazarin verroit ce qu'il auroit à faire.* Le cardinal Mancini vouloit que je me soumisse à cette condition ; et pour moi, dans l'accablement où j'étois de voir la dureté de M. Mazarin, j'étois capable de me résoudre à tout ; mais ma sœur voulut absolument que je sortisse. Elle fit négocier, pour cet effet, avec la reine de Suède, qui donna parole de me recevoir chez elle ; et il ne fut plus question que de me faire échapper. Ma sœur me vint voir une après-dîner. Comme nous étions ensemble dans ma chambre, que je disposois les choses pour m'en aller avec elle, et que Nanon étoit déjà toute ronde du grand nombre de hardes qu'elle avoit fourrées de tous côtés sous ses habits, nous fûmes averties que le conseil de la Reine l'avoit obligée de retirer la parole qu'elle avoit donnée en ma faveur. Quelque désagréable que fût cette nouvelle, il fut résolu de passer outre. Ma sœur se mit en devoir de s'en aller, et moi de descendre avec elle, sous prétexte de l'accompagner. Ma tante Mazarin fit tout ce qu'elle put pour me faire demeurer dans ma chambre, parce qu'il y avoit longtemps que je ne me portois pas fort bien; mais je n'avois garde de faire cette faute. Les enfants de ma sœur, qui n'avoient pas permission comme elle d'entrer dans le couvent, et qu'elle avoit exprès amenés ce jour-là, pour amuser ma tante dans le parloir, afin que nous n'en fussions pas embarrassées, l'attendoient à la porte, quand l'abbesse la vint ouvrir. Nanon se jeta d'abord à eux pour les caresser, et moi après elle. Comme on ne se défioit point de notre dessein, l'abbesse n'osa pas m'en empêcher de force, outre que je ne lui donnai pas le temps de délibérer. Me voilà dans le carrosse de ma sœur. Elle avoit le privilége de faire entrer avec elle un certain nombre de femmes; ma tante retint par dépit deux dames qui s'en étoient prévalues ce jour-là, quoiqu'elles n'eussent rien de commun avec nos affaires, et la pauvre vieille prit si fort à cœur cette aventure, qu'elle mourut peu de jours après de déplaisir.

Nous fûmes d'abord chez le cardinal Chigi, que nous ne trouvâmes pas, pour lui demander sa protection. Il vint quelque temps après chez ma sœur, et nous parut assez froid, craignant que le Pape ne me fût contraire; mais Sa Sainteté répondit aux plaintes du cardinal Mancini : *que si elle avoit su que j'eusse été contre mon gré dans le couvent, elle m'en seroit allé tirer elle-même.* Ne pouvant encore me résoudre à demeurer chez ma sœur, je fus loger à la rue du Cours, dans notre maison paternelle, où l'Académie de Rome s'est tenue de tout temps. Le cardinal Mancini en fit déloger par dépit une de ses sœurs, qui n'auroit fait que m'incommoder; mais pendant un voyage que je fis à Marine, il s'en empara entièrement, et je fus contrainte à mon retour d'en louer une autre.

Il fallut bientôt engager mes pierreries pour subsister. Je n'avois encore pris que trois mille écus dessus, ce qui n'étoit rien, en comparaison de leur valeur, quand j'appris que l'homme qui les avoit n'étoit pas sûr. Je voulus les retirer, mais Mme Martinozzi m'avoit prévenue, elle avoit donné l'argent, et ne les vouloit pas rendre. M. le Connétable, feignant d'ignorer qu'elle les eût, obligea cet homme, par son autorité et ses menaces, de les ravoir d'elle, puisqu'il ne devoit pas les lui avoir données; on écrivit après à M. Mazarin pour le prier de les dégager, et il répondit: *qu'il falloit les laisser où elles étoient, et m'ôter tout moyen de subsister, afin de me réduire à mon devoir*. Je fus contrainte de souffrir que Grillon, qui étoit le meilleur ami de mon frère et du Connétable, donnât l'argent qu'il falloit pour les avoir; je le lui rendis bientôt, et le déplaisir que j'eus de me voir réduite à la nécessité d'avoir obligation à des gens qui pouvoient en abuser, me fit résoudre à faire un voyage en France, pour tâcher d'obtenir une pension de M. Mazarin.

Je partis avec mon frère, qui alloit épouser Mlle de Thiange; et c'est à cette alliance que je suis redevable du bon succès de mon voyage. Nous demeurâmes près de six mois en chemin. Quand nous fûmes sur la frontière, nous résolûmes qu'il partiroit devant, et que j'y attendrois qu'il eût pris les sûretés qui m'étoient nécessaires pour passer outre;

mais nos amis nous ayant mandé en même temps le désastre des pauvres statues du palais Mazarin, et que la conjoncture étoit favorable, nous fûmes ensemble jusqu'à Nevers, où il me laissa pour se rendre à la Cour, avec Grillon, qui nous avoit joints à Milan. Sitôt que M. Mazarin nous sut en chemin, il envoya Polastron, son capitaine des gardes, sur notre route, informer exactement de la vie que nous menions; et il fit assembler toutes les prévôtés des environs du Nivernois, pour prêter main-forte au commissaire de la Grand'Chambre, qui me venoit enlever en vertu de l'arrêt du Parlement. Mon frère en ayant fait plainte au Roi; Sa Majesté me vouloit envoyer querir d'autorité; mais M. Colbert, jugeant bien qu'il étoit à propos, pour mes intérêts, de ménager M. Mazarin le plus qu'on pourroit, lui fit dire de signer un arrêt d'appointement, comme il fit les larmes aux yeux, et voyant qu'on passeroit outre, s'il ne le faisoit pas. Cet arrêt arriva heureusement à Nevers le même jour que Palluau, conseiller de la Grand'Chambre, y arriva aussi, pour m'arrêter; je reçus, en même temps, ordre d'aller au Lys[1], et mon frère se maria le jour que j'y entrai.

Pendant que j'y fus, M. Mazarin me fit faire plusieurs propositions d'accommodement, mais toutes par de misérables moines, et autres gens de pareille étoffe, et sans me donner aucune sûreté. Il avoit dit au Roi : *que mon frère m'empéchoit d'y entendre, qu'il me gouvernoit avec une autorité tyrannique, et que si je ne le craignois pas, je serois beaucoup plus traitable.* Pour en savoir la vérité, le Roi m'envoya

---

1. L'abbaye du Lys, près Melun, en décembre 1670.

querir au bout de trois mois, par Mme Bellinzani, un exempt et des gardes, dans un carrosse de Mme Colbert, chez qui mon frère avoit prié le Roi de me faire loger, comme dans un lieu où personne ne me pourroit contraindre de déguiser mes sentiments. Deux ou trois jours après, il me fit aller chez Mme de Montespan, pour me parler. Je n'oublierai jamais la bonté avec laquelle il me traita, jusqu'à me prier de considérer : *que s'il n'en avoit pas mieux usé pour moi par le passé, ma conduite lui en avoit ôté les moyens ; que je lui disse franchement ce que je voulois ; que si j'étois absolument résolue à retourner en Italie, il me feroit donner une pension de vingt-quatre mille francs ; mais qu'il me conseilloit de demeurer ; qu'il feroit mon accommodement aussi avantageux que je voudrois ; que je ne suivrois M. Mazarin dans aucun voyage ; qu'il n'auroit rien à voir sur mes domestiques ; que même, si ses caresses m'étoient odieuses, je ne serois pas obligée de les souffrir et qu'il me donnoit jusqu'au lendemain pour y songer.*

J'aurois bien pu lui répondre sur-le-champ ce que je lui répondis le jour suivant : *qu'après m'avoir voulu perdre d'honneur, comme M. Mazarin avoit fait, et avoir refusé de me reprendre, lorsque je le lui avois fait offrir de Rome sans aucune condition, et qu'il me savoit dans la dernière nécessité, je ne pouvois me résoudre à retourner avec lui ; que quelques précautions qu'on pût prendre, de l'humeur dont il étoit, il m'arriveroit tous les jours vingt petites choses cruelles dont il ne seroit pas à propos d'aller importuner Sa Majesté ; et que j'acceptois avec une reconnoissance extrême la pension qu'il lui plaisoit de me faire donner.*

Après des raisons si légitimes, vous serez surpris d'apprendre que tout le monde blâma ma résolution; mais les jugements des gens de cour sont bien différents de ceux des autres hommes. Mme de Montespan, et Mme Colbert entre autres, firent tout ce qu'elles purent pour me faire demeurer, et M. de Lauzun me demanda *ce que je voulois faire avec mes vingt-quatre mille francs ? Que je les mangerois au premier cabaret, et que je serois contrainte de revenir après, toute honteuse, en demander d'autres, qu'on ne me donneroit pas;* mais il ne savoit pas que j'avois appris à ménager l'argent. Ce n'est pas que je ne visse qu'il m'étoit impossible de subsister longtemps honnêtement, avec cette somme; mais outre que je n'en pouvois pas obtenir davantage, et que M. Mazarin ne vouloit pas même me permettre de la manger à Paris, sans être avec lui, je faisois mon compte qu'elle me donneroit du moins le temps de prendre d'autres mesures. M. Mazarin, ne pouvant faire pis, s'avisa de dire au Roi : *que je me faisois faire un justaucorps d'homme, pour m'en aller habillée de cette sorte;* mais Sa Majesté eut encore la bonté de lui dire: *qu'elle l'assuroit que cela ne seroit pas.*

Mme Bellinzani eut ordre de me conduire, avec un exempt, jusqu'à Rome, et deux gardes du corps avec eux jusqu'à la frontière. Je reçus tant d'honnêtetés de M. le duc de Savoie, en passant à Turin, que je résolus dès lors de ne me point retirer autre part que dans ses États, si je quittois jamais Rome. J'y arrivai enfin, après avoir été trois mois en chemin, et Grillon y arriva aussi, peu de temps après, pour me replonger, malgré que j'en eusse, dans de nouveaux embarras.

J'avois fait dessein de ne voir personne, en France. Grillon, qui prétendoit être excepté, à cause du service qu'il m'avoit rendu, à Rome, dans l'affaire de mes pierreries, vint une fois au Lys, avec Mme la Comtesse, au commencement que j'y fus; mais je ne le voulois plus voir depuis. Le dépit qu'il en eut le transporta à un point incroyable. Pendant que j'étois à Nevers, attendant le commissaire tous les jours, l'intendant de mon frère me faisoit demeurer, pour plus grande sûreté, dans la tour d'un couvent qui tient au château. Comme il n'avoit pas des gens de reste, pour me servir, il mit près de moi un garde de mon frère, qui avoit été chassé depuis peu, pour quelque sujet assez léger. Ce garçon me servit le mieux qu'il put, afin que j'obtinsse son pardon, et je lui permis de me suivre, au Lys, dans cette espérance. Un fripon de cuisinier que j'avois, pour se faire fête à Grillon qui l'avoit corrompu, s'en va lui dire : *que ce misérable se rendoit nécessaire auprès de moi, et qu'il entroit quelquefois dans le couvent.* Grillon, sans autre examen, va publier cette belle affaire partout; jusque-là, que quand j'arrivai à Paris, Mme Colbert ne voulut pas que l'homme dont il étoit question entrât à ma suite, chez elle. Jugez de mon étonnement quand j'en sus le sujet, avec quelle promptitude je chassai ce nouvel officier, quel ressentiment je dus avoir de la méchanceté de Grillon, et si je fus surprise, en repassant à Lyon, de le voir oser revenir, à la faveur d'une lettre de mon frère qui me prioit de tout oublier. La froideur avec laquelle je le traitai, ne fit que l'animer davantage. Il apprit, en arrivant à Rome, que M. de Marsan me voyoit quelquefois ; et après mille extravagances qui se passèrent entre eux, ils eurent à la fin ensemble la ridicule affaire que vous avez sue, où, sans courir aucun danger, ils se donnèrent le plaisir de réjouir de nouveau le monde, à mes dépens.

Ce fut quelque temps après que ma sœur résolut de se retirer en France, pour divers sujets de plaintes qu'elle prétendoit avoir contre M. le Connétable. Il seroit inutile de vous dire les raisons dont je combattis sa résolution. Les déplaisirs qu'une pareille équipée m'avoit attirés, me donnèrent une éloquence tout extraordinaire : mais la même étoile qui m'avoit conduite en Italie, la poussoit en France. Comme elle étoit fort assurée de moi, elle n'hésita pas à me mettre de la partie, et parce que je ne me souciois de Rome qu'à cause d'elle, et que je croyois soulager les dangers qu'elle devoit courir, en les partageant, je n'hésitai pas à la suivre. Je lui représentai seulement *que je serois obligée de la quitter, aussitôt que nous serions en France.* Cette nécessité lui fit plus de peine qu'aucune autre chose, et rien ne me persuada plus la force de ses raisons, que de voir qu'elles la faisoient résoudre à nous séparer.

Le chevalier de Lorraine lui avoit assez d'obligation pour la servir dans cette rencontre. Elle s'étoit fait des affaires avec tout Rome pour lui et pour son frère. On ne pouvoit les souffrir partout ailleurs que chez elle, et elle s'étoit déclarée pour eux, dans des occasions assez délicates, contre le cardinal Chigi et le Connétable même. Cependant elle n'en reçut autre secours que de grandes promesses de la servir de leur crédit en France, ce qu'ils n'ont pas fait ; et pour ce qui étoit de son dessein, le Chevalier se contenta de lui dire : *que si elle n'avoit qu'elle-même pour se conduire, il s'en mettroit en peine, mais que puisque Mme Mazarin en étoit, on pouvoit bien s'en reposer sur elle, puisqu'elle avoit plus d'esprit et de résolution, pour des entreprises encore plus dangereuses.* Il ne croyoit pas alors devoir être rappelé en France sitôt qu'il le fut ; s'il eût fait son devoir, nous y aurions été devant que lui, et on n'auroit pas pu dire que nous le suivions ; mais ma sœur, qui n'avoit compté que sur lui, fut contrainte de différer son départ, quand elle s'en vit abandonnée.

Après qu'il fut allé en France, elle s'ouvrit à un autre homme d'une dignité éminente, et qu'elle croyoit son ami, parce qu'elle l'avoit obligé de l'être ; mais il lui dit seulement : *que le chevalier de Lorraine devoit bien la secourir dans ce besoin.* Il me demanda ensuite : *ce que je deviendrois, et si c'étoit de mon conseil que ma sœur entreprenoit ce voyage.* Il peut encore rendre témoignage que je lui répondis : *que je savois bien que je ne pouvois pas demeurer en France ; que je ne prétendois même y aborder, qu'à la faveur d'un passe-port que le Roi avoit envoyé à ma sœur, pour elle et ses gens ; et que mon dessein étoit de me retirer en Savoie, dès que je la verrois en lieu de sûreté.*

Enfin, après avoir pris toutes les précautions du côté de France, que la prudence humaine peut suggérer, nous envoyâmes une barque nous attendre à Civita-Vecchia ; et un beau jour de mai[1], M. le

---

1. En 1672.

Connétable ayant dit à dîner : *qu'il alloit à douze milles de Rome voir un de ses haras, et qu'on ne l'attendît pas le soir, s'il demeuroit trop à revenir;* ma sœur voulut absolument partir, quoique nous n'eussions encore rien de prêt. Nous dîmes que nous allions à Frescati, et nous montâmes dans mon carrosse avec une de ses femmes et Nanon, habillées en hommes comme nous, avec nos habits de femmes par-dessus. Nous arrivâmes à Civita-Vecchia à deux heures de nuit, que tout étoit fermé, si bien que nous fûmes contraintes de nous enfoncer dans le plus épais du bois, attendant qu'on eût trouvé notre barque. Mon valet de chambre, qui avoit été seul de tous nos gens assez résolu pour nous conduire, ayant couru longtemps inutilement pour la chercher, en loua mille écus une autre qu'il rencontra par hasard. Cependant mon postillon, s'impatientant de n'avoir point de nouvelles, monta sur un des chevaux du carrosse, et fut si heureux, qu'à la fin il trouva la nôtre. Il étoit bien nuit quand il en revint; il nous fallut bien faire cinq milles à pied pour y aller, et nous nous embarquâmes enfin, à trois heures, sans avoir bu ni mangé depuis Rome. Notre plus grand bonheur fut d'être tombées entre les mains d'un patron également habile, et homme de bien. Tout autre nous auroit jetées à la mer, après nous avoir volées : car il vit bien d'abord que nous n'étions pas des gueuses. Il nous le disoit lui-même; ses bateliers nous demandoient *si nous avions tué le Pape;* et pour ce qui est d'être habiles, il suffit de vous dire qu'ils firent canal à cent milles de Gênes. Au bout de huit jours, nous débarquâmes à la Cioutat en Provence, à onze heures du soir; de là nous fûmes à cheval à Marseille pour cinq heures du matin, où nous trouvâmes les ordres du Roi, et le passe-port chez l'intendant.

M. le Connétable, par le plus grand bonheur du monde, fut trois jours hors de Rome, et ne se défia de la vérité que fort tard. Il n'est point de contes si horribles qu'on ne fît de nous, jusqu'à dire que nous étions allées en Turquie; et il fut contraint d'obtenir du Pape une excommunication contre tous ceux qui en parleroient. Il fit partir quatorze courriers par autant de routes différentes, dont l'un fit si belle diligence, qu'il arriva à Marseille devant que nous. Il y arriva aussi, un peu après, un homme à lui, de cette sorte de gens qu'on appelle, en Italie, des *Braves*. Mon valet de chambre étoit allé je ne sais où, se préparer à partir pour la Cour, où ma sœur l'envoya, et nous étions, nous quatre femmes, toutes seules de notre compagnie, dans le cabaret même où cet homme vint loger. Nanon, qui l'aperçut la première, le reconnut d'abord; elle nous donna l'alarme bien chaude; nous fîmes demander des gardes à l'intendant; il nous en envoya sur-le-champ; mon valet de chambre revint de la ville, et le Brave, après nous avoir parlé fort honnêtement, pour nous exhorter à retourner à Rome, partit sur-le-champ pour y retourner lui-même, avec une belle lettre de ma sœur pour son maître. Cette aventure nous fit aller loger chez l'intendant, et peu de jours après à Aix, où nous demeurâmes un mois, et où Mme de Grignan eut la charité de nous envoyer des chemises; disant : *que nous voyagions en vraies héroïnes de roman, avec force pierreries, et point de linge blanc.*

Nous fûmes ensuite à Mirabeau, puis à Montpellier, où ma sœur voulut aller voir M. de Vardes, et à Monfrein, où j'appris que Polastron étoit en chemin, sous prétexte de venir faire compliment à ma sœur, de la part de M. Mazarin; mais, en effet, pour me faire arrêter avec son malheureux arrêt. Je me retirai seule à Viviers pour le laisser passer; il ne s'arrêta point près de ma sœur, quand il ne m'y trouva pas; il passa outre, croyant m'attraper et que j'étois retournée en arrière, mais il s'éloignoit au lieu de me suivre. Cependant je me rendis à Arles par le Rhône; de là à Martigues par terre, et par la mer à Nice; puis à Turin et à Montmeillan, d'où ma sœur me rappela à Grenoble, près d'elle, après avoir pris les mesures nécessaires pour ma sûreté avec M. de Lesdiguières. Mon frère nous y vint joindre; il fut huit jours avec nous; nous en partîmes huit jours après lui, pour Lyon; et ma sœur ayant pris le chemin de Paris, je pris celui de Chambéry, où j'ai enfin trouvé le repos que je cherchois inutilement, depuis si longtemps, et où j'ai toujours demeuré depuis, avec beaucoup plus de tranquillité qu'une femme aussi malheureuse que moi n'en devroit avoir[1].

---

1. Mme Mazarin demeura trois ans à Chambéry, et, en 1675, elle se retira en Angleterre. C'est à Chambéry qu'elle vit l'abbé de Saint-Réal, originaire de Chambéry lui-même. Voy. notre *Histoire de Saint-Évremond*, seconde partie.

XXXII.

LETTRES A MADAME LA DUCHESSE MAZARIN [1].

(1676.)

J'ai entrepris de vous donner un conseil, Madame, quoique les femmes n'aiment pas à en recevoir. Mais il n'importe, je suis trop dans l'intérêt de votre beauté, pour ne vous avertir pas du tort que vous lui ferez, s'il vous arrive de vous parer à la naissance de la Reine. Laissez les ornements pour les autres : les ornements sont des beautés étrangères qui leur tiennent lieu de naturelles, et nous leur sommes obligés de donner à nos yeux quelque chose de plus agréable que leurs personnes. Nous ne vous aurions pas la même obligation, Madame, si vous en usiez comme elles. Chaque ornement qu'on vous donne cache une beauté, chaque ornement qu'on vous ôte vous rend une grâce ; et vous n'êtes jamais si bien que lorsque l'on ne voit en vous que vous-même.

---

1. Il y avoit déjà une assez grande familiarité entre la duchesse et Saint-Evremond ; témoin la lettre au comte de Saint-Alban, de cette même année.

La plupart des Dames se perdent avantageusement sous leur parure. Il y en a qu'on trouve fort bien avec leurs perles, qu'on trouveroit fort mal avec leurs cols. Le plus beau collier du monde feroit un méchant effet sur le vôtre. Il en arriveroit quelque changement en votre personne; et tout changement qui se fait dans une chose parfaite, ne lui sauroit être avantageux. Que ceux qui retiennent vos pierreries servent bien votre beauté! Je suis plus votre serviteur qu'homme du monde; mais tout votre serviteur que je suis, je trouve des jours à excuser M. Colbert et M. de Metz[1]. Si vous étiez dans la condition où vous devriez être, on ne démêleroit pas si aisément les avantages de votre mérite d'avec ceux de votre fortune. Ces Messieurs nous en ôtent l'embarras : grâce au soin qu'ils ont de bien séparer ces deux choses, nous voyons nettement que vous n'avez obligation qu'à vous-même de tous les sentiments qu'on a pour vous. Laissez, laissez ruiner les autres en pierreries et en habits, la nature a fait pour vous toutes les dépenses. Vous seriez une ingrate, et nous aurions méchant goût, si nous n'étions également contents des libéralités qu'elle vous a faites.

1. M. Colbert et M. de Metz avoient en garde les pierreries de Mme Mazarin, comme on l'a vu dans ses *Mémoires*.

Je voudrois bien vous voir faire, à la naissance de la Reine, ce que fit autrefois Bussi d'Amboise [1] à un tournois. Ayant su que tous les grands seigneurs de la Cour devoient faire des dépenses extraordinaires pour leurs équipages et pour leurs habits, il habilla ses gens comme des seigneurs, et marcha vêtu fort simplement, au milieu de ce train si magnifique. La nature fit valoir tellement ses avantages en la personne de Bussi, que Bussi fut

1. Louis d'Amboise, seigneur de Bussi, marquis de Reinel, capitaine de 50 hommes d'armes du Roi, gouverneur et lieutenant général en Anjou, premier gentilhomme de la chambre du duc d'Alençon, se rendit illustre par son savoir, par son courage et par sa politesse. La reine Marguerite en parle avec éloge dans ses *Mémoires*, et comme d'une personne qui ne lui étoit pas indifférente : elle avoue même qu'on disoit hautement au roi Henri IV, son mari, qu'*il la servoit*. Bussi fut malheureusement assassiné dans son gouvernement d'Anjou, à l'âge d'environ vingt-huit ans. Le comte de Montsoreau ayant su qu'il voyoit sa femme, la força, le poignard sur la gorge, de lui écrire de se rendre incessamment auprès d'elle. Bussi vint ; et dès que le comte sut qu'il étoit dans la chambre de sa femme, il s'y jeta avec cinq ou six hommes armés. Bussi ne trouvant pas la partie égale, sauta par une fenêtre dans la cour : mais il s'y vit bientôt attaqué par d'autres personnes. Il se défendit longtemps avec une vigueur et une fermeté incroyables, et leur vendit chèrement sa vie. Brantôme n'a pas osé s'étendre sur la mort tragique de Bussi d'Amboise, en donnant l'abrégé de sa vie, dans ses *Hommes illustres*.

pris seul pour un grand seigneur; et tous les seigneurs qui s'étoient fiés à la magnificence, ne passèrent que pour des valets. Réglez-vous, Madame, sur l'exemple de Bussi; faites habiller Fanchon et Grenier [1] en duchesses, et marchez vêtue comme une simple demoiselle, avec le seul charme de votre beauté. Toutes les dames seront prises pour des Fanchons, et la simplicité de votre habit n'empêchera pas que vous ne soyez au-dessus de toutes les reines.

Je n'aime pas à faire des contes; et une vanité, peut-être assez mal fondée, me fait préférer l'expression de ce que j'imagine au récit de ce que j'ai vu. Le métier de conteur est une puérilité dans les jeunes gens, et une foiblesse dans les vieillards. Quand l'esprit n'a pas encore acquis sa force, ou qu'il commence à la perdre, il aime à dire ce qui ne coûte rien à penser. Je renonce au plaisir que me donne mon imagination, pour vous conter une petite aventure que j'ai vu arriver à la Haye.

Dans le temps que je demeurois à la Haye, il prit envie un jour à M. le comte de Guiche [2] et à M. de la Vallière [3] de se parer, pour attirer

---

1. Deux suivantes de Mme Mazarin.
2. Armand de Grammont, mort sur la fin de l'année 1672.
3. Frère de la duchesse de la Vallière.

les yeux du peuple, et ils voulurent que la parure eût également de la magnificence et de l'invention. Le comte de Guiche se distingua par beaucoup de singularités. Il portoit une aigrette à son chapeau; et une boucle de diamant qu'il eût souhaité plus gros, pour cette occasion, tenoit le chapeau retroussé. Il avoit au col du point de Venise, qui n'étoit ni cravate ni collet; c'étoit une espèce de petite fraise qui pouvoit contenter l'inclination secrète qu'il avoit prise pour la Golille à Madrid. Après cela, vous eussiez attendu une roupille à l'Espagnole, et c'étoit une veste à la Hongroise. Ici, l'antiquité lui revint en tête, pour lui mettre aux jambes des brodequins: mais plus galant que les Romains, il y avoit fait écrire le nom de sa maîtresse, en lettres assez bien formées, dans une broderie de perles. Du chapeau jusqu'à la veste, la *bizarria* de l'Amirante avoit tout réglé: le comte de Serin régnoit à la veste, et l'idée de Scipion lui avoit fait prendre des brodequins. Pour la Vallière, il se mit le plus extraordinairement qu'il lui fut possible: mais il sentoit trop le François; et pour dire la vérité, il ne put s'élever à la perfection de la bizarrerie.

Telle étoit la parure de nos Messieurs, quand ils entrèrent dans le Voohout, lieu destiné pour la promenade de la Haye. A peine y étoient-ils entrés, qu'on accourut de toutes parts pour les regarder ; et le monde, surpris de la nouveauté, ne savoit encore s'il la falloit admirer comme extraordinaire, ou s'en moquer comme d'une chose extravagante. Dans cette petite suspension, où l'on songeoit à se déterminer, M. de Louvigny [1] arriva. Il avoit un habit noir tout simple, et de beau linge faisoit sa parure : mais on lui voyoit la plus belle tête du monde, le plus agréable visage et le meilleur air. Sa modestie insinuoit le mérite de ses qualités : les femmes étoient touchées ; il plaisoit aux hommes. Disons la vérité, il touchoit tout. Sans vous, Madame, la question seroit décidée, et les avantages de votre sexe seroient perdus. Vous êtes la seule femme qui puissiez faire sur nous des impressions plus fortes. Après vous avoir dépeint ses charmes, vous n'aurez pas de peine à en deviner les effets. Tous les spectateurs furent aussi touchés, que M. le comte de Guiche et M. de la Vallière furent confondus. On se souvient encore à la Haye de l'avantage de M. de Louvigny et de la défaite de ces Messieurs. Si je n'étois pas en Angleterre, il m'en souviendroit plus qu'à personne ; mais vous ruinez tous objets et

1. Antoine-Charles de Grammont, comte de Louvigny, ensuite duc de Grammont.

toutes idées ; vous déferiez cent Midleton et cent Louvigny : que reste-t-il dans l'un et dans l'autre sexe à vous opposer ?

XXXIII.

LETTRE A LA MÊME.

(1676.)

Si vous trouvez des extravagances dans le petit livre que je vous envoie, vous êtes obligée de les excuser, puisque vous m'avez ôté le jugement qui m'auroit empêché de les écrire. J'ai passé ma vie avec des personnes fort aimables, à qui j'ai l'obligation de m'avoir laissé tout le bon sens dont j'avois besoin pour estimer leur mérite, sans intéresser beaucoup mon repos : j'ai bien sujet de me plaindre de vous, de m'avoir ôté toute la raison qu'elles m'avoient laissée.

Que ma condition est malheureuse ! J'ai tout perdu, du côté de la raison ; du côté de la passion, je ne vois rien pour moi à prétendre. Demanderois-je que vous aimiez une personne de mon âge ? Je n'ai pas vécu d'une manière à pouvoir espérer un miracle en ma faveur. Si le mérite de mes sentiments obtenoit de vous un regret que je sois vieux, et un souhait que je fusse jeune, je serois content. La grâce d'un souhait est peu de chose, ne me la refusez pas. Il est naturel de souhaiter que tout ce qui nous aime soit aimable.

Il ne fut jamais de passion si désintéressée que la mienne. J'aime les personnes que vous aimez, et je n'aime pas moins ceux qui vous aiment. Je regarde vos amants comme vos sujets, au lieu de les haïr comme mes rivaux : ce qui est à vous m'est plus cher, que ce qui est contre moi ne m'est odieux. Pour ce qui regarde les personnes qui vous sont chères, je n'y prends guère moins d'intérêt que vous : mon âme porte ses affections et ses mouvements où vont les vôtres. Je m'attendris de votre tendresse, je languis de vos langueurs. Les chants les plus passionnés des opéras ne me touchent plus d'eux-mêmes; ils ne font d'impression sur moi que par celle qu'ils ont faite sur vous. Je suis touché de vous voir touchée; et ces soupirs douloureux qui vous échappent, coûtent moins à votre cœur qu'ils ne coûtent au mien.

J'ai peu de part à faire vos peines, et j'en ai autant que vous à les souffrir. Quelquefois vous produisez en nous une passion différente de celle que vous avez voulu exciter. Si vous récitez les vers d'ANDROMAQUE, vous donnez de l'amour, avec les sentiments d'une mère qui ne veut donner que de la pitié : vous cherchez à nous rendre sensibles à ses infortunes, et vous nous trouvez sensibles à vos charmes. Les choses tristes et pitoyables rappellent nos cœurs secrètement à la passion qu'ils ont pour vous ; et la douleur que vous exigez pour une malheureuse, devient un sentiment naturel de nos propres maux.

On ne le croiroit pas sans en avoir fait l'expérience : les matières les plus opposées à la tendresse, prennent un air touchant dans votre bouche : vos raisonnements, vos disputes, vos contestations, vos colères ont leurs charmes ; tant il est difficile de trouver rien en vous qui ne contribue à la passion que vous inspirez. Il ne sort rien de vous qui ne soit aimable : il ne se forme rien en nous qui ne soit amour.

Une réflexion sérieuse vient m'avertir que vous vous moquerez de tout ce discours ; mais vous ne saurez vous moquer de mes foiblesses, que vous ne soyez contente de votre beauté ; et je suis satisfait de ma honte, si elle vous donne quelque satisfaction. On sacrifie son repos, sa liberté, sa fortune, *la gloire ne se sacrifie point*, dit Montaigne. Je renonce ici à notre Montaigne, et ne refuse pas d'être ridicule pour l'amour de vous ; mais on ne sauroit vous faire un sacrifice de cette nature-là : il ne peut y avoir de ridicule à vous aimer. Un ministre renonce pour vous à sa politique, et un philosophe à sa morale, sans intéresser leur réputation. Le pouvoir d'une grande beauté justifie toutes les passions qu'elle sait produire; et après avoir consulté mon jugement autant que mon cœur, je dirai, sans craindre le ridicule, que *je vous aime.*

XXXIV.

A LA MÊME, AVEC UN DISCOURS SUR LA RELIGION.

(1677.)

J'AI songé toute la nuit à la conversation que nous eûmes hier au soir, et je ne m'en étonne point, Madame : quand on a eu le plaisir de vous voir et de vous parler le soir, il ne faut pas s'attendre à celui de bien dormir. Il me sembloit que M. de Barillon raisonnoit avec beaucoup de solidité. Le comte de Mélos, qui préféroit toujours la soumission de l'esprit au raisonnement, voulut bien se rendre au vôtre ; et vos lumières lui tinrent lieu de l'autorité, qu'il a coutume de respecter.

J'avoue que j'étois convaincu et enchanté de

vos raisons ; elles faisoient leur impression sur mon esprit avec toute la force de la vérité, et s'insinuoient dans mon cœur avec tous vos charmes. Le cœur doux et tendre comme il est, a une opposition naturelle à l'austérité de la raison. La vôtre a trouvé un grand secret : elle porte des lumières dans les esprits, et inspire en même temps de la passion dans les cœurs. Jusqu'ici, la raison n'avoit pas été comptée entre les appas des femmes : vous êtes la première qui l'ait rendue propre à nous donner de l'amour. Sans vous, Madame, les vérités que nous cherchons nous auroient paru bien dures. La vérité qu'on a bannie du commerce comme une fâcheuse, et qu'on a cachée au fond d'un puits comme une séditieuse qui troubloit l'univers, cette vérité change de nature dans votre bouche, et n'en sort que pour vous concilier généralement tous les esprits. Vous la rétablissez dans le monde avec une pleine satisfaction de tous ceux qui vous entendent.

Ce n'est pas, Madame, que vous n'ayez votre part de la malignité de la nature. Vous avez quelquefois des desseins formés de nous choquer. Sans être trop pénétrant, on découvre la malice de vos intentions ; mais vos charmes sont au-dessus de ces intentions malicieuses. Vous plaisez, lors même que vous avez envie de déplaire ; et de toutes les choses que vous voudriez entreprendre, ne plaire pas est la seule dont vous ne sauriez venir à bout.

La vérité ne peut plus souffrir la violence que vous lui faites : elle veut reprendre la sécheresse et l'austérité que vous lui avez ôtées. Je vais lui rendre ses qualités naturelles; et vous vous en apercevrez, Madame, à la lecture du petit discours que je vous envoie.

DISCOURS.

Aussitôt que nous avons perdu le goût des plaisirs, notre imagination nous offre des idées agréables, qui nous tiennent lieu de choses sensibles. L'esprit veut remplacer des plaisirs perdus; et il va chercher ses avantages en l'autre monde, quand les voluptés qui touchoient le corps nous sont échappées.

Le dégoût du libertinage nous fait quelquefois naître l'envie de devenir dévots; mais sommes-nous établis dans un état plus religieux et plus saint, nous passons la vie à vouloir comprendre ce qui ne sauroit être compris; et il vient des temps de sécheresse et de langueur, où l'on fait de fâcheuses réflexions sur le tourment qu'on se donne pour un bien opposé aux sens, peu connu à la raison, conçu faiblement par une foi incertaine et mal assurée. C'est de là que viennent les plus grands désordres des monastères. Quand la félicité qu'on promet aux religieux leur paroît douteuse, le mal certain qu'il faut souffrir leur devient insupportable.

La diversité des tempéraments a beaucoup de part aux divers sentiments qu'ont les hommes, sur les choses surnaturelles. Les âmes douces et tendres se portent à l'amour de Dieu, les timides se tournent à la crainte de l'enfer, les irrésolus vivent dans le doute, les prudents vont au plus sûr, sans examiner le plus vrai; les dociles se soumettent, les opiniâtres s'obstinent dans le sentiment qu'on leur a donné, ou qu'ils se forment eux-mêmes; et les gens attachés à la raison veulent être convaincus par des preuves qu'ils ne trouvent pas.

Quand les hommes, disoit M. WURTZ [1], *auront retiré du christianisme ce qu'ils y ont mis, il n'y aura qu'une seule religion, aussi simple dans sa doctrine, que pure dans sa morale.*

Comme nous ne recevons point notre créance par la raison [2], aussi la raison ne nous fait-elle pas changer. Un dégoût secret des vieux sentiments nous fait sortir de la religion

---

1. Génénal des troupes hollandaises, pendant la guerre de 1672. Voy. Boileau, *Passage du Rhin.*
2. Voy. le *Commentaire philosophique* de Bayle, sur ces paroles de Jésus-Christ: *Contrains-les d'entrer.* II⁰ part., p. 334 du tome III de ses *OEuvres diverses.*

dans laquelle nous avons vécu : l'agrément que trouve l'esprit en de nouvelles pensées, nous fait entrer dans une autre ; et, lorsqu'on a changé de religion, si on est fort à parler des erreurs qu'on a quittées, on est assez foible à établir la vérité de celle qu'on a prise.

La doctrine est contestée partout : elle servira éternellement de matière à la dispute dans toutes les religions ; mais on peut convenir de ce qui regarde les mœurs. Le monde est d'accord sur les commandements que Dieu nous fait et sur l'obéissance qui lui est due ; car alors Dieu s'explique à l'homme en des choses que l'homme connoît et qu'il sent. Pour les mystères, ils sont au-dessus de l'esprit humain, et nous cherchons inutilement à connoître ce qui ne peut être connu, ce qui ne tombe ni sous les sens, ni sous la raison. La coutume en autorise le discours : la seule grâce en peut inspirer la créance.

Il ne dépend pas de nous de croire ce qu'on veut, ni même ce que nous voulons. L'entendement ne sauroit se rendre qu'aux lumières qu'on lui donne ; mais la volonté doit se soumettre aux ordres qu'elle reçoit.

XXXV.

A LA MÊME.

(1677.)

Je viens de lire, avec M. Van Beuning[1], les vers que vous m'avez fait l'honneur de m'envoyer. Cet ambassadeur, qui a passé sa vie dans l'étude, aussi bien que dans les affaires, les trouve fort beaux ; et mon sentiment est, Madame, qu'il y en a dans ce petit ouvrage d'aussi élevés que j'en aie vus depuis longtemps dans notre langue. Ce qui me les fait estimer davantage, c'est qu'il y a de la nouveauté et du bon sens, ajustement difficile à faire : car nos nouveautés ont souvent de l'extravagance; et le bon sens qui se trouve dans nos écrits, est le bon sens de l'antiquité plus que le nôtre. Je veux que l'esprit des anciens nous en inspire, mais je ne veux pas que nous prenions le leur même. Je veux qu'ils nous apprennent à bien penser; mais je n'aime pas à me servir de leurs pensées. Ce que nous voyons d'eux avoit la grâce de la nouveauté, lorsqu'ils le faisoient : ce que

---

1. Ambassadeur des états généraux en Angleterre.

nous écrivons aujourd'hui a vieilli de siècle en siècle, et est tombé comme éteint dans l'entendement de nos auteurs.

Qu'ayons-nous affaire d'un nouvel auteur, qui ne met au jour que de vieilles productions? qui se pare des imaginations des Grecs, et donne au monde leurs lumières, pour les siennes? On nous apporte une infinité de règles qui sont faites il y a trois mille ans, pour régler tout ce qui se fait aujourd'hui; et on ne considère point que ce ne sont point les mêmes sujets qu'il faut traiter, ni le même génie qu'il faut conduire.

Si nous faisions l'amour comme Anacréon et Sapho, il n'y auroit rien de plus ridicule; comme Térence, rien de plus bourgeois; comme Lucien, rien de plus grossier. Tous les temps ont un caractère qui leur est propre; ils ont leur politique, leur intérêt, leurs affaires : ils ont leur morale, en quelque façon, ayant leurs défauts et leurs vertus. C'est toujours l'homme, mais la nature se varie dans l'homme; et l'art, qui n'est autre chose qu'une imitation de la nature, se doit varier comme elle. Nos sottises ne sont point les sottises dont Horace s'est moqué; nos vices ne sont point les vices que Juvénal a repris : nous devons employer un autre ridicule, et nous servir d'une autre censure.

J'ai obligation à M. de Nevers; je cherchois

de la nouveauté il y a longtemps, il m'en a fait rencontrer. Je trouve un homme qui sait penser lui-même ce qu'il écrit, et qui donne son propre tour à l'expression de ses pensées.

Moi, qui n'ai dans mes vers, échappés au hasard,
Que l'audace pour règle et le bon sens pour art.

Si la fortune, l'*audace* et le *bon sens* produisent tant de beautés, je conseille aux auteurs de renoncer aux règles de l'art, et de s'abandonner purement à leur génie.

Pour orner le François de nouvelles parures,
Je hasarde en mes vers d'insolentes figures.

Celui qui hasarde ces *insolentes figures*, est assuré de n'en avoir que de nobles; c'est une hardiesse heureuse qui n'a rien d'extravagant ni de faux; un éclat d'imagination que le jugement peut avouer pour une de ses lumières.

Je ne sais pas bien si les avantages que M. de Nevers attribue à Mme de la Fayette et à M. de Meré, sont sincères. Leur mérite me persuade la sincérité : sans cela, la délicatesse du tour me seroit suspecte, et je craindrois qu'il n'y eût quelque ridicule caché sous le *sublime* de l'une et sous les *charmes divers* de l'autre. Les louanges que l'on donne à M. Bourdelot sont plus nettement expliquées. Je n'en donnerois pas moins à sa personne, mais je voudrois qu'elles fussent plus dégagées de sa profession. A mon avis, la médecine rompt plus de *trames* qu'elle n'en renoue ; et il ne falloit pas moins que les vers de monsieur votre frère, pour remettre en honneur une science que ceux de Molière avoient décriée. A vous parler franchement, je retrancherois quelque chose de l'habileté du Médecin, pour donner plus s'il étoit possible, aux lumières du bel esprit.

J'ai plus de vénération pour la Cour de Rome, que pour la Faculté de Paris; et quoique j'aie toute liberté de parler du Pape dans un pays où on le brûle tous les ans, je ne dirai rien de son éloge, sinon que saint Pierre en doit avoir de la jalousie : car il est plus aisé de fonder un État que de le réformer; d'y mettre l'ordre, que de l'y rétablir.

La discrétion que vous avez toujours en parlant de monsieur votre mari, me fait passer légèrement sur Orgon; et ma retenue fondée sur la vôtre, m'ôte l'idée de M. Mazarin. Mais un homme qui *trafiqueroit son salut l'argent à la main*, me donneroit mauvaise opinion du marchand qui achète le ciel, et plus méchante de ceux qui le vendent.

Revenons à la beauté des vers, qui ne peut pas être égale partout. L'élévation de l'esprit laisse de petites choses en prise à l'exactitude de la critique; et c'est une consolation que les grands génies ne doivent pas envier aux médiocres. Que des malheureux, à qui la nature a été peu favorable, se fassent valoir comme ils pourront par le travail d'une étude si gênante ; pour moi, je me sens transporté avec plaisir à des endroits qui m'enlèvent, et mon admiration ne laisse point de place au chagrin de la censure.

Il est beaucoup plus facile de louer le Roi en prose qu'en vers. Les vers, avec tout le merveilleux de la poésie, n'approchent point de la magnificence du sujet ; et en prose, une vérité simple est un grand éloge. Il ne faut que dire purement ce qu'a fait le Roi, pour effacer tout ce qu'on a écrit des autres. M. de Nevers a entrepris une chose plus difficile : il a cherché des pensées qui pussent égaler les actions de son Héros. Le dessein étoit hardi, mais il n'a pas été tout à fait malheureux ; car s'il demeure fort au-dessous de la gloire de celui qu'il loue, il s'élève fort au-dess du génie de tous ceux qui l'ont loué.

Qui peindra les beaux traits de sa gloire immortelle ?
Le pinceau trembleroit entre les mains d'Apelle.
Quel bonheur d'être nés au siècle de LOUIS !
Admirons, Bourdelot, ses exploits inouïs,
Que nous pouvons tous voir, que nous pouvons écrire ;
Et plaignons l'avenir, qui ne peut que les lire.

Je plaindrois la condition de nos neveux, si

la mienne n'étoit plus à plaindre. Ils vivront un jour : ils entreront dans le monde, d'où je suis prêt de sortir, où je suis réduit à lire les exploits du Roi, sans en pouvoir être témoin non plus qu'eux. C'est un grand malheur de passer sa vie loin de son Empire : mais si la fortune ne m'en avoit éloigné, je ne vivrois pas sous le vôtre, Madame. Vous inspirez de la passion à tout ce qui en est capable, et la raison vous donne ceux que la passion ne touche plus.

XXXVI.

A LA MÊME.

(1678.)

Si je venois un jour, pénétré de vos charmes,
Me mettre à vos genoux, et répandre des larmes,
Pour obtenir de vous la grâce d'un baiser,
    Pourriez-vous me le refuser ?
    Le pourriez-vous en conscience ?
    Répondez, répondez, Hortense.
    Las ! il y va de mon trépas :
    Pour Dieu, ne me refusez pas.
    Donnez-le moi par complaisance,
    Ou prenez-le par pénitence,
    Comme une sainte affliction,

Propre pour la dévotion,
De ce triste temps de carême ;
Ce temps où chacun, le teint blême,
Le cœur contrit, les yeux en pleurs,
Cherche la peine et les douleurs.
Baiser, aux âmes salutaire,
Plus que jeûner et porter haire ;
Baiser, devant Dieu précieux,
Tu conduirois Hortense aux cieux,
Et l'établirois dans la gloire,
Sans passer par le purgatoire.
Qu'à la Trappe, des réformés,
D'un zèle indiscret animés,
Ne mangent rien qu'herbe et légume,
Aillent nu-pieds et prennent rhume,
Couchent sans chemise et sans draps,
De leurs austérités je ne fais pas grand cas ;
Mais consoler une vieillesse
D'un petit effet de tendresse ;
Prendre soin de mes pauvres sens
Tout infirmes, tout languissans,
Et ranimer ma froide masse
Par la chaleur de quelque grâce,
C'est une sainte charité,
C'est un office mérité,
Qui de tout péché rendroit quitte
La plus criminelle beauté.
Merveille de nos jours, ô belle et sage Hortense
Qui, pour vivre sans crime, ignorez les remords,
Ne vous fiez pas trop à la simple innocence ;
Pour le salut de l'âme, il faut haïr le corps,
Gêner ses appétits, se faire violence ;
Il faut faire sur vous de vertueux efforts :

Et me baiser, madame, en est un que je pense
Beaucoup plus cher à Dieu que n'est la continence.

Après vous avoir demandé un baiser en vers, je vous en demanderai un en prose, dont je vous sollicite autant pour votre intérêt que pour le mien. Ce sera le dernier effet de la piété, ou le dernier effort de la raison ; et il ne tiendra qu'à vous d'être la plus grande sainte, ou la plus grande philosophe qu'on vit jamais. Priver nos sens de certains plaisirs, est un commencement de sagesse ; vaincre leur répugnance et leurs dégoûts, c'est la perfection de la vertu. Que n'avez-vous été pécheresse ? vous auriez une belle occasion d'être pénitente. Faut-il que votre innocence soit un obstacle à votre sainteté et à mon bonheur ! Mais il n'y a rien qui ne se puisse réparer. Si le passé n'a aucun droit sur votre repentir, j'espère que l'avenir y aura les siens ; et en ce cas, Madame, je vous propose une espèce d'indulgence, qui regarde les péchés à faire aussi bien que les péchés déjà faits. On porte envie aux injures que vous me dites ; il n'y a personne qui ne voulût être appelé *sot*, comme je le suis : cependant, Madame, il y a des grâces moins détournées, des grâces plus naturelles, que je voudrois bien recevoir. Tout le monde est présentement dans mes intérêts : Mme Hyde vous tient quitte de l'assiduité que vous lui avez promise à ses couches, pourvu que vous vous portiez de bonne grâce à m'obliger : Mlle de Beverweert est prête à rendre des oracles en ma faveur. Il me semble que je la vois les cheveux en désordre et les coiffes de côté; que je la vois toute émue de son esprit, toute inspirée de son Dieu, vous dire impérieusement : *Baisez le vieillard*, REINE, *baisez-le*.

Que ferez-vous, Madame? Négligerez-vous les prières, les avertissements, les oracles? Compterez-vous pour rien mes services des dents que j'ai sauvées [1], le charme de vos oreilles que j'ai découvert? Compterez-vous pour rien les précipices où je me suis jeté, les périls que j'ai courus, les douleurs que m'a données votre maladie : douleurs qui égaloient pour le moins les vôtres? Mais ce qui est le plus important, n'aurez-vous aucun soin de votre salut? S'il est ainsi, Madame, plus de sainteté, plus de sagesse, plus de reconnoissance, plus de justice. Adieu toutes les vertus. Vous serez comme une simple femme, comme une petite coquette, à qui une ride fait peur, et que des cheveux blancs peuvent effrayer.

Mais je m'alarme avec bien peu de raison.

---

1. M. de Saint-Evremond empêcha Mme Mazarin de se faire arracher quelques dents.

Vous n'avez rien des foiblesses de votre sexe. Votre âme tout à fait maîtresse de vos sens, peut les obliger, malgré eux, à faire mes plaisirs, sans songer aux vôtres.

> Je viens, pénétré de vos charmes,
> Vous demander avec des larmes,
> La grâce d'un simple baiser;
> Pouvez-vous me le refuser?

XXXVII.

LETTRE A LA MÊME.

(1682.)

'AI toujours eu sur la conscience d'avoir soupçonné que vos yeux pouvoient s'user à la Bassette [1].

Vos yeux, dont les mortelles armes
Coûtoient aux nôtres tant de larmes;
Eux qui mettoient tout sous vos lois,
S'usent aujourd'hui sur un trois;
Et votre âme attentive à la carte qui passe,
Tremble secrètement du péril de la face.
Beaux yeux, quel est votre destin!
Périrez-vous, beaux yeux, à regarder Morin?

1. Saint-Evremond avoit adressé à la duchesse une pièce de vers sur le jeu de la *Bassette*, qu'elle aimoit beaucoup.

C'est une question injurieuse qui m'a laissé un si grand scrupule, que pour me mettre l'esprit en repos, j'ai été obligé d'ajouter quelques vers, qui montrent que votre beauté est incapable de recevoir aucune altération.

Beaux yeux, quel est votre destin!
Périrez-vous, beaux yeux, à regarder Morin?
Non, d'un charme éternel le fond inépuisable
Vous rend, malgré Morin, chaque jour plus aimable;
Sa bassette a détruit, bien, repos, liberté;
Tout cède à son désordre, hormis votre beauté:
Tout se dérègle en vous, tout se confond par elle;
Mais le dérèglement vous rend encor plus belle;
Et, lorsque vous passez une nuit sans sommeil,
Plus brillante au matin que l'éclat du soleil,
Vous nous laissez douter si sa chaleur féconde
Vaut le feu de vos yeux pour animer le monde.

N'appréhendez pas, Madame, de perdre vos charmes à Newmarket : montez à cheval dès cinq heures du matin; galopez dans la foule à toutes les courses qui se feront; enrouez-vous à crier plus haut que Mylord Thomond [1] aux combats de Coqs; usez vos poumons à pousser des DONE [2] à droite et à gauche; entendez tous les soirs ou la Comédie de HENRI VIII [3] ou

1. Henri O'Brian, comte de Thomond, en Irlande, grand parieur aux combats de coqs.
2. Expression angloise qui, en matière de pari, répond à notre *Va*.
3. Composée par Shakspeare.

celle de la reine Élisabeth [1] ; crevez-vous d'huîtres à souper, et passez les nuits entières sans dormir : votre beauté qui est échappée à la Bassette de M. Morin [2], se sauvera bien des fatigues de Newmarket.

Venons au grand Morin. Parler de vos appas,
Est un discours perdu, vous ne l'écoutez pas.
A votre jeu fatal, l'âme la plus sincère
De tromper le tailleur fait sa première affaire ;
Et le noble tailleur, autant et plus loyal,
Sur l'argent du metteur fait un dessein égal.
Il s'applique, il s'attache à ce doux exercice
De voler son voisin sans craindre la justice.
Laissant d'un vieil honneur la scrupuleuse loi,
Et le grossier abus de toute bonne foi :
Il établit ses droits dans la seule industrie,
Et l'adresse des mains est sa vertu chérie.
Tel est le vrai banquier. Pour les nouveaux tailleurs,
Ils quitteront bientôt ou banque ou bonnes mœurs.
Otez au grand Morin son subtil avantage
La bassette pour lui sera pis que la rage :
Quoi qu'on ose lui dire, il doit tout endurer,
Et chacun s'autorise à le désespérer.
Que sa langueur augmente avecque sa jaunisse,
Il faut, malgré son mal, qu'il fasse son office.

1. Composée par Thomas Heywood, qui fleurissoit sous les règnes d'Élisabeth et de Jacques Ier. Toutes les pièces du théâtre anglois, de ce temps-là, sont extrêmement longues et fort ennuyeuses.

2. Morin se croyoit souvent malade, et il n'étoit pas possible que les veilles n'épuisassent pas un corps aussi fluet que le sien.

MORIN.
Madame, ze¹ me meurs.
MADAME MAZARIN.
Vous taillerez, Morin ;
Expirer en taillant est une belle fin.
Pour dernière oraison, lorsque vous rendrez l'âme ;
Vous pourrez réclamer le valet ou la dame.
Quelle plus digne mort que d'être enseveli
Après avoir gagné quelque gros paroli !
C'est par de si beaux coups qu'une célèbre histoire
Aux banques à venir portera votre gloire.
Mais c'est trop discourir. La bourse, Pelletier ;
Et vous, maître Morin, faites votre métier.
MORIN.
Un moment de repos, madame la Dussesse ;
Sacun vous le dira ; madame la comtesse,
Et monsieur de Verneuil et monsieur de Bezon :
Parbleu, l'on m'auroit cru l'enfant de la maison².
C'étoit, assurément, toute une autre manière :
Un petit compliment en forme de prière :
Monsieur, monsieur Morin, dînez avecque nous ;
Ou bien quelque autre sose et d'honnête et de doux :
Ici z'entends gronder touzours quelque tempête ;
Il faudra qu'à la fin ze lui casse la tête.
Si ze me porte mal, *vous taillerez, Morin ;*
Expirer en taillant est une belle fin.
Ah ! ce n'est pas ainsi que le banquier se traite,
Lorsque l'on veut sez soi tenir une bassette.

1. Morin grasseyoit beaucoup, et se donnoit de grands airs ridicules.
2. Morin étoit de Beziers, et il avoit quelquefois joué avec M. le duc de Verneuil et avec M. de Bezons. Le premier étoit gouverneur de Languedoc et l'autre en étoit intendant.

MADAME MAZARIN.

Monsieur, monsieur Morin, l'enfant de la maison
De monsieur de Verneuil, de monsieur de Bezon,
Sans *petit compliment en forme de prière,*
Je vous dirai tout net d'une franche manière :
Il faut tailler, Morin, et tailler promptement,
Ou sortir aussitôt de mon appartement.

Il taille, eût-il la mort peinte sur le visage ;
Mais d'une main fidèle il ne perd pas l'usage ;
Et son œil attentif, par un soin diligent,
Aide la Provençale [1] à s'attirer l'argent.
    Laissez, ô grand Morin ! parler toute la terre.
Que chacun, par dépit, vous déclare la guerre :
Que certains enchanteurs, irrités contre vous,
Fassent passer la mer à tous vos billets doux
(Billets que la noirceur d'une magie étrange
A transformés à Londres en des billets de change [2].)
Ne vous alarmez point : un plus grand enchanteur
S'est déclaré déjà pour votre protecteur ;
De Merlin et Morin le secret parentage
Vous donnera sur eux un entier avantage :
C'est par lui qu'à Saint-James vous taillez hardiment ;
C'est par lui qu'à White-Hall vous dormez sûrement [3] ;
Par lui de Newmarket les routes détournées
Dans l'ombre de la nuit vous seront enseignées,

---

1. Manière de mêler les cartes à la bassette, venue de Provence, où l'on aima toujours les jeux de carte.
2. Morin étoit venu de France fort endetté ; et dès qu'on savoit qu'il avoit gagné au jeu, on lui envoyoit ses billets pour les acquitter.
3. Morin perdoit quelquefois de si grosses sommes, qu'il n'osoit paroître que dans les lieux privilégiés.

Et de son char volant les magiques ressorts
Transporteront Morin et Morice à Windsor [1].
Du géant Malambrun l'ordinaire monture,
Chevillard n'eût jamais une si douce allure ;
Et l'on ne vit jamais ce renommé coursier
Porter si digne maître et si rare écuyer.
Loin, félons malandrins, sorciers, races damnées,
Sur le bon Don Quichotte autrefois déchaînées !
Loin, maudits enchanteurs, restes de la Voisin [2],
Députés de Satan pour tourmenter Morin !
Sortez d'ici, méchants ; abandonnez une île
Où tant de gens de bien ont cherché leur asile !
Vos piéges décevants sont ici superflus ;
Fourbes, retirez-vous, et ne revenez plus !

   Mais plutôt, cher Morin, forcez cette canaille
D'adorer dans vos mains les vertus de la taille ;
Produisez devant eux un miracle nouveau,
Plus fort que leur magie, et plus grand et plus beau ;
Découvrez à leurs yeux les monceaux de guinées,
Des banques par vos lois sagement gouvernées ;
Un valet bien soumis à l'ordre de vos doigts,
Qui, pour vous obéir, perdra les quatre fois :
Ce fidèle valet acquittera les dettes
Qui viennent de Paris ou qu'à Londres vous faites.
Une dame attachée à tous vos intérêts,
Fera pour vous autant qu'auront fait les valets ;
Elle saura fournir à la magnificence

---

   1. Quand la Cour étoit à Newmarket, et que Morin vouloit y aller, il faisoit souvent ce voyage la nuit, de peur de ses créanciers, et prenoit avec lui un valet de chambre de Mme Mazarin, nommé Morice, qui étoit un bouffon assez plaisant.
   2. On sait que la Voisin fut brûlée pour sortilége.

Que vous nous faites voir tous les jours de naissance ;
Elle vous fournira frange, point de Paris,
Boucles de diamants et boutons de rubis ;
Elle vous fournira des repas pour les dames
Qui savent contenter vos amoureuses flammes.
Nymphes, dont le mérite et le charme divin
Vous ont fait oublier feu la dame Morin ;
Quatre rois aujourd'hui devenus tributaires,
Font leur soin principal d'avancer vos affaires ;
Travaillent, à l'envi, d'un zèle assez égal,
A qui remplira mieux votre trésor royal.
Enfin, dans votre État, tout ce qui fait figure,
Ou ce qui n'en fait point, est votre créature ;
Et, par cette raison, madame Mazarin
Vous nomme et nommera toujours le grand Morin.

Après m'être élevé au genre sublime, pour donner des louanges aux vertus de mon héros, vous trouverez bon, Madame, que je descende à la naïveté du style ordinaire, pour vous rendre compte de la volatille de votre maison.

Le *Pretty*[1] ne se porte pas mal : mais comme c'est un oiseau fort bien né, et qui vient assurément de bon lieu, il se plaint modestement d'être abandonné à une servante, au sortir des mains délicates de Mlle Silvestre. Ce n'est pourtant pas là son plus grand chagrin : il ne voit plus Madame ; il ne peut plus voler après elle, ou la suivre à la trace, sur ses petits pieds :

1. Perroquet de Mme Mazarin ; *pretty* en anglais, veut dire *joli*.

voilà sa douleur. On n'oublie rien pour le consoler; on lui donne du thé tous les matins; mais ce n'est pas sur votre lit. Il a réglément son bœuf à dîner, mais ce n'est pas sur votre table : rien ne peut consoler son affliction, que l'espérance de votre retour.

Ma première visite se fait au *pretty ;* la seconde aux poules, qui sont bien les plus honnêtes poules que j'aie vues de ma vie. Elles préfèrent un vieux coq tout couvert de plaies, un vieux soldat estropié, qui pourroit demander place aux Invalides de Newmarket; elles le préfèrent à un jeune galant qui a la plus belle crête et la plus belle queue du monde. Il faut que je me satisfasse de ma condition, telle qu'elle est; mais si j'avois à choisir, j'aimerois mieux être vieux coq, parmi ces vertueuses poules, que vieil homme parmi les Dames. Cette considération me fait visiter vos poules deux fois le jour; et là, par une fausse idée, je m'applique en quelque façon la nature et le bonheur de votre coq. Il marche avec une gravité extraordinaire : glorieux du respect qu'on lui rend et fort content de lui-même. Nous n'avons point de terme en notre langue qui puisse bien exprimer cette satisfaction grave et composée qui se répand sur tout l'extérieur; l'Ufano des Espagnols y seroit tout à fait propre; mais je ne sais si

M. *Poussy*[1] permettroit qu'on s'en servît pour d'autres que pour lui.

Si vous me donnez quelque commission, ajoutée à celle que j'ai reçue pour avoir soin de la volatille, il n'y a personne au monde qui s'en acquitte si ponctuellement que moi. Ma guenon devient plus maigre que je ne voudrois ; et sans l'attachement que j'ai auprès d'elle, elle seroit morte il y a longtemps.

XXXVIII.

A LA MÊME, LE PREMIER JOUR DE L'AN 1683.

Je vous souhaite une heureuse année, quand je ne puis en avoir de bonnes, ni en espérer de longues. C'est une méchante condition, Madame, d'être mal satisfait du présent, et d'avoir tout à craindre de l'avenir : mais je me console de ce malheur, par la pensée que j'ai de me voir bientôt en état de vous servir. Vous savez que vous n'avez point de serviteur si dévoué que moi en ce monde. Mes vers vous apprendront que je ne serai pas moins attaché à vos intérêts

---

1. Le chat de Mme Mazarin.

dans l'autre. Comptez donc sur mon ombre, comme sur ma personne; et soyez assurée d'une fidélité éternelle jointe à une égale discrétion. Je ne viendrai point vous importuner au jeu par ma présence; je ne viendrai point vous effrayer par des apparitions; je ne vous troublerai point par des songes, et n'inquiéterai en quelque manière que ce puisse être le peu d'heures que la Bassette vous laisse pour le sommeil.

Voilà des effets de ma discrétion, apprenez ceux de mon zèle. Je vais déclarer la guerre à Hélène et à Cléopâtre pour l'amour de vous; je vais réduire des rebelles, et remettre des indociles dans le devoir. Mais pour cela, Madame, j'ai besoin d'une instruction que je vous demande dans mes vers : vous ne sauriez me l'accorder trop promptement. Autant de temps que vous tarderez à me la donner, autant de retardement apporterez-vous à votre gloire.

Je m'aperçois que ma raison[1],
Trop longtemps au corps asservie,
Est prête à quitter sa prison,
Pour goûter le bonheur d'une plus douce vie.

Bientôt je verrai ces beautés
Qui sont dans les Champs-Élysées,

1. Ces stances sont imitées de l'Épigramme de Maynard au cardinal de Richelieu : *Armand, l'âge affoiblit mes yeux*, etc.

D'un repos éternel et de biens enchantés,
Heureusement favorisées.

Je verrai dans ces lieux charmants
Les Hélènes, les Cléopâtres,
Dont les fameux événements
Font tant de bruit sur nos théâtres.

Là, s'informant de vos beaux yeux,
Et de tous les traits d'un visage
Qui nous est donné par les dieux,
Comme le plus parfait ouvrage;
Elles sauront que vos appas
Auroient ôté Pâris à son aimable Hélène;
Qu'Antoine, que César, près de vous n'auroient pas
Regardé seulement le sujet de leur peine;
Et vous auriez sauvé d'un funeste trépas
Deux héros malheureux que perdit cette reine.

Rome a là des objets également connus:
Sa Virginie et sa Lucrèce;
Mais, pour avoir suivi de farouches vertus,
Elles gardent encor certain air de rudesse;
Et leurs rares attraits, odieux à Vénus,
Ne jouiront jamais de la douce mollesse.

Sachant que j'ai l'honneur d'être connu de vous,
Elles voudront savoir si quelque amour trop vaine
De jeu, d'amusement, ou de plaisir trop doux,
N'ont pas gâté l'esprit d'une dame romaine.

Je leur dirai que votre cœur
Est digne de leur république;
Ferme et constant comme le leur,
Mais plus noble et plus magnifique.

Je dirai que du plus beau corps,
Et de l'âme la plus parfaite,
Nous voyons en vous les accords ;
Et je ne dirai pas un mot de la Bassette.

Je leur dirai que Brute et Collatin
　　Sont fort de votre connoissance ;
Que d'Appius vous savez le destin,
　　Et comment finit sa puissance :
Mais pour Coné, Mazenot et Morin [1],
　　Ils seront passés sous silence.

De là, j'irai chercher les beautés de nos jours,
Marion, Montbazon, modernes immortelles,
　　A qui nous donnerons toujours
L'honneur d'avoir été de leur temps les plus belles.

　　Je pense voir leurs déplaisirs,
　　Je vois déjà couler leurs larmes ;
　　Et le sujet de leurs soupirs,
C'est d'entendre parler tous les jours de vos charmes.

Vous qui venez du séjour des mortels,
Me dira-t-on dans une humeur chagrine,
Nous cherchez-vous pour parler des autels
Dressés partout à votre Mazarine ?

Ah ! c'est nous faire un enfer de ces lieux
Qu'on destinoit aux âmes fortunées :
　　Le mal que nous causent ses yeux
Est plus grand mille fois que celui des damnés.

« Ombres, goûtez le bien d'avoir jadis été
　　Les merveilles de notre France.

1. Les trois tailleurs de Bassette de Mme Mazarin.

Heureuse est une vanité
Que la mort met en assurance !

« Si le jour vous étoit resté,
Vous en auriez haï la triste jouissance,
Ou, du moins, auriez-vous cherché l'obscurité,
Pour ne pas voir l'éclat de la divine Hortense.

« Mais que servent enfin tous ces chagrins jaloux ?
  Le grand maître de la nature
Ne pourra-t-il former rien de plus beau que vous,
  Sans attirer votre murmure ?

  « Hélène auroit plus de raison
   De murmurer et de se plaindre,
   Que madame de Montbazon ;
Cependant elle sait sagement se contraindre.

« Celle qui put armer cent et cent potentats,
Qui d'Hector et d'Achille anima la querelle ;
  Qui fit livrer mille combats,
Où les dieux partagés étoient pour ou contre elle :
Hélène, à Mazarin ne le dispute pas ;
  Et vous auriez un cœur rebelle,
  Vous qui borniez l'honneur de vos appas
  Au peu de bruit que fait une ruelle ? »

    A ces mots, sans rien contester,
    Nos ombres baisseront la tête ;
    Et, docile pour m'écouter,
    Chacune aussitôt sera prête.

Je dirai que vos yeux pourroient tout enflammer,
Et, comme ceux d'Hélène, armer toute la terre ;
  Mais vous aimez mieux la charmer,
  Que la désoler par la guerre.

Je leur dirai que tous nos vœux
S'adressent à vous seule au milieu de nos dames;
Que nos plus forts liens se font de vos cheveux;
Que le front, le sourcil, ont leur droit sur nos âmes.

    Je dirai que tous les amants
    Voudroient mourir sur une bouche
    Qu'environnent mille agréments,
    Et de qui le charme nous touche.

De la gorge et du cou (ce miracle nouveau)
L'orgueilleuse beauté sera bien exprimée :
Les bras, les mains, les pieds dignes d'un corps si beau,
Auront aussi leur part à votre renommée.

La chose jusque-là ne peut mieux se passer,
Et leur confusion ne peut être plus grande :
    Mais si, voulant m'embarrasser,
    Elles me font une demande;
    Si Marion veut s'informer
De cet endroit caché qui se dérobe au monde,
    Et que je n'ose ici nommer,
    Que voulez-vous que je réponde?
    Là, ma connoissance est à bout,
    Et je devrois connoître tout.
    O belle, ô généreuse Hortense !
    Sauvez-moi de cette ignorance.

XXXIX.

A LA MÊME, SUR LE DESSEIN QU'ELLE AVOIT DE SE RETIRER DANS UN COUVENT[1].

(1683.)

Je ne sais si le titre d'AMITIÉ SANS AMITIÉ, que vous avez donné à mon écrit, lui convient assez ; mais je sais bien qu'il ne convient pas à mes sentiments, particulièrement à ceux que vous m'inspirez, Madame. Je les abandonne à votre pénétration : l'état où je suis, ne me laisse pas la force de les exprimer.

Depuis ce soir malheureux où vous m'apprîtes la funeste résolution que vous voulez exécuter, je n'ai pas eu un moment de repos, ou pour mieux dire, vous m'avez laissé une peine continuelle, une agitation bien plus violente que la perte du repos, qui seroit une assez grande affliction pour tout autre que pour moi. La première nuit de votre trouble, je ne fermai pas les yeux, et ils furent ouverts

---

[1]. Après le duel qui fit tant d'éclat, et où Banier, son amant, fut tué par le chevalier de Savoie. Voy. l'*Histoire de Saint-Évremond*, et notre tome Ier, p. 156 et suiv.

pour verser des larmes. Les nuits suivantes, je dormis quelques heures d'un sommeil inquiet, par un sentiment secret de mes douleurs; et je ne m'éveillai pas sitôt que je retrouvai mes soupirs, mes pleurs et tous les tristes effets de mon tourment. Je les cache le jour, autant que je puis; mais il n'y a point d'heures qui n'échappent à la contrainte que je leur donne; et voilà, Madame, cet homme si peu animé, ce grand partisan des *amitiés commodes et aisées*.

Comment est-il possible que vous quittiez des gens que vous charmez et qui vous adorent, des amis qui vous aiment mieux qu'ils ne s'aiment eux-mêmes, pour aller chercher des inconnus qui vous déplairont et dont vous serez peut-être outragée? Songez-vous, Madame, que vous vous jetez dans un couvent, que Madame la Connétable [1] avoit en horreur. Si elle y rentre, c'est qu'il y faut rentrer ou mourir; sa captivité présente, toute affreuse qu'elle est, lui semble moins dure que cet infortuné séjour; et pour y aller, Madame, vous voulez quitter une cour où vous êtes estimée, où l'affection d'un roi doux et honnête vous traite si bien, où toutes les personnes raisonnables ont du respect et de l'amitié pour vous. Le

---

[1]. Marie Mancini, sœur de Mme Mazarin, qui avoit épousé le prince Colonne, connétable du royaume de Naples.

jour le plus heureux que vous passerez dans le couvent, ne vaudra pas le plus triste que vous passerez dans votre maison.

Encore si vous étiez touchée d'une grâce particulière de Dieu. qui vous attachât à son service, on excuseroit la dureté de votre condition, par l'ardeur de votre zèle, qui vous rendroit tout supportable : mais je ne vous trouve pas, persuadée, et il vous faut apprendre à croire celui que vous allez servir si durement. Vous trouverez toutes les peines des religieuses, et ne trouverez point cet époux qui les console. Tout époux vous est odieux et dans le couvent et dans le monde. Douter un jour de la félicité de l'autre vie, est assez pour désespérer la plus sainte fille d'un couvent; car la foi seule la fortifie et la rend capable de supporter les mortifications qu'elle se donne. Qui sait, Madame, si vous croirez un quart d'heure ce qu'il faut qu'elle croie toujours, pour n'être pas malheureuse? Qui sait si l'idée d'un bonheur promis aura jamais la force de vous soutenir contre le sentiment des maux présents?

Il n'y a rien de plus raisonnable à des gens véritablement persuadés, que de vivre dans l'austérité, qu'ils croient nécessaire pour arriver à la possession d'un bien éternel; et rien de plus sage à ceux qui ne le sont pas, que de prendre ici leurs commodités, et de goûter avec modération tous les plaisirs où ils sont sensibles. C'est la raison pourquoi les philosophes qui ont cru l'immortalité de l'âme, ont compté pour rien toutes les douceurs de ce monde; et que ceux qui n'attendoient rien après la mort, ont mis le souverain bien dans la volupté. Pour vous, Madame, vous avez une philosophie toute nouvelle. Opposée à Épicure, vous cherchez les peines, les mortifications, les douleurs. Contraire à Socrate, vous n'attendez aucune récompense de la vertu. Vous vous faites religieuse, sans beaucoup de religion : vous méprisez ce monde ici, et vous ne faites pas grand cas de l'autre. A moins que vous n'en ayiez trouvé un troisième fait pour vous, il n'y a pas moyen de justifier votre conduite.

Il faut, Madame, il faut se persuader avant que de se contraindre : il ne faut pas souffrir sans savoir pour qui l'on souffre. En un mot, il faut travailler sérieusement à connoître Dieu avant que de renoncer à soi-même. C'est au milieu de l'univers que la contemplation des merveilles de la nature vous fera connoître celui dont elle dépend. La vue du soleil vous fera connoître la grandeur et la magnificence de celui qui l'a formé. Cet ordre si merveilleux et si juste, qui lie et entretient toutes choses, vous donnera la connoissance de sa sagesse. Enfin, Madame, dans ce monde que vous quittez,

Dieu est tout ouvert et tout expliqué à nos pensées. Il est si resserré dans les monastères, qu'il se cache au lieu de se découvrir ; si déguisé par les basses et indignes figures qu'on lui donne, que les plus éclairés ont de la peine à le reconnoître. Cependant, une vieille Supérieure ne vous parlera que de lui, et ne connoîtra rien moins : elle vous commandera des sottises, et une exacte obéissance suivra toujours le commandement, quelque ridicule qu'il puisse être. Le Directeur ne prendra pas moins d'ascendant sur vous, et votre raison humiliée se verra soumise à une ignorance présomptueuse. La raison, ce caractère secret, cette image de Dieu que nous portons en nos âmes, vous fera passer pour rebelle, si vous ne révérez l'imbécillité de la nature humaine en ce Directeur. De bonnes sœurs trop simples vous dégoûteront; des libertines vous donneront du scandale : vous verrez les crimes du monde; hélas! vous en aurez quitté les plaisirs.

Jusqu'ici, vous avez vécu dans les grandeurs et dans les délices : vous avez été élevée en reine, et vous méritiez de l'être. Devenue héritière d'un Ministre qui gouvernoit l'univers, vous avez eu plus de bien en mariage, que toutes les reines de l'Europe ensemble n'en ont porté aux rois leurs époux. Un jour vous a enlevé tous ces biens; mais votre mérite vous a tenu lieu de votre fortune, et vous a fait vivre plus magnifiquement dans les pays étrangers, que vous n'eussiez vécu dans le nôtre. La curiosité, la délicatesse, la propreté, le soin de votre personne, les commodités, les plaisirs ne vous ont pas abandonnée; et si votre discrétion vous a défendu des voluptés, vous avez cet avantage, que jamais faveurs n'ont été si désirées que les vôtres.

Que trouverez-vous, Madame, où vous allez? Vous trouverez une défense rigoureuse de tout ce que demande raisonnablement la nature, de tout ce qui est permis à l'humanité Une cellule, un méchant lit, un plus détestable repas, des habits sales et puants remplaceront vos délices. Vous serez seule à vous servir, seule à vous plaire, au milieu de tant de choses qui vous déplairont; et peut-être ne serez-vous pas en état d'avoir pour vous la plus secrète complaisance de l'amour-propre; peut-être que votre beauté devenue toute inutile, ne se découvrira ni à vos yeux, ni à ceux des autres.

Cependant, Madame, cette beauté si merveilleuse, ce grand ornement de l'univers, ne vous a pas été donné pour le cacher. Vous vous devez au public, à vos amis, à vous-même. Vous êtes faite pour vous plaire, pour plaire à tous, pour dissiper la tristesse, inspirer la joie, pour ranimer généralement tout ce qui languit. Quand les laides et les imbéciles se jettent dans les couvents, c'est une inspiration divine qui leur fait quitter le monde, où elles ne paroissent que pour faire honte à leur auteur. Sur votre sujet, Madame, c'est une vraie tentation du diable, lequel envieux de la gloire de Dieu, ne peut souffrir l'admiration que nous donne son plus bel ouvrage. Vingt ans de psaumes et de cantiques chantés dans le chœur, ne feront pas tant pour cette gloire, qu'un seul jour que votre beauté sera exposée aux yeux du monde. Vous montrer, est votre véritable vocation : c'est le culte le plus propre que vous puissiez lui rendre. Si le temps a le pouvoir d'effacer vos traits, comme il efface ceux des autres ; s'il ruine un jour cette beauté que nous admirons, retirez-vous alors ; et après avoir accompli les volontés de celui qui vous a formée, allez chanter ses louanges dans le couvent. Mais suivez la disposition qu'il a faite de votre vie ; car si vous prévenez l'heure qu'il a destinée pour votre retraite, vous trahirez ses intentions, par une secrète complaisance pour son ennemi.

Un de vos grands malheurs, Madame, si vous écoutez cet ennemi, c'est que vous n'aurez à vous prendre de tous vos maux qu'à vous-même. Madame la Connétable rejette les siens sur la violence qu'on lui fait. Elle a les cruautés d'un mari qui la force, l'injustice d'une cour qui appuye son mari : elle a mille objets vrais ou faux qu'elle peut accuser. Vous n'avez que vous, Madame, pour cause de votre infortune; vous n'avez à condamner que votre erreur. Dieu vous explique ses volontés par ma bouche, et vous ne m'écoutez pas : il se sert de mes raisons pour vous sauver, et vous ne consultez que vous pour vous perdre. Un jour accablée de tous les maux que je vous dépeins, vous songerez, mais trop tard, à celui qui a voulu les empêcher.

Peut-être êtes-vous flattée du bruit que fera votre retraite; et, par une vanité extravagante, vous croyez qu'il n'y a rien de plus illustre que de dérober au monde la plus grande beauté qu'on y vit jamais, quand les autres ne donnent à Dieu qu'une laideur naturelle, ou les ruines d'un visage tout effacé. Mais depuis quand préférez-vous l'erreur de l'opinion à la réalité des choses? Et qui vous a dit, après tout, que votre résolution ne paroîtra pas aussi folle qu'extraordinaire ? Qui vous a dit qu'on ne la prendra pas pour le retour d'une humeur errante et voyageuse? Qu'on ne croira pas que vous voulez faire trois cents lieues pour chercher une aventure, céleste si vous voulez, mais toujours une espèce d'aventure ?

Je ne doute point que vous n'espériez trouver beaucoup de douceur dans l'entretien de Madame la Connétable : mais, si je ne me trompe, cette douceur-là finira bientôt. Après avoir parlé trois ou quatre jours de la France et de l'Italie, après avoir parlé de la passion du Roi et de la timidité de Monsieur votre oncle, et de ce que vous avez pensé être et de ce que vous êtes devenue, après avoir épuisé le souvenir de la maison de M. le Connétable, de votre sortie de Rome et du malheureux succès de vos voyages, vous vous trouverez enfermée dans un couvent; et votre captivité, dont vous commencerez à sentir la rigueur, vous fera songer à la douce liberté que vous aurez goûtée en Angleterre. Les choses qui vous paroissent ennuyeuses aujourd'hui, se présenteront avec des charmes, et ce que vous aurez quitté par dégoût, reviendra solliciter votre envie. Alors, Madame, alors, de quelle force d'esprit n'aurez-vous pas besoin, pour vous consoler des maux présents et des biens perdus?

Je veux que mes pénétrations soient fausses et mes conjectures mal fondées; je veux que la conversation de Madame la Connétable ait toujours de grands agréments pour vous : mais qui vous dira que vous en pourrez jouir librement? Une des maximes des couvents est de ne souffrir aucune liaison entre des personnes qui se plaisent, parce que l'union des particuliers est une espèce de détachement des obligations contractées avec l'Ordre. D'ailleurs, les soins de M. le Connétable pourront bien s'étendre jusqu'à empêcher une communication qui fait tout craindre à un homme soupçonneux qui a trop offensé. Je ne parle point des caprices d'une Supérieure, ni des secrètes jalousies des religieuses, qui voudront nuire à une personne dont le mérite confondra le leur. Ainsi, Madame, vous vous serez faite religieuse pour vivre avec Madame la Connétable, et il arrivera que vous ne la verrez presque pas. Vous serez donc ou seule, avec vos tristes imaginations, ou dans la foule, parmi les sottises et les erreurs, ennuyée de sermons en langue qui vous sera peu connue, fatiguée de matines qui auront troublé votre repos, lassée d'une habitude continuelle du chant des Vêpres, et du murmure importun de quelque Rosaire.

Quel parti prendre, Madame? Conservez votre raison : vous vous rendrez malheureuse, si vous la perdez. Quelle perte de n'avoir plus ce discernement si exquis et cette intelligence si rare! Avez-vous commis un si grand crime contre vous, que vous deviez vous punir aussi rigoureusement que vous faites? Et quel sujet de plainte avez-vous contre vos amis, pour exercer sur eux une si cruelle vengeance? Les italiens assassinent leurs ennemis : mais leurs amis se sauvent de la justice sauvage qu'ils se veulent faire.

Mlle de Beverweert et moi avons déjà eu les coups mortels : la pensée de vos maux a fait les nôtres, et je me trouve aujourd'hui le plus misérable de tous les hommes, parce que vous allez vous rendre la plus malheureuse de toutes les femmes. Quand je vais voir Mlle de Beverweert les matins, nous nous regardons un quart d'heure sans parler ; et ce triste silence est toujours accompagné de nos larmes. Ayez pitié de nous, Madame, si vous n'en avez de vous-même. On peut se priver des commodités de la vie, pour l'amour de ses amis : nous vous demandons que vous vous priviez des tourments, et nous ne saurions l'obtenir. Il faut que vous ayez une dureté bien naturelle, puisque vous êtes la première à en ressentir les effets. Songez, Madame, songez sérieusement à ce que je vous dis : vous êtes sur le bord du précipice ; un pas en avant, vous êtes perdue ; un pas en arrière, vous êtes en pleine sûreté. Vos biens et vos maux dépendent de vous. Ayez la force de vouloir être heureuse, et vous la serez.

Si vous quittez le monde, comme vous semblez vous y préparer, ma consolation est que je n'y demeurerai pas longtemps. La nature plus favorable que vous, finira bientôt ma triste vie. Cependant, Madame, vos ordres préviendront les siens, quand il vous plaira; car les droits qu'elle se garde sur moi, ne vont qu'après ceux que je vous y ai donnés. Il n'est point de voyage que je n'entreprenne; et si pour dernière rigueur, vous n'y voulez pas consentir, je me cacherai dans un désert, dégoûté de tout autre commerce que le vôtre. Là, votre idée me tiendra lieu de tous objets : là, je me détacherai de moi-même, s'il est permis de parler ainsi, pour penser éternellement à vous : là, j'apprendrai à tout le monde ce qu'auront pu sur moi le charme de votre mérite et la force de ma douleur.

XL.

A LA MÊME, SUR LA MORT DE SON AMANT [1].

(1683.)

On m'a dit comme une chose assurée que vous quittiez l'Angleterre, incertaine encore du séjour que vous choisirez, mais toute résolue à sortir du pays où vous devriez demeurer. Ah!

---

[1] M. de Banier.

Madame, à quoi pensez-vous? Qu'allez-vous faire? Vous allez donner à vos ennemis des raisons invincibles contre vous, et ôter à vos amis tout moyen de vous servir. Vous allez réveiller, par cette nouvelle course, la faute assoupie de toutes les autres; vous allez ruiner tous les intérêts que vous avez, et que vous pourrez avoir en votre vie. Mais comment se montrer, dites-vous, après l'étrange malheur qui vient d'arriver? Mais comment se cacher, vous répondrai-je, à moins que de vouloir faire un crime d'un simple malheur? Il est certain que notre méchant procédé tourne en faute les infortunes. Vous l'éprouverez, Madame : si l'obscurité de votre retraite est continuée plus longtemps, chacun vous fera les reproches que vous paroissez vous faire, et vous serez condamnée par mille gens qui sont présentement dans la disposition de vous plaindre.

Mais que vous est-il arrivé, Madame, qui n'arrive assez communément? Je pourrois vous alléguer des beautés modernes, qui ont souffert la perte de leurs amants avec des regrets fort modérés, si je ne gardois pour vous un plus grand exemple. Hélène, moins belle que vous, et après vous la plus belle qu'ait vu le monde : Hélène a fait battre, dix ans durant, es dieux et les hommes, plus glorieuse de ce qu'on faisoit pour elle, que honteuse de ce qu'elle avoit fait. Voilà, Madame, les héroïnes qu'il faut imiter ; non pas les Didon et les Thisbé, ces misérables qui ont déshonoré l'amour par l'extravagance désespérée de leur passion. Mais que pensez-vous faire par vos regrets ? Pleurer un mort, n'est pas pleurer un amant. Votre amant n'est plus que le triste ouvrage de votre imagination : c'est être amoureuse de votre idée ; et l'amante d'Alexandre [1] est aussi excusable dans sa vision, que vous dans la vôtre, puisqu'un homme mort aujourd'hui, n'a pas plus de part au monde que ce conquérant.

> *Votre amant est enseveli ;*
> *Et dans les noirs flots de l'oubli,*
> *Où la Parque l'a fait descendre,*
> *Il ne sait rien de votre ennui ;*
> *Et ne fût-il mort qu'aujourd'hui,*
> *Puisqu'il n'est plus qu'os et que cendres,*
> *Il est aussi mort qu'Alexandre,*
> *Et vous touche aussi peu que lui* [2].

C'est donc vous qui faites le sujet de vos larmes ; vous qui trop fidèle à vos douleurs, tâchez vainement de rétablir ce que la nature a su détruire.

Quittez de ce trépas l'inutile entretien ;
Abandonnez un deuil si fatal à vos charmes ;

---

1. Voy. *les Visionnaires* de Desmaretz.
2. Parodie de l'*Ode* de Théophile à M. de L. sur la mort de son père.

Celui que vous pleurez aujourd'hui n'est plus rien,
Et c'est vous qui formez le sujet de vos larmes.
Votre âme, d'un amas de lugubres esprits,
Compose un vain objet dont elle est possédée;
Elle retrace en soi les traits qu'elle a chéris,
Et prête à sa douleur une funeste idée.

Je vous dis les meilleures raisons du monde en prose et en vers : mais plus je prends de peine à vous consoler, et plus je vous trouve inconsolable. Depuis Artemise, et Mme de Montmorency, fameuses en regrets, et célèbres toutes deux par leurs mausolées, on n'a point vu d'affliction pareille à la vôtre. Il est vrai qu'elle vous a été comme ordonnée par l'intendante de vos déplaisirs [1]. Il n'y a pas de moment que la *Doloride* [2], cette apparition assidue, ne s'approche de votre oreille, pour vous dire des nouvelles de l'autre monde : il n'y a point de secret qu'elle n'emploie pour entretenir dans votre âme l'amour des morts et la haine des vivants. Tantôt c'est un air triste et désolé; tantôt un discours funeste; quelquefois, pour la variété de la mélancolie, un

---

1. Mme de Ruz, que M. Mazarin avoit envoyée à Londres, avec quelques jeunes dévotes, pour engager Mme Mazarin à se retirer dans un couvent, comme on l'a vu dans l'*Histoire de Saint-Évremond*, 2e partie.

2. Voy. l'*Histoire de don Quichotte*, seconde partie, chap. XXXVI et suiv.

chant lamentable. JÉRUSALEM, M. Dery[1], JÉRUSALEM! M. Dery obéit; et des LEÇONS DE TÉNÈBRES[2] instituées dans l'Église pour nous faire pleurer la mort du Seigneur, sont chantées douloureusement à sa naissance[3], quand la même Église nous ordonne de nous réjouir.

Que si l'on remarquoit en vous une petite apparence de retour à la gaieté; si vous aviez la moindre saillie de joie, par une impulsion de la nature, qui eût échappé aux ordres de la *Doloride*, aussitôt un regard sévère vous fait rentrer dans le devoir de votre deuil; et tant de talents d'ennui et de langueur sont employés à vous inspirer le dégoût du monde, que si on avoit ces tristes soins et cette noire application avec M. Talbot, je ne doute point que l'on ne pût faire en quinze jours un bon ermite, du plus enjoué de tous les hommes. Qu'on ne s'étonne donc pas que la *Doloride* ait réussi dans les machines d'une désolation étudiée : l'étonnement doit être que vous ayez conservé l'es-

---

1. Page de Mme Mazarin, qui avoit une belle voix.
2. Dans l'Église romaine, on appelle *Ténèbres* les offices qui se chantent à certains jours de la semaine sainte. Les *Leçons de Ténèbres* sont tirées des Lamentations de Jérémie sur les malheurs de Jérusalem, qu'on chante sur des tons plaintifs, et qui finissent par ces paroles : *Jerusalem, Jerusalem, convertere ad Dominum*, etc.
3. On étoit alors à Noël.

prit qui vous reste. Il vous en reste, Madame, malgré le dessein qu'on avoit de vous le faire perdre entièrement, afin de disposer de vous avec plus de facilité à votre ruine : mais avec cela, ne trouvez pas mauvais que je vous fasse voir la différence qu'il y a de vous à vous-même.

Qu'auroit dit autrefois cette Mme Mazarin, que nous avons connue spirituelle et pénétrante? qu'auroit dit notre Mme Mazarin, si elle avoit vu un petit troupeau religieux passer la mer pour établir sa sainteté vagabonde chez une personne de qualité? Et que n'auroit-elle pas dit de l'hospitalière qui auroit logé ces bonnes sœurs? Qu'auroit dit Mme Mazarin, si elle avoit vu la Révérende mère supérieure, partager son temps, entre les exercices de piété, et ses leçons amoureuses; entre la ferveur de la prière, et l'avidité de la Guinée; entre les fraudes pieuses de la religion, et les tromperies à la Bassette? Qu'auroit-elle dit si elle avoit vu ces jeunes plantes, qui avoient besoin d'être arrosées, porter miraculeusement un fruit avancé par la bénédiction particulière de cette maison? Venez, petite Marote [1], prosélyte de leurs saintetés : venez nous apprendre quelque chose du mystère où vous êtes initiée : mon-

---

1. Une des jeunes dévotes qui étoient venues avec Mme de Ruz, et celle qui, dit-on, portoit le fruit avancé.

trez-vous, Marote, et faites voir au public un plein effet de leurs salutaires instructions. L'affaire est trop sérieuse et trop pressante pour railler longtemps.

Au nom de Dieu, Madame, ce nom dont abusent les hypocrites, qui au jugement de Bacon sont les grands athées : au nom de Dieu, défaites-vous d'un commerce contagieux de méchanceté et de sottise. A peine en serez-vous délivrée, que vous reprendrez toute votre intelligence, et que vous retrouverez votre première réputation. Songez solidement à vos intérêts, et sagement à votre repos. C'est toute la grâce que je vous demande. Rendez-vous heureuse, et vous ferez plus pour moi que vous ne sauriez faire pour un amant, quelque précieuses que soient vos faveurs.

XLI.

A LA MÊME, SUR LA RÉSOLUTION QU'ELLE AVOIT PRISE
DE QUITTER L'ANGLETERRE.

(1683.)

Je me donne l'honneur de vous écrire, Madame, moins dans la créance de regagner vos bonnes grâces, que pour avoir la satisfaction de vous dire la plus grande vérité du monde : c'est, Madame, que vous n'avez jamais eu, et n'aurez jamais de serviteur si fidèle que je l'ai été, et que je le serai toujours. Il est vrai que cette fidélité ne s'attachoit qu'à vos intérêts : laissant aux autres, pour flatter vos fantaisies, la complaisance qu'ils ont aujourd'hui pour entretenir vos douleurs. Je regardois ce qui vous convenoit, pour votre bien, et m'opposois à ce qui vous plaisoit, malheureusement, pour vous perdre. Après une si juste assurance de mon zèle, je vous dirai que vous n'avez rien à craindre en Angleterre que ceux qui vous en dégoûtent : et plût à Dieu que vous fussiez aussi bien persuadée de l'honnêteté des Anglois, qu'ils sont prêts à vous en donner des marques en toute occasion! Montrez-vous, Madame : vous ne pouvez rien faire de si désavantageux pour vous, que de vous cacher : mais en vous rendant accessible, laissez-nous un autre chemin pour aller à vous, que cet appartement maudit [1], plus propre à évoquer l'âme de Samuel, qu'à conduire dans la chambre de Mme Mazarin. Si tout cet appareil est de l'ordonnance d'Arcabonne [2], il faut prier Dieu qu'il nous garantisse de l'enchantement. Si la noirceur de cette mélancolie est de votre propre humeur ; si vous ne songez qu'à vous nuire, si toute votre application est de vous donner du tourment, apprenez, Madame, que la première cruauté c'est d'être cruel à soi-même : qui ne se pardonne point, ne mérite pas que les autres lui pardonnent, il leur enseigne la sévérité et la rigueur. Venons un peu à la chose ; je me lasse de tant de discours généraux.

Posez que M. votre neveu [3] perde ses bénéfices, je ne désavoue point que cela ne soit fâcheux : mais vous avez perdu de plus grands biens, et vous vous en êtes consolée. Un homme qui paroissoit avoir de l'amour pour

---

1. Voy. ce qui a été dit, dans l'Introduction historique, sur le logement de Mme Mazarin, à Londres.
2. Fameuse magicienne, sœur de l'enchanteur Arcalaüs, dans *Amadis de Gaule*.
3. Le prince Philippe de Savoie, qui avoit tué Banier, et qui étoit poursuivi, pour ce fait.

vous a été tué; c'est une chose assez malheureuse : mais il n'y a rien de fort extraordinaire en cette aventure, que votre douleur : les amoureux sont mortels comme les autres : faites qu'aimer soit un privilége pour ne mourir pas, les dames seront accablées d'amants; il n'y en aura pas moins qu'il n'y a d'hommes. Je sais qu'il est honnête de s'affliger de la perte de ceux qui nous aiment; mais d'appeler au secours de notre deuil ce qu'il y a de plus funeste, et de prendre par là des résolutions ruineuses, c'est ce que les morts n'exigent point de nous.

Permettez-moi de vous faire un reproche assez honteux, mais nécessaire, pour vous animer à sortir de l'abattement où vous êtes. Dans les temps de prospérité, je ne vois personne si philosophe que vous : vous êtes plus grave dans vos discours que Plutarque, vous dites plus de sentences que Sénèque; vous faites plus de réflexions que Montaigne. Au moindre accident, au moindre embarras qui vous survient, tout conseil vous abandonne, vous renoncez à votre raison, pour vous livrer à des gens qui n'en ont point, ou qui font leur intérêt de votre perte. C'est trop, c'est trop, Madame, que de donner deux fois la même comédie dans une famille. Et pourquoi vous êtes-vous tant étonnée que Mme la Connétable ait quitté Turin, où elle n'avoit que la protection de M. le duc de Savoie sèche et nue? Pourquoi vous en êtes-vous tant étonnée, si vous êtes capable aujourd'hui de quitter celle du roi d'Angleterre, aussi assurée par sa puissance, que solide par ses bienfaits?

Malgré toutes mes raisons, si nettes et si fortes, j'ai peur que vous n'ayez les yeux fermés à vos intérêts; malheureuse de ne pas voir en Angleterre ce qui vous convient, plus malheureuse de ne voir que trop ce qui vous convenoit quand vous en serez sortie! Les lumières vous reviendront quand vous aurez perdu les moyens de vous en servir. Tant que vous serez en ce royaume, à la ville, à la campagne, en quelque lieu que ce soit, vous pouvez raccommoder vos affaires, toutes gâtées qu'elles sont : après l'embarquement, nulle ressource. Il faut aller en des lieux où vous ne trouverez ni satisfaction, ni intérêt; où vous trouverez vos imaginations trompées, où vous trouverez pour vous tourmenter le sentiment d'une misère présente, et le souvenir d'une félicité passée.

Vous n'aimez pas les exemples, Madame, mais je n'aurai nul égard à votre aversion, pour vous dire que la reine de Bohême[1], au

---

1. Élisabeth Stuart, fille de Jacques Ier, épouse de Frédéric V, électeur palatin, élu roi de Bohême, et qui perdit tous ses États au début de la guerre de Trente ans.

sortir de l'Angleterre, a traîné une nécessité vagabonde de nation en nation, et que Marie de Médicis, mère et belle-mère de trois grands rois [1], est allé mourir de faim à Cologne. Je vous regarde, Madame, les larmes aux yeux, comme une personne sacrifiée, si vous n'avez pas la force de vous sauver du sacrifice. Faites autant pour vous qu'a fait Racine pour Iphigénie : mettez une épitaphe en votre place, et venez réjouir les honnêtes gens de votre salut et de sa perte.

XLII.

A LA MÊME, SUR LE MÊME SUJET.

ous ne doutez pas, Madame, que je ne sois sensiblement touché de vous voir quitter l'Angleterre; mais je serois au désespoir, si c'étoit pour aller trouver les princes allemands, ou les Grands d'Espagne. Rien n'est plus naturel pour vous que le séjour de France : je ne demanderois ni un meilleur air, ni un plus

---

[1]. Mère de Louis XIII, belle-mère de Philippe IV, roi d'Espagne, et de Charles Ier, roi d'Angleterre.

beau pays. L'Angleterre pourtant ne laisse pas d'avoir ses commodités : beaucoup de guinées, avec la liberté d'en jouir à sa fantaisie.

Je ne puis continuer cette sorte de discours. Pour amuser ma douleur, toute diversion m'est nécessaire; mais l'usage en est bien difficile, quand je songe que je ne vous verrai jamais. Je vous regarde comme une personne morte à mon égard : toutes vos bonnes qualités s'offrent à moi pour m'affliger, et je ne saurois envisager aucun défaut qui me console. Plût à Dieu que vous m'eussiez laissé quelque sujet de plainte plus piquant que l'abandonnement à mon peu de mérite ! Un juste ressentiment de quelque injure m'animeroit contre vous; mais votre mépris m'oblige à me faire une justice fâcheuse, et ne me laisse rien à vous reprocher. Ma lettre me servira d'adieu, s'il vous plaît; car je n'aurai pas la force de vous le dire, et je pleurerai dans ma chambre, comme je fais déjà, pour m'épargner la honte à mon âge de répandre des larmes en public. Souvenez-vous quelquefois d'un ancien serviteur. Je crains pourtant ce que je demande; car vous ne vous en souviendrez que dans la vérité de mes prédictions, et j'aime beaucoup mieux qu'elles soient fausses et être oublié.

Pour vous, Madame, vous ne serez jamais oubliée des personnes qui ont eu l'honneur de vous connoître. Ceux que vous croyez les moins disposés à vous plaindre, ne vous pardonnent point la résolution que vous avez prise de nous quitter. Vous n'avez d'ennemis qu'en vous; et autour de vous de tristes idées, un attirail de mélancolie et d'ennui. Qui verroit dans votre tête, comme on peut voir sur votre visage, on trouveroit votre cervelle toute noircie des Morts de la Trappe[1], et de vos autres imaginations funestes. Adieu, Madame; le seul discours de votre affliction feroit la mienne, si elle n'étoit pas toute formée. Devinez ma douleur et mon zèle; il n'est pas en mon pouvoir de vous l'exprimer.

Il y a longtemps que je ne me mêle pas de vous donner des conseils : le dernier est de vous accommoder avec M. Mazarin, pour peu de sûreté que vous y trouviez. S'il n'y en a aucune, revenez en Angleterre, demeurer quelque temps à la campagne. Je suis persuadé que le roi ne vous abandonnera pas, et vous trouverez plus de gens disposés à vous servir que vous ne croyez. Pour les couvents, on y est malheureux, à moins que de devenir imbécile. Souffrir pour souffrir, il vaut mieux pour une femme mariée que ce soit avec son mari, qu'avec une Supérieure : il y a plus d'honneur et

[1]. On avoit publié la Vie de quelques personnes qui sont mortes à la Trappe en odeur de sainteté.

de vertu. Défaites-vous le plutôt qu'il vous sera possible, des noires fantaisies nées de la rate, où l'imagination même n'a point de part.

XLIII.

A LA MÊME.

(1683.)

Il n'y a point de jour, Madame, que vous ne me marquiez le changement des bontés que vous aviez pour moi. J'en cherche le sujet en moi-même, sans le pouvoir trouver. Faites-moi la grâce de me le dire : il me semble que je serai moins malheureux, quand je saurai la cause de mon malheur. Ce n'est plus le *maudit vieillard*, que vos enjouements favorisoient autrefois de cette injure : c'est un *vieux coquin*, lequel a donné au monde une affaire malheureuse, qui n'a de fondement que dans la malice de ses insinuations.

Voilà, Madame, la réputation où je suis auprès de vous. La malignité a ses joies secrètes : un autre les auroit senties au lieu des douleurs qu'un tendre intérêt, pour ce qui vous touche, m'a fait souffrir. J'aurois eu dans l'indifférence, si elle avoit été en mon pouvoir, une liberté d'esprit douce et tranquille. Cette *amitié commode et aisée*, que vous me reprochez toujours, m'auroit exempté de beaucoup d'ennuis, m'auroit garanti de beaucoup d'inquiétudes et d'appréhensions : mais j'ai été trop honnête, trop sensible, et moins heureux.

La moindre apparence de peine pour vous, en est une pour moi trop véritable. Je suis le même que j'étois quand vous m'avez vu partager vos maux avec vous; assez changé dans votre opinion pour en avoir perdu votre confiance, toujours égal dans le sentiment de vos douleurs. Au-dessus de tous les chagrins de la vieillesse, je n'ai aucun trouble que le vôtre; et il est bien juste que mon âme soit altérée par le désordre de la vôtre, puisque l'heureuse assiette où je l'ai vue autrefois, a fait si long-temps la tranquillité de la mienne.

C'est trop parler de mon mérite à votre égard : faire souvenir de nos services, est une injure à ceux qui les ont mal reconnus. Je vais donc vous demander une grâce, au lieu de vous reprocher une obligation; c'est, Madame, que vous me permettiez de me justifier des soupçons que vous avez. Je jure avec la plus grande vérité du monde (vertu qui subsisteroit dans la ruine de tous les principes de morale, et de tous les sentiments de religion), je jure avec cette vérité qui m'est si chère, que je n'ai jamais rien fait, rien dit, rien insinué, par où la personne la plus délicate et la plus sensible pût être blessée. Et que dirois-je de criminel contre vous, Madame? Ce ne sont pas des crimes, ce ne sont pas des injustices et des violences qu'on pourroit vous reprocher; ce sont vos ennuis, vos mélancolies : ce sont les embarras de votre esprit qu'on ne vous pardonne point. Si vous êtes coupable, c'est envers vous, de votre affliction; envers nous, de la perte de notre joie. Chacun est en droit de vous redemander vos agréments et ses plaisirs.

Oui, Madame, vous devez compte à tous les honnêtes gens, des manières obligeantes que vous avez eues; vous le devez à tous vos amis de la douceur de votre commerce, et de la liberté de votre maison. Vous le devez aux savants, de votre lecture, aux délicats de votre bon goût, à moi de vos grandes qualités que j'ai tant louées. Rendez-moi cette femme illustre, qui n'avoit rien des foiblesses de son sexe; rendez-moi cette sagesse enjouée, cette fermeté agréable, ces vertus qui faisoient des philosophes de vos amants; ces charmes qui vous faisoient des amants des philosophes.

Qu'est devenu ce temps heureux,
Où la raison, d'accord avec vos plus doux vœux,

*Où les discours sensés de la philosophie
Partageoient les plaisirs de votre belle vie* [1] ?

Faites revenir ce temps heureux, où toujours maîtresse de vous-même, vous ne laissiez de liberté à personne qui valût la peine d'être assujettie. Vous le pouvez, Madame, vous le pouvez : vous avez en vous le fonds de ce mérite dérobé au monde, et nous avons notre première disposition à l'admirer, aussitôt que vous en aurez retrouvé l'usage. Rentrez donc en possession de votre esprit, reprenez cette intelligence que vous avez soumise à de moindres lumières que les vôtres.

En l'état que vous êtes présentement, vous me faites souvenir d'un prince qui se portoit mieux que son médecin : étoit plus homme de bien que son confesseur, et plus éclairé que son ministre ; cependant, tout plein de santé qu'il étoit, il n'eût osé manger d'aucune chose que par l'ordre d'un médecin languissant ; touché chrétiennement de son salut, il s'en rapportoit à un directeur qui n'avoit aucun soin du sien propre ; et très habile dans la connoissance de ses affaires, il les remettoit toutes à un conseiller qui n'y entendoit rien.

Voilà, Madame, les crimes dont vous êtes

1. Vers adressés, autrefois, par l'auteur, à la la duchesse Mazarin.

accusée : pour ceux d'une autre nature, vous n'en avez point; ou en tout cas :

Le charme des beautés leur tient lieu d'innocence.

Tant qu'il n'arrive aucun changement à ce beau visage, les plus sévères vous sont obligés des moindres égards que vous voulez avoir pour la vertu : mais ces priviléges ne sont que pour vous, Madame ; un vieux pécheur comme moi doit avoir des pensées austères sur la nécessité d'une conduite réglée, et sur l'affreuse condition de l'avenir. Aussi le dessein de ma retraite m'est-il venu d'un certain esprit de dévotion, inspiré heureusement aujourd'hui à tous nos François : je me suis ressenti du mérite édifiant de la conversion des uns, et de la sainteté exemplaire des autres. C'est par cette disposition secrète que j'ai suivi le triste conseil *de mettre un temps entre la vie et la mort :* c'est par elle que je me suis détaché du plus grand charme de ma vie, qui étoit la douceur de votre entretien, pour me réduire à moi-même, et me trouver en état de pouvoir cesser de vivre avec moins de tendresse et de regret. Quand je n'aurai plus à faire qu'à l'amour propre, connoissant le peu que je vaux, je ne serai pas fort embarrassé à me quitter.

Ajoutez à des considérations si épurées, qu'il y a des saisons de plaire, et alors on ne sauroit avoir trop d'assiduité; mais qu'il y en a d'autres où il ne reste de mérite pour nous que la discrétion des absences; et tout au plus, où il ne faut se présenter qu'aux occasions où l'on peut servir. Que je me tiendrois heureux, Madame, d'en rencontrer! je vous ferois avouer, que personne n'a jamais été attaché à vos intérêts, avec plus de zèle, de fidélité et de persévérance, que votre, etc.

XLIV.

A LA MÊME.

(1688.)

JE suis trop discret, pour vous demander des approbations, et vous êtes trop judicieuse pour m'en donner : mais comme le chagrin de l'humeur se mêle à l'exactitude des jugements, je vous supplie, Madame, que je ne sois pas censuré généralement sur tout ce que je fais. Si je parle, je m'explique mal : si je me tais, j'ai une pensée malicieuse. Si je refuse de disputer, ignorance; si je dispute, opiniâtreté ou méchante foi. Si je conviens de ce qu'on dit, on n'a que faire de ma complaisance. Si je suis d'une opinion contraire, on n'a jamais vu d'homme plus contrariant. Quand j'apporte de bonnes raisons, Madame hait les raisonneurs. Quand j'allègue des exemples, c'est son aversion ; sur le passé, je suis un faiseur de vieux contes ; sur le présent, on me met au nombre des radoteurs ; et un *Prophète irlandois* [1] seroit plutôt cru que moi, sur l'avenir.

Comme toutes choses ont leur temps, la conversation finit et le jeu commence, où si je perds, je suis une dupe ; si je gagne, un trompeur ; si je quitte, un brutal. Veux-je me promener ? J'ai l'inquiétude des jeunes gens : le repos est un assoupissement de ma vieillesse. Que la passion m'anime encore, on me traite de vieux fou : que la raison règle mes sentiments, on dit que je n'aime rien, et qu'il n'y eut jamais d'indifférence pareille à la mienne. Les contraires me sont également désavantageux : pensant me corriger d'une chose qui vous a déplu, j'en fais une autre opposée, et je ne vous déplais pas moins. Dans la situation où je suis, j'ai appréhension de faillir, je meurs de peur de bien faire : vous ne me pardonnez aucun tort, vous me haïssez quand j'ai raison ; et je me trouve assez malheureux pour m'attirer souvent votre haine.

---

1. Voy. notre tome I, p. 68.

Voilà, Madame, les traitements ordinaires que je reçois : voilà ce qui m'a fait désirer votre absence. Mais pour compter trop sur vos chagrins, je n'ai pas songé assez à vos charmes, ni prévu que le plus grand des malheurs devoit être celui de ne vous point voir. J'ai pu vous dire les maux que je souffre auprès de vous : ceux que je sens, lorsque j'en suis éloigné, ne s'expriment point. Ma douleur est au-dessus de toute expression :

Non je ne parle point, Madame, mais je meurs [1].

J'ai fini ma lettre en mourant : mais les vers ont un charme pour faire revivre ceux que vous faites mourir. La première chose que je fais, Madame, c'est de vous supplier d'avoir un peu moins de rigueur pour moi, dans la nouvelle vie que je vais mener auprès de vous. Partagez la sévérité de votre justice; qu'il en tombe une partie sur M. de Villiers; que *domine*[2] n'en soit pas exempt : que la bonne Lot n'en sauve pas la régularité de ses égards domestiques; que les princes et les mylords soulagent quelquefois la noblesse; et qu'enfin, Madame, je ne sois pas seul à ressentir vos co-

---

1. Corneille.
2. M. Milon, aumônier de la duchesse. Voy. *sup.*, t. II, p. 544.

lères, pour assurer des douceurs et des honnêtetés aux autres :

Revenez cependant, soit douce, soit cruelle :
Vous reviendrez toujours du monde la plus belle ;
Et dussiez-vous encor contre moi vous aigrir,
  J'aime mieux vous voir et souffrir.

XLV.

A LA MÊME.

(1688.)

JE vous supplie de m'excuser, Madame, si je ne me trouve point au repas où vous me faites l'honneur de me convier ; un infirme ne doit pas être souffert dans la compagnie de gens qui se portent bien. Je m'en abstiendrai donc par la justice que je me fais, et que vous avez la bonté de ne me pas faire. Mon infirmité est assez connue ; la santé de vos autres conviés ne l'est pas moins : je commencerai par l'heureuse constitution de M. l'Ambassadeur [1].

Monsieur l'Ambassadeur a la santé d'athlète :
  Habitude pleine et parfaite,

1. M. de Barillon.

Selon notre Hippocrate à craindre quelquefois :
Cependant il pourra se passer d'Esculape.
Un austère discours des herbes de la Trappe,
Servira de diète une ou deux fois le mois [1].
  Malgré cette rude bataille
  Que nature essuye en la Taille,
Canaple [2] a conservé son visage fleuri :
  Sa vigueur n'est pas redoutable,
  Mais il est assez agréable,
Pour alarmer encor un timide mari.
 Comte [3], galant, époux, et père même,
 Qui possédez dans un degré suprême
 Plus de talents et de perfections
 Qu'il n'en faudroit pour vingt conditions ;
 Aimable comte, à qui les destinées
 Laissent l'humeur des plus jeunes années ;
Que tenez-vous de l'arrière-saison
Qu'un peu plus d'ordre, un peu plus de raison
Vous retenez de votre premier âge
Un tendre cœur qu'aisément on engage ;
Vous retenez une ardeur pour le jeu,
A quoi l'Amour oppose en vain son feu,
Puisque Morin a les soins et les veilles,
Que refusez à dames sans pareilles :
C'est assez fait pour le jeu, pour l'amour,
Et l'esprit mûr mérite bien son tour.
De temps en temps certain air de sagesse
Qu'un politique auroit en sa vieillesse ;
Un entretien sérieux ou sensé,
Montre le fruit de votre âge avancé,

1. Voy. *infra*, un *Billet à M. Silvestre*.
2. Le marquis de Canaple qui venoit de subir la taille.
3. Le comte de Grammont.

Si mon héros demandoit davantage
Que d'être amant, d'être joueur et sage.

Vous l'entendez sans qu'on la nomme,
Celle que je veux dire en disant la *beauté ;*
Jamais expression n'eut moins d'obscurité ;
C'est l'honneur de la France et la gloire de Rome.
La beauté qu'avec tant de soin
Jadis la nature a formée,
Eut pour résister au besoin,
Lorsqu'elle seroit alarmée,
Une raison exquise et par tout estimée :
Tout philosophe en seroit le témoin ;
Du plus savant et du plus sage,
Cette raison confondroit le discours,
Mais elle trahit son usage
En faisant naître nos amours.
Au parti des appas l'infidèle s'engage,
Plaît comme eux et charme toujours.

Pour l'illustre Mademoiselle[1],
Vertueuse et spirituelle
(Concert que l'on voit rarement),
Elle fait mon étonnement.
Son jeu n'est pas une foiblesse ;
Par le moyen du paroli,
Elle sauve le cœur d'une folle tendresse
Dont il pourroit être rempli,
Et l'âme, de l'ennui d'une longue sagesse.
Le pauvre corps enseveli
Dans sa vertueuse paresse,
Descendroit promptement au noir fleuve d'oubli,

---

1. Mlle de Beverweert.

Si l'esprit quelquefois n'égayoit la sagesse,
　　Par la paix et le paroli.

　　Jadis la Grecque et la Romaine
　　S'amusoient à filer la laine :
　　On ne file plus aujourd'hui.
C'est amour, jeu, repas, ou bien mortel ennui.

J'ai commencé ma lettre par des excuses de ne me trouver point à votre repas : je la finis, Madame, par de très-humbles remercîments de l'honneur que vous m'avez fait de m'y convier.

XLVI.

A LA MÊME.

(1688.)

J'ai reçu la lettre que vous m'avez fait l'honneur de m'écrire, où j'ai trouvé fort peu de douceur, pour me servir de termes plus doux que les vôtres. Je ne m'étonne point, Madame, qu'un vieux visage tout défiguré m'attire du mépris, et vous inspire du chagrin, quand il se présente : mais qu'une affection à votre service, aussi pure que la mienne, me fasse recevoir un traitement semblable, quand vous ne me voyez pas ; c'est ce que je ne comprends point.

Je ne disputerai point de capacité avec M. de Bonrepaux : qu'il ne dispute pas aussi de zèle et de soin avec moi, sur ce qui vous regarde. Vous me reprochez comme un crime ma dissipation ; j'ai vu deux ou trois fois Mme de la Perrine, encore étoit-ce ailleurs que chez elle : mais elle chante bien. Je vois Baillon ; il joue bien du clavecin : je vois bien des réfugiés qui savent beaucoup ; je joue avec mylord Cassel aux échecs ; je le gagne. A mon âge on ne peut être nulle part si désavantageusement que chez soi-même. Il faut nous faire des amusements, qui nous dérobent, pour ainsi dire, à nos tristes imaginations.

Au reste, Madame, ma discrétion est toujours la même, avec un attachement inviolable au gouvernement présent des pays où je vis. Je suis si peu de chose, qu'il n'importe à personne de savoir mes sentiments. Vous m'obligez à parler de moi : je ne saurois parler de vous que je ne vous loue, et dans l'humeur où vous êtes contre moi, vous seriez peut-être offensée de mes louanges. Le sérieux dure trop, l'enjouement vous déplairoit.

Je dînai hier à Parson-Green avec M. Villiers. Sa maison se pourroit dire une maison enchantée, n'étoit qu'on y boit et qu'on y mange fort bien, mylord Montaigu a besoin d'embellir encore ses logements de White-Hall, s'il veut pousser à bout la résolution qu'il a faite, de faire crever M. Villiers. Je connoissois autrefois une autre manière de *crever*, qui venoit réglément au mois de septembre. Les figues, les melons, les pêches, les muscats, les cailles, les perdreaux devenoient les maîtres du goût; et le goût, de la sobriété; en sorte que le mois de septembre arrivant, on disoit : *voici le temps où il faut crever.* Prenez garde de vous crever d'eaux, Madame : de toutes les manières de crever, c'est la plus mauvaise. Votre maison de Saint-James, vulgairement nommée par vos courtisans, *le petit Palais*, sera une merveille : il n'y a rien de si propre. Vous aurez bientôt Mme Fitzharding et Mlle de Beverweert : quand Mme la duchesse Mazarin et ses deux amies seront ensemble, je défie les trois royaumes de trouver rien de pareil. S'il vient un petit tailleur [1], et que l'argent ne manque pas, le plaisir des anges de Mme de Choisi n'étoit rien au prix du vôtre.

1. Un tailleur de bassette.

RÉPONSE AU PLAIDOYER DE M. ÉRARD POUR M. LE DUC MAZARIN, CONTRE MADAME LA DUCHESSE SON ÉPOUSE, PAR M. DE SAINT EVREMOND.

(1689.)

(En ce temps-là, la révolution d'Angleterre parut au duc de Mazarin une occasion favorable pour reprendre des poursuites judiciaires contre la duchesse, et pour l'obliger à revenir à Paris, sous peine de perdre les avantages de la pension que le duc avoit dû lui servir par ordre du roi. Le célèbre avocat Erard publia, pour le duc de Mazarin, un Mémoire qui est imprimé dans les *OEuvres* de ce grand orateur. Saint-Evremond, en cette extrémité, prêta le secours de son talent à la duchesse, et publia la réponse qu'on va lire, réponse qui eut un grand retentissement. Voy. notre *Histoire*, 2ᵉ partie.)

PRÉFACE DE DES MAISEAUX[1].

Il n'est pas honnête d'entrer dans le secret des familles ; beaucoup moins d'exposer au jour ce qui se passe entre une femme et un mari. Mais puisque M. Mazarin a bien voulu le déclarer au Grand Conseil, et M. Erard, son avocat, le faire imprimer, il n'étoit pas juste que le monde n'écoutât qu'une partie ; et la Réponse au Plaidoyer m'étant tombée entre les mains, j'ai cru la devoir donner au public pour le faire juge des raisons.

---

1. Cette *Préface*, quoique n'étant pas de Saint-Evremond, a été par lui retouchée. Comme elle est d'ailleurs assez curieuse, on a jugé à propos de la conserver.

J'espère qu'après les avoir examinées, on trouvera Mme Mazarin digne d'un autre sort et d'un autre époux.

Si M. le duc Mazarin s'en étoit tenu aux froideurs, aux sécheresses, aux duretés, Mme Mazarin se seroit contentée de pleurer son malheur en secret, espérant de le pouvoir ramener par sa constance à souffrir, et par sa douceur à lui complaire; mais s'étant porté à des excès qui lui ôtoient tout le repos, et à une dissipation qui ruinoit entièrement la famille, elle a cherché des remèdes qui pussent conserver son bien et sa liberté.

Les parents ont agi, les directeurs s'en sont mêlés, l'autorité du roi est intervenue, rien n'a pu persuader, rien n'a pu réduire M. Mazarin: falloit-il que l'épouse fût éternellement assujettie aux caprices, aux enthousiasmes, aux fausses révélations de l'époux?

C'est ce que M. Erard a soutenu avec autant d'injures que de calomnies: voici quelques passages du paidoyer, qui feront connoître l'esprit furieux de l'avocat.

« Les affaires d'Angleterre sont venues à un point, qu'il n'a plus été permis ni à un François, ni à un catholique, ni à un homme de bien de demeurer à Londres. Si Mme Mazarin, *ajoute-t-il*, avoit eu quelque attachement pour le roi (Jacques) et la reine, et quelque reconnoissance de leurs bontés; si elle avoit seulement eu les sentiments d'honneur et de religion qu'elle devroit avoir pris auprès d'eux, auroit-elle pu voir sans horreur l'usurpateur de leurs États et le destructeur de notre foi, établir sa tyrannie sur les débris de leur trône légitime et sur les ruines de la véritable religion? »

Dans un autre endroit :

« A moins qu'un beau zèle ne fît chercher à Mme Mazarin une glorieuse palme, et ne lui fît concevoir une sainte ambition d'être immolée par cette nation farouche.

Mais, enfin, comment prétendra-t-on encore faire servir les noms du roi et de la reine d'Angleterre, à excuser l'évasion et l'absence de Mme Mazarin,............................... maintenant qu'on la voit offrir au prince d'Orange le même encens qu'elle leur offroit, mais avec autant de bassesse et d'indignité, qu'il y avoit d'honneur pour elle à les révérer. »

Et à la fin de son plaidoyer :

« Quelle excuse peut avoir à présent Mme Mazarin? Le prince d'Orange est-il son parent Tous ces joueurs, ces libertins, ces presbytériens, ces épiscopaux, ces trembleurs ; en un mot, ces gens de toutes religions, hormis la bonne, dont sa maison est remplie, sont-ils ses parents? »

Il faudroit transcrire le plaidoyer, si on vouloit citer tout ce qu'il dit injurieusement contre Mme Mazarin et contre la nation angloise.

M. Mazarin ne sauroit nier qu'il n'ait fourni un sujet de séparation légitime: mais il se vante de n'avoir rien oublié pour procurer la réunion; et il est certain qu'il en a envoyé même les articles. Le premier, et sur quoi roulent presque tous les autres, est ainsi conçu :

« Rien par condition, tout par amitié.

« Dans les difficultés, qui ne manqueront pas de survenir, l'éclaircissement aussitôt.

« Copier le meilleur ménage du royaume, modèle sur lequel il faudra régler le nôtre.

« Ne donner jamais au public le détail de nos affaires domestiques : encore moins aux curieux ce qu'il y a de plus secret ; mais leur dire en peu de mots que le raccommodement s'est bien passé. »

M. Mazarin ne se contentant pas d'avoir réglé l'épouse et l'époux, a voulu faire des règlements qui fussent observés dans toutes ses terres, sans considérer la juridiction des évêques, ni l'autorité des gouverneurs. Il a commencé par les affaires ecclésiastiques, qui doivent aller devant les civiles, avec raison. Comme ces articles sont imprimés on en parlera en gros seulement.

« *Il apporte* le bon ordre dans les confrairies, où il s'est glissé, *dit-il*, beaucoup d'abus.

« *Il prescrit* aux curés leur devoir dans les messes paroissiales, et particulièrement dans les prônes : vêpres et complies *ne sont pas oubliées ; il touche légèrement le* sermon.

« *Passant de là à quelques règles pour les séculiers*, il veut qu'un apothicaire ou son garçon qui portera un remède, soit habillé décemment, et que le malade prêt à le recevoir, garde en se tournant toute la modestie qu'il pourra.

« *Il défend aux femmes* de tirer les vaches et de filer aux rouets, à cause d'un exercice des doigts et d'un mouvement du pied, qui peuvent donner des idées malhonnêtes.

« *Il demande* une grande pureté aux bergères qui conduisent les moutons ; plus grande aux bergers qui gardent les chèvres.

« *Pour les pastres*, tant ceux qui ont les tau- reaux, que ceux qui leur mènent les vaches, ils doivent détourner les yeux de l'expédition ; après laquelle on procédera au payement, selon la taxe qu'il a mise. »

Ayant de grandes terres en plusieurs provinces, il y va lui-même, pour faire observer ses règlements ; et comme ils sont mal reçus partout, il achète bien chèrement l'obéissance à ses ordres. L'attirail de ses confrairies, l'équipage de ses dévots errants, moitié ecclésiastiques, moitié séculiers, feroient en Asie une caravane assez nombreuse ; et ce n'est pas la manière de se ruiner la moins magnifique qu'il ait trouvée. Cela suffiroit pour justifier la séparation de Mme Mazarin ; ne laissez pas d'entendre son avocat.

RÉPONSE AU PLAIDOYER DE M. ERARD, ETC.

C'EST une chose assurée, Messieurs, qu'on ne va point tout d'un coup à l'impudence. Il y a des degrés par où l'on monte à l'audace de dire et de soutenir les grands mensonges. La vérité n'a besoin ni d'instructions, ni d'essais : elle est née, pour ainsi dire, avec nous : à moins que de corrompre son naturel, on est véritable. Jugez, Messieurs, combien il a fallu d'art, d'étude, d'exercice à M. Erard, pour arriver à la perfection du talent qu'il s'est donné. Que de vérités déguisées, de suppositions, de faits inventés il a fallu, pour former la capacité de ce grand homme !

Dire que M. de Nevers accompagna Madame sa sœur jusqu'au premier relais, ce qu'il ne fit point ; que Mme Mazarin emporta de riches ameublements et beaucoup de vaisselle d'argent, elle qui n'a jamais eu aux pays étrangers ni meubles, ni argent, ni pierreries, si vous en exceptez un simple collier qu'elle portoit ordinairement en France ; dire qu'elle a demeuré dans les États du roi d'Espagne, où elle ne fit que passer, en pleine paix, par la nécessité du voyage ; qu'elle a scandalisé tous les couvents où elle a été, quoiqu'on l'ait vue chérie et honorée de Mme de Chelles, de Mme du Lys et de toutes les supérieures des maisons où elle a vécu ; que sa pension en Angleterre a été donnée en conséquence d'un argent dû à M. le Cardinal ; dette que les deux rois ont toujours traitée de chimérique et de ridicule : inventer cent faits de cette nature-là, déguiser, feindre, supposer, ont été comme les degrés par où M. Erard est monté à la hardiesse de son éloge pour M. le Duc, à l'impudence de ses calomnies contre Mme la duchesse Mazarin.

Si tant de louanges, tant d'opprobres ne sont pas formés dans votre esprit, dites-nous, monsieur Erard, qui a pu vous instruire des vertus de M. Mazarin? Est-ce dans la Cour, dans les provinces, dans les villages, qu'on vous en a donné de si belles notions? Qui vous a instruit des méchantes qualités de Mme Mazarin? Est-ce à Paris, à Rome, à Venise, à Londres, qu'on vous les a déclarées? Je puis vous donner de meilleures lumières sur tous les deux ; et pour empêcher que vous ne tombiez dans l'erreur, je vous dirai charitablement que M. Mazarin se fait mépriser où il est, et où il n'est pas ; que Mme Mazarin est estimée partout où elle a été, partout où elle est.

Mais en quel pays étiez-vous, où dans quelle obscurité passiez-vous la vie, pour ignorer comment se fit le mariage de M. Mazarin? M. le Cardinal, au commencement de sa maladie, voulut examiner le mérite de nos courtisans, pour en trouver un à son gré, digne d'épouser sa belle nièce, et capable de soutenir l'honneur de son nom. Comme il lui restoit encore quelque vigueur, il n'eut pas de peine à résister aux vertus qui se trouvoient avec peu de bien; mais son mal augmentant tous les jours, et son jugement diminuant avec ses forces, il ne résista point à la fausse opinion qu'on avoit des richesses de M. Mazarin. Voilà, monsieur Erard, voilà ce noble et glorieux choix de M. le Cardinal; choix, à parler sérieusement, qui faillit à ruiner sa réputation, malgré tout le mérite de sa vie passée. Là se perdit le respect des courtisans; là, les plus retenus se laissèrent aller aux railleries; et des ministres étrangers écrivirent à leurs maîtres qu'il ne falloit plus compter sur Son Éminence, après le mariage ridicule qu'elle avoit fait.

Quelque aversion que vous puissiez avoir pour les vérités, faites-vous la violence d'écouter celles que je vais dire de M. Mazarin. Vous ne sauriez avoir plus de répugnance pour les vérités, que j'en ai pour les mensonges; cependant il m'a fallu écouter ceux que vous avez dits sur le sujet de Mme Mazarin, avec autant de méchanceté que d'impudence.

A la mort de M. le Cardinal, les courtisans qui ne connoissoient pas encore la délicatesse du goût du roi, appréhendèrent que M. Mazarin ne fût héritier de la faveur, comme des biens et du nom de Son Éminence. On a ouï dire à M. de Turenne, que « s'il voyoit cette indignité-là, il quitteroit la France avec la même facilité qu'il l'avoit quittée autrefois, pour aller servir M. le Prince. » Le maréchal de Villeroi, qui devoit mieux connoître le discernement de Sa Majesté, pour avoir été son gouverneur, ne laissoit pas d'avoir ses appréhensions. Le maréchal de Clerembaut qui s'étoit signalé à rendre ce mariage ridicule, fut alarmé : mais M. Mazarin, plus dans leurs intérêts que dans les siens, demeura seulement à la Cour autant de temps qu'il en falloit pour se décrier, et donner au Roi le judicieux mépris qu'il a conservé pour sa personne.

Toutes les craintes néanmoins ne furent pas levées : on eut peur que le maréchal de la Meilleraye, qui avoit tenu dans son temps le premier poste à la guerre, ne servît d'exemple à son fils pour s'y donner la plus grande considération. M. Mazarin étoit trop homme de bien pour laisser le monde dans cette erreur : il renonça à la guerre, comme il avoit fait à la Cour, et vous m'avouerez, Messieurs, que ce ne fut pas la chose la moins sage de sa vie.

Il ne lui restoit que trop de quoi se faire considérer. Les charges, les gouvernements, les richesses, en quoi il surpassoit tous les sujets de l'Europe, lui attiroient assez de respect; mais il s'en défit, comme de choses superflues, en philosophe; ou comme de vanités dangereuses au salut, en chrétien. De quelque manière que ce fût, il ne se laissa rien d'un amas si précieux à l'égard des hommes. De mille raretés que l'opulence et la curiosité avoient amassées, d'un nombre infini de tableaux, de statues, de tapisseries, il n'y eut rien qui ne fût défiguré[1], ou vendu. De toutes les charges,

---

1. M. Mazarin, dans un transport de son fanatisme, mutila les statues du palais Mazarin, que le cardinal Mazarin avoit ramassées de tous côtés, avec des dépenses et des soins immenses. Voy. le *Factum pour Mme Mazarin*, etc., dans le *Mélange curieux des meilleures pièces attribuées à M. de Saint-Evremond*. M. Ménage fit à cette occasion une épigramme latine qui n'a point vu le jour, et qui mérite d'être conservée. La voici :

> *Phidiacas toto Statuas collegerat orbe,*
>   *Qui paces fecit Julius, orbis amor;*
> *Et dudum has Juli servabat porticus ingens*
>   *Invidiosa tuis, Regia, porticibus.*
> *Mancina conjux, hæres Armandus Juli,*
>   *Dum nullis tectas vestibus esse videt,*
> *Frangendas mandat famulo qua parte tenellas*

M. Mazarin n'en conserva aucune ; de tous les gouvernements, il ne garda que celui d'Alsace, où il savoit bien qu'on l'empêcheroit de commander. Enfin, Messieurs, de vingt millions que Mme Mazarin lui avoit apportés, on a honte de nommer le peu qui reste ; et la seule raison qu'il en a donnée, c'est qu'en conscience il ne pouvoit pas garder des biens mal acquis. Ils n'étoient pas *mal acquis*, Messieurs, ils ne l'étoient pas ; la couronne, défendue contre tant de forces au dedans, et tant de puissance au dehors, en avoit fait l'acquisition, que la justice et la libéralité du Roi ont confirmée : mais ces avantages-là ont été aussi mal laissés que mal gardés. La mémoire de M. le Cardinal est responsable du mauvais choix qu'il fit de M. Mazarin ; et M. Mazarin, du méchant usage qu'il a fait de ces grands biens.

Épargnons à Mme Mazarin la douleur d'entendre un plus long discours sur cette dissipation : épargnons à M. Mazarin le honteux sou-

Ad venerem mentes posse movere putat.
Marmore frigidior, Statuis taciturnior ipsis,
Horret ad hæc famulus, jussaque dura fugit.
Irata Armandus dextra capit ocius ensem,
Nec mora, quod fieri jusserat, ipse facit.
Ense, pedes Thetidis, Junonis brachia, dextram
Palladis, et totam dedecorat Venerem :
Fit pulvis, Divum Patri qui pocula miscet.
Non parcit formæ, parve Cupido, tuæ.
Et tu privignum Phædræ, Mancina, movere
Quæ potes, Armandi ad tecta redire velis ?

venir de la manière dont il a tout dissipé. Triste condition à Mme Mazarin d'avoir à souffrir la dissipation de ses richesses ! plus triste d'avoir toujours le dissipateur devant les yeux ! Voilà comment se passoient les malheureuses journées de Mme Mazarin : elle attendoit le repos des nuits, qui ne se refuse pas aux misérables, pour suspendre le sentiment de leurs maux ; mais ce soulagement n'étoit point pour elle. A peine ses beaux yeux étoient fermés, que M. Mazarin, qui avoit le diable présent à sa noire imagination, que cet aimable époux éveilloit sa bien-aimée pour lui faire part.... vous ne devineriez jamais, Messieurs, pour lui faire part de ses visions nocturnes. On allume des flambeaux, on cherche partout; Mme Mazarin ne trouve de fantôme que celui qui avoit été auprès d'elle dans son lit. Sa Majesté fut traitée plus obligeamment ; elle eut la confidence des révélations, des lumières divines que le commerce ordinaire de M. Mazarin avec le ciel lui avoit données. Le monde est pleinement informé des révélations ; et puisque M. l'avocat a fait tant valoir de dévotion qui a mérité cette grâce, je vous supplie, Messieurs, d'avoir la patience d'en écouter quelques effets : ils sont singuliers et dignes de votre attention.

Dans le temps que M. Mazarin recherchoit

Mlle Hortense, il donna un billet de cinquante mille écus à M. de Fréjus [1], à condition qu'il le serviroit dans ce mariage, qu'avec raison il sollicitoit si ardemment. Le mariage se fît, où M. de Fréjus eut beaucoup de part : mais comme il n'étoit ni facile, ni honnête à un prélat de se faire payer d'une promesse de cette nature-là, il la rendit à M. Mazarin, se fiant plus à sa parole qu'à son billet. Quelque temps après cette générosité, M. l'Évêque eut besoin d'argent, pour l'établissement de ses neveux, et en demanda à M. Mazarin, qui faisant violence à son bon naturel, refusa de le payer; instruit par son directeur, qu'acheter le sacrement de mariage eût été une simonie plus criminelle pour lui, que celle d'acheter l'épiscopat pour un évêque.

Voyez, Messieurs, la bonne et délicate conscience de M. Mazarin. M. de Fréjus, tout évêque qu'il étoit, eût reçu l'argent sans avoir égard à la simonie. M. Mazarin, simplement laïque, fit scrupule de le donner, et religieusement ne le donna pas.

Voici un autre exemple qui confirmera l'opinion qu'on a de sa piété. M. Mazarin avoit un procès très-important, dont il pouvoit sortir

---

1. Joseph Ondedei, évêque de Fréjus, créature du cardinal Mazarin.

avec avantage par accommodement : il répondit à ceux qui le proposoient, que *notre Seigneur n'étoit point venu au monde pour y apporter la paix ; que les controverses, les disputes, les procès étoient de droit divin, et les accommodemens d'invention humaine ; que Dieu avoit établi les juges, et n'avoit jamais pensé aux arbitres : ainsi, qu'il étoit résolu de plaider toute sa vie, et de ne s'accommoder jamais ;* parole qu'il a chrétiennement gardée et qu'il gardera toujours.

La pudeur ne me permet pas, Messieurs, de vous expliquer le sujet de son voyage en Dauphiné, pour consulter M. de Grenoble : je vous dirai seulement qu'on n'a jamais entendu parler d'un cas de conscience si extraordinaire, ni d'un scrupule si tendre et si délicat [1].

---

1. « Après ces mots : *Ni d'un scrupule si tendre et si délicat*, M. de Saint-Evremond avoit ajouté à la marge de mon exemplaire : *Il n'eut pas moins d'horreur de l'inceste, qu'il en avoit eu de la simonie, sur un cas de conscience inconnu jusqu'alors aux casuistes les plus éclairés.* Ensuite, n'étant pas content de cette addition, il l'effaça. Et en effet, comme il plaidoit la cause de Mme Mazarin devant ses juges, il n'étoit guère possible de leur expliquer ce nouveau genre d'*inceste* ; mais peut-être qu'il y auroit de l'affectation à ne pas le faire entendre, dans un commentaire. Voici donc le fait, en deux mots. Le marquis de Richelieu ayant demandé en mariage la fille de M. Mazarin, celui-ci se ressouvint qu'étant jeune, il avoit eu des habitudes de non-conformité avec le duc de Richelieu, son père, et il s'imagina que leurs enfants se trou-

Mais voici le chef-d'œuvre de M. Mazarin en dévotion : il a fait nourrir un des enfants de Mme de Richelieu, avec défense expresse à la nourrice de lui donner à teter les vendredis, pour lui faire sucer, au lieu de lait, le saint usage des mortifications et des jeûnes.

Voilà, Messieurs, la dévotion de M. Mazarin, dont son avocat n'a pas eu honte de faire l'éloge : dévotion qui sert aux réfugiés, pour s'opiniâtrer dans leur créance ; mais les catholiques se moquent aussi bien qu'eux d'une piété ridicule ; et vous, Messieurs, qui en avez une si solide, ne la désapprouvez pas moins que les protestants.

Le premier malheur de l'homme, c'est d'être privé du sens, dont il a besoin dans la société humaine : le second, c'est d'être obligé de

voient par là dans un degré de consanguinité qui ne leur permettoit pas de s'épouser. C'est sur un cas de conscience si singulier qu'il alla consulter les évêques de Grenoble et d'Angers, l'abbé de la Trappe, etc. Mais sa fille n'attendit pas que ses doutes fussent éclaircis. *Le marquis de Richelieu*, dit Mme de Sevigné au comte de Bussy, dans une lettre du 23 décembre 1682, *a enlevé Mlle de Mazarin. Elle court avec son amant, qui, je crois, est son mari, pendant que son père va consulter à Grenoble, à la Trappe et à Angers, s'il doit marier sa fille. Le moyen de ne pas perdre patience avec un tel homme!* Voy. les Lettres du comte de Bussy Rabutin, t. IV, p. 173. » (Note de Des Maizeaux.) — Cf. tome V, page 326, de l'éd. citée, de M. Lalanne ; et tome VII, page 199, édit. Régnier-Hachette des *Lettres de Mme de Sévigné*.

vivre avec ceux qui ne l'ont pas. Ces deux calamités se sont trouvées pleinement dans le mariage infortuné de M. et de Mme Mazarin. M. Mazarin a de sa nature un éloignement si grand de la raison, qu'il lui est comme impossible d'être jamais raisonnable : seule excuse que ses amis, s'il en a, pourroient nous donner de sa conduite. Mme Mazarin a reçu de sa mauvaise fortune la contrainte de demeurer avec M. Mazarin. Le supplice du vivant attaché avec le mort, n'est pas plus cruel que celui du sage lié nécessairement avec son contraire; et c'est la cruauté que Mme Mazarin fut obligée de souffrir pendant cinq ans : obsédée le jour, effrayée la nuit, fatiguée de voyages sur voyages faits mal à propos, assujettie à des ordres extravagants et tyranniques, ne voyant que des observateurs ou des ennemis; et ce qui est le pire dans les conditions infortunées, malheureuse sans consolation. Toute autre se seroit défendue de l'oppression, par une résistance déclarée. Mme Mazarin voulut échapper seulement à ses malheurs, et aller chercher au lieu de sa naissance, avec ses parents, la sûreté et le repos qu'elle avoit perdus.

Tant qu'elle a été à Rome, on l'a vue honorée de tout ce qu'il y avoit d'illustre et de grand. Revenue en France, elle obtint du roi une pension pour subsister, et un officier de ses gardes pour la conduire sûrement hors du royaume, où elle ne pouvoit, ni ne vouloit demeurer. Après tant d'agitations, elle établit sa retraite à Chambéry, où elle passa trois ans tranquillement, dans les réflexions et dans l'étude; au bout desquels elle vint en Angleterre, par la permission de Sa Majesté. Tout le monde sait la considération que le roi Charles et le roi Jacques ont eue pour elle; tout le monde sait les grâces qu'elle en a reçues : grâces purement attachées à sa personne, sans aucune relation à la dette de M. le Cardinal. C'est donc aux seuls bienfaits de Leurs Majestés que Mme Mazarin a dû les moyens de subsister; car son époux, aussi juste et charitable que dévôt, lui a fait ôter la pension que le roi de France lui avoit donnée.

Que vous agissez peu chrétiennement, monsieur Mazarin, vous qui ne parlez que de l'Évangile! Les vrais chrétiens rendent le bien pour le mal; vous laissez mourir de faim une femme qui vous a apporté plus de bien en mariage, que toutes les reines de l'Europe ensemble n'en ont apporté aux rois, leurs époux. Les vrais chrétiens pardonnent les injures qu'on leur fait; vous ne pardonnez pas les outrages que vous faites. Une persécution en attire une autre; par une humeur qui s'aigrit, par un esprit qui s'irrite, en faisant le mal, vous augmentez la persécution, à mesure que vous persécutez. N'étoit-ce pas assez de laisser Mme Mazarin sans aucun bien pendant toute votre vie? Falloit-il songer à la rendre misérable après votre mort? Falloit-il chercher des précautions contre la fin de ses malheurs, quand vous ne serez plus en état d'en pouvoir jouir?

Ne pensez pas qu'il suffise à votre avocat d'avoir toujours à la bouche *l'auguste et vénérable nom d'époux, le sacré nœud de mariage, le lien de la société civile.* Nous avons pour nous M. Mazarin contre l'époux; nous avons ses méchantes qualités contre ces belles et magnifiques expressions. Notre premier engagement est à la raison, à la justice, à l'humanité; et la qualité d'Époux ne dispense point d'une obligation si naturelle. Quand le mari est extravagant, injuste, inhumain, il devient Tyran, d'Époux qu'il étoit, et rompt la société contractée avec sa femme. De droit, la séparation est faite : les juges ne la font pas; ils la font valoir seulement dans le public, par une solennelle déclaration. Or, que M. Mazarin n'ait pleinement les qualités qui font ce divorce, il n'y a personne qui en puisse douter. Son humeur, son procédé, sa conduite, toutes ses actions le prouvent. La difficulté seroit d'en trouver une qui ne le prouvât pas; et M. Érard a beau la chercher, Messieurs, il ne la trouvera point. Il dira que M. Mazarin est dévot; je l'avoue : mais sa dévotion fait honte aux plus gens de bien. Il dira qu'il jeûne, qu'il se mortifie; il est certain : mais le tourment qu'il donne aux autres lui fournit plus de douceur que son austérité ne lui fait de peine. S'abstenir de nuire, s'empêcher de faire du mal, seroit une abstinence agréable à Dieu et utile aux hommes. Mais la mortification de M. Mazarin en seroit trop grande; et, sans une grâce extraordinaire du ciel, il ne la pratiquera jamais.

M. Érard descendra peut-être de la religion à la morale, et parlera de sa libéralité : nous opposerons son avarice, en toutes les choses honnêtes, à sa prodigalité, en ce qui n'est pas permis. Pour mieux dire, il ne donne point, il dissipe ; il ôte à sa femme, à ses enfants, ce qu'il abandonne aux étrangers. Les vertus changeroient de nature entre ses mains, et deviendroient plus condamnables que les vices. Plût à Dieu, Messieurs, que nous eussions besoin de faux vices, comme en a M. *Érard* de fausses vertus! Pour notre malheur, nous n'avons que trop de méchantes qualités véritables à vous alléguer. Des procès mal fondés avec les voisins, des inimitiés sans retour avec les proches, un traitement tyrannique aux enfants, une persécution éternelle à la femme, sont les funestes et incontestables preuves de ce que nous soutenons.

Pour M. Érard, après avoir négligé toutes vérités comme basses, grossières, indignes de la délicatesse de son esprit; après avoir usé sa belle imagination à inventer et à feindre, à donner la couleur des vertus aux vices, l'apparence de vices aux vertus: rebuté enfin du mauvais succès de ses artifices, il a recours à des lois éteintes, dont il veut rétablir l'autorité; il a recours à la vieille et ridicule Novelle de Justinien. Belle ressource à un avocat de si grande réputation!

La voici, Messieurs, cette loi menaçante et redoutable à la société humaine; cette Novelle qui ôte aux honnêtes gens la plus douce consolation de la vie, par la punition d'un commerce tout raisonnable et tout innocent.

Si une femme mange avec des hommes, sans la permission de son mari, elle déchoit de ses droits, elle n'a plus de part à ses conventions matrimoniales[1].

Heureusement la Novelle n'a point de lieu

---

1. La citation de la *Novelle* de Justinien, dont argumentoit M. Érard, n'étoit ni exacte ni complète. Saint-Évremond n'étoit pas tenu d'en vérifier le texte; il lui suffisoit de montrer que la loi étoit absurde, si elle avoit le sens que lui attribuoit l'avocat du duc de Mazarin; et, en ce point, il avoit bien raison. Mais, au fond, Jus-

dans les États où l'on vit présentement : il n'y auroit point de femmes aux Pays-Bas, en France et en Angleterre, qui ne perdissent leur dot, si la bonne loi avoit conservé quelque crédit. Je m'étonne que pour faire voir une plus grande connoissance de l'antiquité, M. Érard ne nous ait menés, du temps de Justinien à celui de Romulus, où les maris et les pères ne revenoient jamais à la maison sans baiser leurs femmes et leurs filles, pour sentir à leur haleine si elles avoient bu du vin; et en ce cas, on punissoit le mal que le vin pouvoit causer, encore que le mal ne fût pas fait.

J'avoue que les lois autorisent fort les maris; mais il n'y avoit pas de MAZARINS, lorsqu'on les

---

tinien n'étoit pas coupable de la sottise qu'on lui prêtoit. Le texte cité se trouve au chap. VIII, § 4 de la *Novelle* 117, qui avoit passé dans le droit canonique. Le législateur y privoit de la répétition de sa dot, la femme répudiée par le mari, avec juste cause, et réservoit aux enfants, ou à leur défaut, au mari lui-même, le bénéfice de la dot, dans les cas de *justum repudium*, indiqués par la *Novelle* impériale. Or, parmi ces causes de répudiation, Justinien comprend le cas où la femme aura fait débauche avec des étrangers, soit au cabaret, soit au bain public. Tel est le sens du texte grec, que M. Érard a trouvé ainsi rendu, dans la *Vulgate* : *si cum viris extraneis, nolente marito, convivatur, aut cum eis lavatur.* La citation étoit donc tronquée et mal appliquée. En retranchant la seconde partie, M. Érard altéroit le sens de la première. Voy. Voël et Justel, *Biblioth. Jur. canon.* II, page 1014, et l'édit. des *Novelles* d'Osenbrügger.

fit : s'il y en avoit eu, toute l'autorité seroit du côté des femmes. La raison des Anciens a fait des lois justes ou nécessaires, pour régler leur temps : la vôtre, Messieurs, ne perd rien de ses droits par les règlements de l'antiquité; et c'est à vous qu'il appartient de juger souverainement et par vos propres lumières, de nos intérêts.

Les maris seroient trop heureux, si l'entêtement de M. Érard étoit suivi : les femmes trop malheureuses, s'il avoit quelque influence sur vos jugements. Il ne faudroit qu'être mari pour être excusé de toutes fautes, justifié de tout crime, pour être loué de tous défauts. Il ne faudroit qu'être femme, pour être condamnée innocente, pour être méprisée avec du mérite, décriée avec de l'honnêteté. Que M. Mazarin gâte, ruine, dissipe tout, il en est le maître : c'est le mari; que Mme Mazarin soit laissée dans la nécessité, qu'on l'abandonne à la misère, à la tyrannie des créanciers, quel droit a-t-elle de se plaindre de M. Mazarin, dit son avocat? C'est sa femme. Aussitôt une coutume des Grecs, une loi des Romains, quelque Novelle de Justinien, viennent appuyer la déclamation. Mme Mazarin mange avec des hommes, sans la permission de M. Mazarin : elle perd sa dot; elle perd ses conventions matrimoniales, elle perd tout ce qu'elle peut jamais prétendre. Modérez-vous, monsieur Erard, modérez-vous ; autrement je formerai votre caractère, de ce qu'a dit Salluste, dans l'éloge de Catilina : Eloquentiæ satis, sapientiæ parum : *Assez d'éloquence, peu de sens.*

Venons à la révolution extraordinaire, dont l'image ne se présente point à l'esprit sans l'étonner : c'est là, dit M. Erard, que Mme Mazarin devoit sortir d'Angleterre ; et là-dessus, il exagère la honte d'y demeurer, après que la reine, à qui elle avoit l'honneur d'appartenir, en étoit sortie.

Je ne doute point que Mme de Bouillon et Mme Mazarin n'eussent accompagné la reine avec plaisir ; mais le secret de quitter son royaume étoit si important qu'elle ne l'a communiqué à personne : ainsi les dames furent laissées par nécessité, dans un trouble que la seule présence du nouveau prince put apaiser. Depuis ce temps-là, il n'a pas été possible à Mme Mazarin de quitter un pays où ses créanciers la tiennent comme assiégée, où proprement M. Mazarin la retient, l'ayant obligée à contracter des dettes inévitables, qu'il ne veut pas payer. Il demande, avec cet empire de mari, si cher à son avocat, qu'elle retourne à Paris, et il en nécessite l'éloignement ; il entretient la séparation dont il se plaint. Il semble vouloir la personne, et ne veut en effet que le bien, pour en achever la dissipation.

Le parlement d'Angleterre a voulu chasser Mme Mazarin, je l'avoue : mais elle n'a pas eu besoin d'implorer la protection du roi qui règne : sa justice a prévenu la grâce qu'elle eût été obligée de demander.

Mais dites-moi, monsieur l'avocat, qui vous a poussé à déclamer si injurieusement contre ce roi ? Vous le nommez le destructeur de notre foi, bien mal à propos. Sans son humanité, sa douceur, sa protection, il n'y auroit pas un catholique en Angleterre. Vous avez cru faire votre cour au roi de France, et vous vous êtes trompé. Un prince qui a le vrai goût de la gloire, un prince si éclairé, connoît le grand mérite partout où il est. Ses lumières et ses affections ne sont pas toujours concertées ; être généreux, dans l'infortune de son allié, ne l'empêche pas d'être équitable aux vertus de son ennemi.

Je reviens à Mme Mazarin ; il ne me reste à la justifier que de trois accusations, qui ne me feront pas beaucoup de peine. La première, c'est qu'il y a chez elle une *banque* : la seconde, qu'elle y voit des *épiscopaux* et des *presbytériens* : la troisième, qu'elle converse avec des *milords*.

Écoutez, messieurs, écoutez tonner votre

orateur. Jamais le Démosthène des Grecs ne lança ses foudres, avec tant de force, contre Philippe, que l'Érard des Français lance les siens contre Mme Mazarin. Mme Mazarin a une *banque* chez elle; quel dérèglement! Une *bassette* en sa maison; quelle honte! Elle y voit des *épiscopaux* et des *presbytériens;* quelle impiété à une catholique, à la femme de M. Mazarin, appliqué sans relâche au bien des congrégations et des confréries! Elle parle à des *milords;* quelle dépravation de mœurs! *O tempora! o mores!*

Revenez, monsieur l'orateur, de la chaleur de votre éloquence au sang-froid. Les grands génies sont sujets à l'emportement; permettez-vous un peu d'attention; donnez-vous le loisir de considérer un peu les choses. Pensez-vous que trois grandes reines, dévotes et vertueuses, s'il y en eût jamais, que la reine Catherine, que la reine Marie qui est en France, que la reine régnante en Angleterre, que la princesse sa sœur qui a tant de régularité, pensez-vous qu'elles eussent eu des *bassettes* publiques à la cour, si la *bassette* n'étoit pas un divertissement honnête, un jeu innocent?

L'accusation de voir des *épiscopaux* et des *presbytériens* est ridicule. Reprocher à Mme Mazarin de voir à Londres des protestants, c'est la même chose que reprocher à un protestant qui seroit à Rome d'y voir des catholiques. Mais s'il y a du crime à voir des protestants, en Angleterre, n'y en a-t-il pas davantage à les épouser? Cependant une fille de France et une infante de Portugal n'en ont pas fait difficulté. Leurs chambellans, leurs dames d'honneur étoient protestants. La reine Marie avoit ses principaux officiers de cette religion-là. Comment est-ce que Mme Mazarin eût pu aller à la cour sans les voir? Les yeux de la reine s'en accommodoient; pourquoi ceux de Mme Mazarin en auroient-ils été offensés? Mais si jamais zèle pour la religion catholique s'est signalé, ç'a été celui du roi Jacques et de la reine Marie : ces princes, véritablement zélés, n'ont pas laissé de se faire couronner à Westminster, de prier avec les évêques et de recevoir la couronne des mains de l'archevêque de Cantorbéry. La société a des lois indispensables, des lois ennemies de l'impiété et des difficultés trop scrupuleuses.

Enfin, nous voici arrivés aux MILORDS, aussi peu connus de M. Érard, que les *Bachas* et les *Mandarins*. Je lui apprendrai que les MILORDS sont les pairs du royaume d'Angleterre, les sujets les plus considérables de la nation. Mme Mazarin avouera qu'elle en connoît beaucoup, qu'on estime autant par leur mérite, qu'on les considère par leur rang et leur dignité : elle avouera qu'elle en a reçu de grands services, en des temps fâcheux, et de grandes assistances dans ses besoins. Après cette confession, il me semble que j'entends M. Érard s'écrier : *Quelle dépravation de mœurs!* O TEMPORA, O MORES! Qu'il ne trouve pas mauvais que je m'écrie avec plus de raison : O INEPTIAM INAUDITAM! *O impertinence inouïe! O sottise achevée!*

Eh quoi, Messieurs, il sera permis à M. Mazarin de déshonorer, dans tous les villages, le nom qu'il porte! Il lui sera permis de régler l'honnêteté nécessaire à conduire les moutons; d'ordonner le juste payement dû aux pâtres pour les expéditions de leurs taureaux; de prescrire la bienséance que doit garder un garçon apothicaire quand il donne un lavement! Il lui sera permis de défendre aux femmes de tirer les vaches et de filer au rouet; et M. l'orateur ne pourra souffrir que Mme Mazarin soutienne la dignité de son nom dans toutes les cours, et chez toutes les nations où elle se trouve!

Vous êtes éloquent, monsieur Érard, vous parlez bien; mais les choses déraisonnables dites éloquemment ne font aucune impression sur un bon esprit. Que Mme Mazarin doive retourner avec son mari, pour entrer dans la congrégation des bergers, des pâtres, des garçons apothicaires; qu'elle retourne avec M. Mazarin, pour trouver de nouveaux RÈGLEMENTS, sur son sujet, aussi ridicules que ceux qu'il a fait imprimer, c'est ce que toutes vos belles paroles ne persuaderont pas à des gens sensés. Si vous haranguiez devant un peuple ignorant, vous pourriez l'éblouir ou l'émouvoir; mais, pour votre malheur, vous avez affaire à des juges éclairés, à des hommes sages, précautionnés contre toutes les fausses lumières, et contre toutes les vaines exagérations.

Je voudrois, Messieurs, que M. et Mme Mazarin parussent devant vous, à une audience; vous liriez leur séparation sur leurs visages. Tous les traits de M. Mazarin seroient autant de preuves qui confirmeroient ce que j'ai dit; un regard de Mme Mazarin confondroit toutes les impostures de M. Érard. Le ciel les a déjà séparés, par la contrariété des humeurs, par l'opposition des esprits, par les bonnes et les mauvaises inclinations, par la noblesse des sentiments de l'une et l'indignité de ceux de l'autre : la nature les a séparés, comme le ciel, par une beauté qui charme les yeux, par un visage moins délicieux à la vue. Un astre funeste avoit fait des nœuds infortunés, dont la raison de Mme Mazarin l'a dégagée. Ainsi, Messieurs, vous avez la cause du ciel, de la nature, de la raison, soumise à vos jugements. Que votre sagesse donne la dernière forme à ce grand ouvrage, qu'elle assure cette séparation pour jamais, et qu'ôtant à M. Mazarin l'administration de ses biens, elle sauve aux enfants le peu qui reste de l'amas prodigieux qu'il a dissipé.

ÉTAT DES BIENS DÉLAISSÉS A MONSIEUR LE DUC MAZARIN ET A MADAME LA DUCHESSE, SA FEMME, PAR FEU MONSIEUR LE CARDINAL MAZARIN, TANT PAR LE CONTRAT DE MARIAGE, LE LEGS UNIVERSEL, QUE PAR LES CODICILLES.

Le duché de Mayenne, circonstances, dépendances et annexe, de la valeur de neuf cent cinquante mille livres.

En argent comptant, douze cent mille livres, pour acheter une terre considérable.

Les droits sur le sel de Brouage, de quarante mille livres de revenu.

La moitié du palais Mazarin, estimé cinq cent mille livres.

La moitié des statues, estimée cent cinquante mille livres.

Les terres et seigneuries situées en Alsace : savoir Betford, Thann, Altkirch, Delles, le comté de Ferrette, et les domaines de la Fère, Marle, Ham, de la valeur de plus de cent trente mille livres de revenu.

Les charges et gouvernements de Brisac, et de l'Alsace, la Fère, Vincennes, et de grand bailli d'Haguenau, de plus de cent mille livres de revenu.

Les meubles portés dans l'inventaire fait après le décès de M. le cardinal Mazarin, estimés dix-huit cent mille livres.

Les billets, promesses et obligations mises ès-mains de M. le duc Mazarin, par les exécuteurs testamentaires, ainsi qu'il est justifié par le compte de l'exécution testamentaire signé de lui, près de six millions.

XLVII.

A MONSIEUR ***. — LETTRE DE SAINT-EVREMOND, SOUS LE NOM SUPPOSÉ DE LA DUCHESSE.

(1689.)

Je n'ai pas assez de considération dans le monde pour me croire obligée à lui rendre compte de mes affaires; mais je suis assez reconnoissante de la part que vous prenez à mes intérêts, pour vouloir contenter votre curiosité, sur la condition où je me trouve. Je crains seulement que la longueur de ma lettre ne vous importune; car je ne prétends pas vous instruire de l'état où je suis, sans vous faire souvenir, en beaucoup d'endroits, de celui où j'ai été. Je ne parlerai point des avantages que j'avois, par modestie; je me tairai des qualités de M. Mazarin, par discrétion : mais laissant au public à faire le jugement de nos personnes, je dirai hardiment que je n'ai contribué en rien à la dissipation des biens que je lui ai apportés, et que les moindres de ses domestiques en ont tiré de quoi s'enrichir, quand il m'a dénié les choses nécessaires simplement pour vivre.

J'ai demeuré plus que je ne devois, et aussi longtemps que j'ai pu, avec un mari qui m'étoit si opposé : à la fin, je me suis déguisée, par raison, d'un homme avec qui je m'étois laissée lier par obéissance. Un dégagement si juste m'a coûté ces biens qui ont fait tant de bruit dans le monde : mais la liberté ne coûte jamais trop cher à qui se délivre de la tyrannie. Quoi qu'il en soit, je me vis dépouillée de toutes choses. Je me vis sans aucun moyen de subsister, jusqu'à ce que le roi, par un principe de justice, me fit donner une pension, sans le consentement de M. Mazarin, que M. Mazarin m'a ôtée il y a dix ans, avec le consentement de Sa Majesté. Ce changement des bontés du roi ne doit point s'attribuer à celui de ma conduite, car je n'ai jamais entré en rien qui pût lui déplaire. Mais il est difficile aux plus grands rois de bien démêler l'imposture des méchants offices, d'avec les vérités dont il est besoin qu'on les informe. La raison feroit trop de violence à notre inclination et à notre humeur, s'il falloit toujours nous defier de ceux que nous aimons ou qui nous plaisent, et naturellement on ne se donne point la gêne de ces précautions-là, contre des personnes agréables, pour des indifférentes qu'on ne voit pas. Ainsi je ne m'étonne point que l'on m'ait crue telle qu'on m'a dépeinte : le roi eût été assez juste pour augmenter la pension qu'on m'a ôtée, si j'avois été assez heureuse pour être connue de lui telle que je suis.

Cependant, malgré ce retranchement et toutes les dettes qui en sont venues, je ne laissois pas de subsister honorablement, par les grâces et les bienfaits des rois d'Angleterre. Mais à cette révolution extraordinaire, qui fera l'étonnement de tous les temps, je me suis vue abandonnée : réduite à ne chercher de ressource qu'en moi-même, où je n'en trouvois point; exposée à la fureur de la populace, sans commerce qu'avec des gens également étonnés, qui tâchoient de s'assurer les uns les autres, ou avec des malheureux, moins propres à se consoler qu'à se plaindre ensemble. Après tant de troubles, la tranquillité enfin s'est rétablie : mais les désordres cessés ne m'ont rendu l'esprit plus libre que pour mieux voir la désolation de mes affaires. Nul bien de moi; nulle assistance où je suis, nulle espérance d'ailleurs; ne recevant du peu d'amis que j'ai où vous êtes, que des compliments au lieu de secours; et de tous les autres que des injures, pour être demeurée dans un lieu d'où je ne sais comment sortir, voyant moins encore où pouvoir aller.

Jusqu'ici on a condamné les fautes, et plaint les malheurs : je fais changer toutes choses. La misère, ce triste ouvrage de ma fortune, me donne des ennemis, excite l'aigreur et l'animosité de ceux qui me devoient être le plus favorables. Je n'exagère point le malheur de ma condition, à quoi je suis d'autant plus sensible, que je reçois des reproches, quand j'attendois des consolations. Vous êtes assez raisonnable, monsieur, pour n'approuver pas un procédé si injuste, et assez constant dans l'amitié pour me conserver toujours la vôtre. Si elle n'est pas secourable, autant que vous le souhaitez, elle est aussi honnête que je le saurois désirer. Mon Émile me fait trouver de la bonne volonté, où il y a de l'impuissance, et de l'opposition où se rencontre le pouvoir; mais enfin, la malignité de l'influence n'est pas entière, puisque dans les infortunes qu'elle me cause, elle me laisse des amis, qui font leur possible pour me consoler.

XLVIII.

LETTRE A LA DUCHESSE MAZARIN.

(1689.)

J'ENVOIE savoir comment vous vous portez de votre blessure [1] : pour moi, je me porte fort bien de toutes mes pertes. Le souper de Mme Harvey, le pâté Royal, et la mélancolie de la dolente Boufette avoient mis mon esprit dans une assez bonne situation. La nuit a été encore plus heureuse : j'ai cru être Mlle de Beverweert, toute cette nuit. J'avois une grande complaisance de mon mérite d'honnête et de raisonnable fille; mais votre confiance faisoit le plus doux avantage de mon nouveau sexe. Vous m'avez montré votre blessure. Passons légèrement tout ce que j'ai vu : j'ai autant de sujet de me louer de vous, comme Beverweert, que j'en ai de me plaindre, comme Saint-Evremond. Heureux les sujets de n'avoir pas connu le danger qu'il y avoit à votre blessure ! Leur

---

1. Mme Mazarin s'étoit blessée à la cuisse, en tombant. C'étoit vers le commencement de la guerre de 1689.

appréhension les auroit fait mourir, et nous ne serions pas en état de nous réjouir de votre guérison. Notre perte n'est pas seulement attachée à la vôtre; une maladie, dont vous guérirez, est capable de donner véritablement la mort, à tous les sujets de votre Empire.

Si du ciel le courroux fatal
Faisoit durer encor quelques jours votre mal,
 Les sujets auroient tant de peine
 A voir souffrir leur belle reine,
 Que chacun d'eux pourroit mourir,
 Avant que vous pussiez guérir.
 Je perdrois le premier la vie,
Et de cent autres morts ma mort seroit suivie:
 Votre chère et fidèle Lot
 Suivroit ma disgrâce bientôt;
 Vous la verriez avec des larmes
 Prendre congé de tous vos charmes,
 Et faire ses derniers adieux,
 Baisant votre bouche et vos yeux.
 « Adieu, je meurs. Adieu, Madame :
Vous possédiez mon cœur, je vous laisse mon âme,
 Et trouve mon sort assez doux,
 Puisque je meurs à vos genoux.
 Croyez que jamais la comtesse....
 La voix me manque, et je vous laisse.
Que le dernier soupir, qui va m'ôter le jour,
Est bien moins à la mort qu'il n'est à mon amour ! »
 C'est ainsi que la VICE-REINE,
 Meurt aux pieds de sa SOUVERAINE :
 Jamais rien ne la sut charmer ;
Mais on trouve, à la fin, qu'on est fait pour aimer,

Et toute son indifférence
Devient amour sans qu'elle y pense.
La Beverweert en prose, et Beverweert en vers
　　N'ont pas des sentiments divers :
Celle de cette nuit, qui vous parloit en prose,
Pourroit dire en mourant toute la même chose.
　　Si jamais vous vous portez mal,
Je meurs, et je vous fais un discours tout égal.
　　Madame Harvey pleine d'impatience,
　　　　De vous voir en cet état-là,
　　　　Maudiroit jusques à la France,
Et pourroit détester même les opéra.
　　　　Je vois la douleur qui surmonte
　　　　Un sujet illustre, grand comte[1] ;
　　　　Duras, milord impétueux,
　　　　S'en arracheroit les cheveux :
　　　　Et, chose incroyable à l'histoire !
　　　　Ne voudroit ni manger, ni boire,
　　　　Suspendant tout son appétit,
　　　　Pour un accident si maudit.
Il pourroit arriver que maligne Boufette,
D'un sentiment commun avecque votre époux,
Auroit de tous vos maux l'âme assez satisfaite ;
　　　　Au nom de Dieu, conservez-vous.

Comme je dois mourir le premier, je veux ordonner nettement de ma sépulture, pour ne pas tomber dans l'inconvénient de M. Doublet, et épargner la peine à Patru de faire un second Plaidoyer, si un pasteur aussi attaché à ses droits que le curé de Saint-Étienne, obte-

---

1. Le comte de Féversham.

noit un arrêt sur mon pauvre corps[1]. Pour prévenir donc pareils accidents, je déclare en termes exprès que je veux être enterré dans la tente de milord Roscommon [2]. Il me souvient d'avoir été à la guerre, et je serai bien aise que mon tombeau ait un air militaire. Mais ce n'est pas la première et la véritable raison qui m'oblige à choisir ce lieu-là : c'est pour être en vue du *Petit Palais;* et toutes les fois qu'on y jouera, la REINE est suppliée de dire les vers qui suivent, et que j'ai composés, comme une espèce d'épitaphe :

« Celui dont nous plaignons le sort
N'a pas dû voir la gloire de l'Olympe;
Mais je pense qu'après sa mort
Il ne souffre pas tant comme il souffroit à Grimpe,
Lorsque Duras et moi lui faisions tant de tort.
Je lui faisois mille injustices,
Je lui faisois mille malices,
Et, malgré tout ce grand tourment,
Il perdoit assez noblement.
S'il ne me plaisoit pas, il tâchoit de me plaire;
Que la tombe lui soit légère !
Je souhaite que ses vieux os,
Trouvent un assez bon repos. »

1. Voy. le plaidoyer de Patru, pour la veuve et les enfants de Doublet, etc.
2. Milord Roscommon, colonel d'infanterie, devant passer en Irlande avec son régiment, avoit fait tendre sa tente dans le parc de Saint-James, assez près de la maison de Mme Mazarin, qu'on appeloit *le petit palais.*

Si je ne vous demande pas davantage, durant ma vie, que je vous demande à la mort, vous n'aurez pas sujet de vous plaindre de mon indiscrétion.

XLIX.

A LA MÊME.

(1690.)

Vous vous souvenez, Madame, du méchant et honteux succès de mon dessein, lorsque je cherchai inutilement quelque défaut en votre esprit[1]. Plus fâché que rebuté de mon entreprise, je me suis attaché à votre humeur. Mlle Bragelonne[2] et M. de Miremont[3] se sont

---

1. Voy. le *Portrait* de Mme Mazarin, *Sup.*, t. II, p. 446.
2. Demoiselle de compagnie de Mme Mazarin.
3. M. de Miremont, officier françois fort distingué, avoit émigré, après la révocation de l'édit de Nantes, et il venoit d'être nommé colonel d'un régiment de réfugiés, à la solde des puissances coalisées contre la France, en vertu de la ligue d'Augsbourg. Saint-Évremond ne lui avoit pas épargné les remontrances à ce sujet. M. de Miremont étoit d'ailleurs de grande naissance, fort bien venu à la cour du roi Guillaume, et chez la duchesse Mazarin, qui s'étudioit à lui plaire! — Le *Gigeou*, ruisseau qui arrosoit une propriété de famille de M. de Miremont.

jetés dans mes intérêts contre elle; mais M. de Miremont a eu tort : la qualité de PRINCE-CO-LONEL, et les extases étudiées en sa faveur, devoient l'empêcher de prendre parti, si impétueusement, pour les habitants du Gigeou. Mlle Bragelonne est née pour souffrir : si je suis rebuté aujourd'hui, je serai bien traité demain ; et cette inégalité est assez obligeante pour une vieillesse comme la mienne, qu'on pourroit, avec raison, mépriser toujours. Il m'a donc fallu laisser l'humeur en repos, l'abandonnant à l'injustice de M. de Miremont et aux larmes de Mlle Bragelonne. Mais il n'y a rien dont la persévérance ne vienne à bout : j'ai tourné ma curiosité chagrine sur votre goût pour le chant, et j'ai trouvé heureusement de quoi vérifier le proverbe, qu'il *n'y a rien de parfait en ce monde*. Vous l'allez voir, madame, dans les vers que je vous envoie; et j'espère que vous ne voudrez pas démentir une sentence établie et autorisée depuis si longtemps.

> Vous êtes la reine des belles,
> La reine des spirituelles;
> Mais sur votre goût pour le chant
> Nous ne vous admirons pas tant, etc., etc.

L.

LETTRE A MONSIEUR ***, POUR MADAME LA DUCHESSE MAZARIN.

(1691.)

Je ne suis pas étonnée que M. Mazarin fasse courir le bruit qu'il n'a tenu qu'à moi de retourner en France : mais je la serois beaucoup, si des gens raisonnables se laissoient surprendre à ses artifices et pouvoient être persuadés de ses mensonges. Comme nous ne sommes jamais convenus en rien, je prendrai une voie toute contraire à la sienne, en ne disant que des vérités. Il y a dix ans que M. Mazarin m'a ôté une pension de vingt-quatre mille francs qui m'avoit été donnée pour subsister. Ce retranchement me contraignit à faire des dettes considérables, qui ne me permirent pas de sortir d'Angleterre, où je demeurai importunée de mes créanciers, mais non pas persécutée au point que je l'ai été depuis ce temps-là.

Toutes choses ont changé. La révolution est arrivée : je me suis vue sans secours, sans moyen de payer mes vieilles dettes, et trop heureuse d'en pouvoir faire de nouvelles, pour vivre. Il n'y avoit point de jour que je ne fusse menacée d'aller en prison. La permission de m'arrêter, en des lieux privilégiés, ne laissoit pas de se donner, et quand je sortois de mon logis, ce n'étoit jamais avec assurance d'y pouvoir rentrer. Étant réduite à cette fâcheuse nécessité, quelques-uns de mes amis, et quelques marchands même, se sont obligés d'une partie de mes dettes à ces tyrans, et ont été bientôt contraints de les payer : mais je n'ai fait que changer de créanciers, et ceux-ci ne prennent guère moins de précaution que prendroient les autres pour être payés. Cependant je leur suis redevable du peu de liberté dont je jouis et de la subsistance que j'ai trouvée jusqu'ici, dont la difficulté augmente tous les jours.

Voilà le véritable état où j'ai été, et la vérible condition où je suis; assurément elle ne sauroit être plus mauvaise. Je mérite d'être secourue de mes amis et plainte des indifférents. Un plus long discours seroit ennuyeux aux autres et inutile pour moi. Je ne dirai rien davantage.

LI.

LETTRE A MONSIEUR ***, AU NOM DE MADAME LA DUCHESSE MAZARIN.

(1692?)

L'on ne peut pas être plus sensible que je suis au témoignage de votre affection ; mais souffrez, Monsieur, que je me plaigne de l'injustice des conjectures que l'on fait sur mes intentions. Si j'avois été en état de pouvoir partir, et que je fusse demeurée, on auroit raison : mais on veut que je retourne en France, et on me laisse dans l'impossibilité de sortir d'Angleterre. De toutes les vérités du monde, il n'y en a pas une plus grande que celle que je vous dis. J'écris à Mme de Nevers une lettre un peu plus longue, où l'explication de mes sentiments est plus étendue. Je vous prie, Monsieur, de me croire aussi véritable que je la suis, particulièrement dans la protestation de l'amitié que j'aurai pour vous toute ma vie.

LII.

LETTRE À MADAME LA DUCHESSE DE NEVERS, AU NOM DE MADAME LA DUCHESSE MAZARIN.

(1692?)

Je n'ai jamais douté, Madame, que vous ne prissiez toute la part qu'on peut prendre à mes intérêts. J'ai attendu de votre amitié ce que vous pouviez attendre de la mienne. Il n'est pas besoin de nous en donner de nouvelles assurances, dans nos lettres, étant aussi sûres que nous sommes, l'une de l'autre, sur tout ce qui nous regarde. Je croyois que rien ne me devoit surprendre, touchant le procédé de M. Mazarin ; je ne laisse pas de m'étonner qu'après m'avoir ôté ma pension, il y a dix ou douze ans, m'avoir réduite à mendier, comme je fais, ma subsistance ; avoir entrepris de me faire déchoir de mes droits, peu content de me voir dans la nécessité où je suis durant sa vie, s'il ne s'assuroit que je serois misérable après sa mort ; après un procédé si honnête, une conduite si obligeante, des actions si généreuses, je m'étonne, dis-je, qu'il ait la bonté de vouloir bien que je demeure avec lui. Il faut commencer par payer toutes mes dettes, m'assurer de ma subsistance et me mettre en liberté de sortir d'Angleterre. J'attends cela de la justice de Messieurs du grand conseil; et de la vôtre, Madame, que vous me croyiez aussi véritablement que je suis, etc.

LIII.

LETTRE A MONSIEUR ***, AU NOM DE MADAME LA DUCHESSE MAZARIN.

J'AI toujours cru ce que vous avez la bonté de m'écrire sur mes affaires, et je suis ravie que mes sentiments se trouvent conformes aux vôtres. M. Mazarin n'a jamais songé sincèrement à me ravoir. Il a voulu, comme vous le dites fort bien, me faire déchoir de mes droits, et après m'avoir rendue malheureuse durant sa vie, s'assurer chrétiennement que je serois misérable après sa mort. Voilà, Monsieur, la sainte joie qu'il a voulu se donner. Je vous conjure de me continuer vos soins et vos secours, dans la suite d'une affaire qui apparemment ne finira pas sitôt. Malgré l'application de M. Mazarin, qui attend bien moins de la Providence que de son industrie le succès de ses persécutions, je ne pense pas que Messieurs du grand conseil me fassent déchoir de mes droits : mais si M. Mazarin n'est pas obligé de payer mes dettes, comment ferai-je avec mes créanciers et où trouverai-je les moyens de subsister, en attendant qu'ils soient satisfaits? Les marchands m'ont prêté de bonne foi; les gens de condition m'ont obligée de bonne grâce, mais ils ne veulent pas perdre leur argent. Que ferai-je? Il faut faire ce que dit M. Mazarin et qu'il ne pratique pas, me remettre de tout à la Providence. J'y ajouterai le soin de mes proches et de mes amis, particulièrement les vôtres, Monsieur, qui me laissent une obligation que je n'oublierai jamais.

LIV.

JUGEMENT SUR QUELQUES AUTEURS FRANÇOIS. — A MADAME LA DUCHESSE MAZARIN.

(1692.)

Voici, Madame, le Jugement que vous m'avez demandé sur quelques-uns de nos auteurs.

Malherbe a toujours passé pour le plus excellent de nos poëtes; mais plus par le tour et par l'expression, que par l'invention et par les pensées.

On ne sauroit disputer à Voiture le premier rang, en toute matière ingénieuse et galante : c'est assez à Sarazin d'avoir le second, pour être égal au plus estimé des anciens en ce genre-là.

Benserade a un caractère si particulier, une manière de dire les choses si agréable, qu'il fait souffrir les pointes et les allusions aux plus délicats.

Dans la tragédie, Corneille ne souffre point d'égal : Racine, de supérieur; la diversité des caractères permettant la concurrence, si elle ne peut établir l'égalité. *Corneille* se fait admirer par l'expression d'une grandeur d'âme héroïque, par la force des passions, par la sublimité du discours : *Racine* trouve son mérite en des sentiments plus naturels, en des pensées plus nettes, dans une diction plus pure et plus facile. Le premier, enlève l'âme; l'autre, gagne l'esprit : celui-ci, ne donne rien à censurer au lecteur, celui-là ne laisse pas le spectateur en état d'examiner. Dans la conduite de l'ouvrage, *Racine*, plus circonspect, ou se défiant de lui-même, s'attache aux Grecs, qu'il possède parfaitement : *Corneille*, profitant des lumières que le temps apporte, trouve des beautés qu'Aristote ne connoissoit pas.

Molière a pris les anciens pour modèle : inimitable à ceux qu'il a imités, s'ils vivoient encore.

Il n'y a point d'auteur qui fasse plus d'honneur à notre siècle que Despréaux. En faire un éloge plus étendu, ce seroit entreprendre sur ses ouvrages, qui le font eux-mêmes.

La Fontaine embellit les Fables des anciens; les anciens auroient gâté les Contes de *la Fontaine*.

Perrault a mieux trouvé les défauts des anciens, qu'il n'a prouvé l'avantage des modernes. A tout prendre, son livre [1] me

---

1. Le *Parallèle des anciens et des modernes*, publié d'abord en 1686, 1 vol. in-12, puis étendu, plus tard, en 4 vol., Paris, 1688-96.

semble très-bon, curieux, utile, capable de nous guérir de beaucoup d'erreurs. J'aurais souhaité que le *chevalier* eût fait moins de *contes*, que le *président* eût un peu plus étendu ses raisons, l'*abbé* resserré les siennes [1].

Vous voulez, Madame, que je parle de moi, et je vous parlerai de vous. Si quelqu'un de ces messieurs avoit été en ma place, pour vous voir tous les jours, et recevoir les lumières que vous inspirez, il auroit passé les anciens et les modernes. J'en ai profité si peu que je ne mérite aucun rang parmi ces illustres.

---

1. Le livre de Perrault est en forme de dialogue. Le *chevalier*, le *président* et l'*abbé* en sont les interlocuteurs.

Un critique spirituel, enlevé aux lettres par une mort prématurée, M. Rigaud, vous a laissé une histoire savante, judicieuse, et pleine d'intérêt, de cette fameuse querelle, du mérite comparé des anciens et des modernes, qui a tant animé les esprits, vers la fin du dix-septième siècle. Voy. le 1er vol. des *OEuvres* de M. Rigaud.

LV.

LETTRE A MADAME LA DUCHESSE MAZARIN.

(1692.)

yez la bonté de m'excuser, Madame, si je ne donne pas tout à fait dans la généreuse franchise de vos sentiments, opposée à la circonspection naturelle des gens de mon pays, qui sont ennemis des vérités nettes et hardiment déclarées. Voici mes raisons contre une pleine ouverture de vos intentions.

Je suis persuadé que toutes vos connoissances (car les amis ne se sont pas encore manifestés), que toutes vos connoissances, dis-je, ne demandent pas mieux que d'avoir un prétexte de crier contre votre humeur et votre conduite, quelqu'agréable que soit l'une, quelque honnête que soit l'autre. Ne leur fournissez jamais aucun moyen de s'élever contre vous : tenez-les attachés, malgré eux, du moins à la bienséance de l'amitié, qu'ils doivent avoir pour vous, avec plus de chaleur qu'ils n'en ont. Demandez toujours de l'argent. S'il n'en vient point, c'est vous qui aurez sujet de vous plaindre; s'il en vient; je vous réponds de dix ou douze exclusions de voyage, meilleures l'une que l'autre. Enfin, ne donnez à personne ni sujet, ni prétexte de vous quitter, et croyez qu'une déclaration trop libre de vos intentions vous nuiroit beaucoup là, et ne vous serviroit pas ici. Je vous ai ouï dire, Madame, que Mme la Comtesse[1] *ne se laissoit jamais entamer*. Ne vous laissez jamais découvrir. Si vous voulez procéder avec moins de précaution, le Normand quitte la sienne, prêt à entrer dans vos sentiments.

LVI.

BILLET A MADAME MAZARIN, SUR LA SATIRE DE M. DESPRÉAUX CONTRE LES FEMMES.

(1693.)

Bien loin d'écrire contre M. Despréaux, le vieillard Saint-Evremond le justifie, disant qu'il n'a écrit que contre des femmes, et que Mme de Bouillon et Mme Mazarin, qui n'ont rien du sexe que la beauté, doivent se joindre à lui,

---

1. La comtesse de Soissons, sœur de la duchesse.

pour décrier les foiblesses et les autres défauts des Dames, sans en excepter les fidèles, que l'auteur de la Satire a voulu favoriser. Si ces Dames-là étoient aussi galantes que celles de Don Quichotte, elles iroient se plaindre à Despréaux, de les avoir épargnées.

LVII.

(1694.)

C'ÉTOIT assez, Madame, de nous priver de votre table, par votre voyage des Bains; il ne falloit pas m'ôter *Galet*[1], et me réduire à ne pouvoir manger même à mes dépens. M. Villiers, qui est dans une maison enchantée, pourroit s'en passer : cependant il trouve le repas si nécessaire à la vie, qu'il en fait de bons, dans un lieu où le plaisir de la vue pourroit dispenser de celui du goût. Jugez, Madame, si je ne dois pas chercher ce dernier, dans mes appartements, où j'ai plus affaire d'un cuisinier que de tapissiers et de peintres. J'ai tout perdu

1. Cuisinier de Mme Mazarin.

en perdant Galet : c'est un grand sujet de plainte contre vous; mais le souvenir de la longe de Veau, que vous m'avez donnée, répare tout.

Milord Montaigu, M. Justel et M. Silvestre l'ont mangée à mon logis. Milord Montaigu, fidèle au Mouton, eut de la peine à souffrir le Veau; mais quand il en eut mangé, et que je lui eus dis qu'il venoit de vous, il jura de ne manger de Mouton de sa vie, à moins que vous n'eussiez la bonté de m'en envoyer de Bath. Le Bibliothécaire[1] chercha, dans Athénée, dans Apicius, dans Horace, dans Pétrone, un aussi bon mets que le mien, et n'en trouva point. Le Médecin dit que c'étoit une viande bonne pour les malades, et délicieuse pour les gens qui se portent bien. Je me servis des termes de votre lettre pour faire son éloge, assurant que le Veau de rivière, des Commandeurs et des d'Olonnes, n'en approchoit pas.

Votre santé fut bue trois fois : on commença par les approbations; des approbations on vint aux louanges, et des louanges à l'admiration. Comme la tendresse et la pitié se mêlent d'ordinaire avec les louanges, en buvant on plaignit le malheur de votre condition, et j'eus de la peine à empêcher le murmure contre la Provi-

1. M. Justel. Voy. *Inf.* p. 417.

dence d'avoir fait la fille¹ veuve, plutôt que la mère. C'est assez parlé de la longe et de ses suites; il faut quelques vers, sur les petits poissons de M. le duc de Saint-Albans.

> Un jeune duc, de sa grâce,
> Craignant que je ne manquasse
> De rime à vos carpillons,
> M'envoya des perchillons.
> Ils étoient bons pour la rime :
> Poëte, je es esti me
> Pour un Côteau² délicat,
> C'étoit un fort méchant plat.
> Ce duc, pêchant à la ligne,
> Par une froidure insigne,
> Lui-même les avoit pris ;
> Sa peine faisoit leur prix :
> Mais tels qu'il me les envoie,
> Je les reçois avec joie ;
> Toujours sensible à l'honneur
> Qu'il fait à son serviteur.

1. La marquise de Bellefond, deuxième fille de Mme Mazarin, venoit de perdre son mari.
2. Allusion à l'ordre des *Côteaux*, dont Saint-Evremond avoit jadis fait partie, en France. Voy. notre *Histoire de Saint-Evremond*, ch. VI, p. LXXXVIII, où il est parlé du *Veau de rivière*.

LVIII.

A LA MÊME.

A Bourbon, où sont les bains chauds,
De la qualité de ces eaux,
Que vous vous disposez à prendre[1],
Voici ce que me fit entendre
De Lorme[2], qui de ses vieux jours
A cent ans a fini le cours.

« De fruits, il faut faire abstinence,
Observer l'expresse défense
De complaire à ses appétits :
Les bons repas sont interdits ;
On y doit suspendre l'envie
Du plus doux plaisir de la vie. »

Là, madame de Montbazon,
Paroissoit à nos yeux charmante.
Quelle différente saison,
De celle où sa mort surprenante
Fit le célèbre *Talapoin*,

---

1. La duchesse se disposoit, en juillet 1794, à repasser en France, pour prendre les eaux de Bourbon-l'Archambaud, alors fort en vogue.
2. De Lorme étoit médecin des eaux de Bourbon. Il jouit d'une certaine célébrité, et Bayle lui a consacré un article, dans son *Dictionnaire*.

Que les rois vont voir de si loin[1] !
Ne vous déplaise, la Loubere[2],
Tous vos *Talapoins siamois*,
Sans en excepter ceux des bois,
N'ont point de règle si sévère.

Là, se vit d'honnête amitié
Le grand et le parfait mérite[3],
Dont la fin digne de pitié,
Fit une sainte Carmélite.

Passons à Marion[4], chef-d'œuvre de beauté,
Le plus grand, après vous, qui jamais ait été.
Je prenois mes eaux avec elle ;
Et souvent je passois le soir
A l'ouïr chanter, à la voir.
Enfin, je la trouvois si belle,
Que sans égard au médecin,
Il m'en souvenoit au matin.
D'une si dangereuse idée,
L'âme, aux eaux, doit être gardée.

Il nous vint un aventurier[5],
Dont l'habit éclatant au soleil faisoit honte.

---

1. L'abbé de Rancé, dont on a déjà parlé. Le Roi Jacques alloit, de temps en temps, à la Trappe, se mettre en retraite auprès de lui.
2. M. de la Loubere a fait une *Relation du royaume de Siam*, où il parle de différents ordres de *Talapoins*, qui sont les religieux de ce pays-là (des Maizeaux).
3. Mlle d'Épernon et le chevalier de Fiesque.
4. Marion de Lorme.
5. Le célèbre chevalier, ensuite comte de Grammont, dont Hamilton a écrit les *Mémoires*.

> En grâce il étoit singulier;
> En tours d'amour que l'on raconte,
> Passant tous ceux de son métier :
> Heureux, s'il peut finir, en comte,
> Comme il vivoit en chevalier !

Si vous vous trouvez en assez bon état, ne prenez ni le bain, ni les eaux : les meilleures eaux font souvent du mal à ceux qui se portent bien, rarement du bien à ceux qui se portent mal. Si vous êtes obligée de les prendre, buvez-les régulièrement.

> Prenez-les, ne les prenez pas,
> Ce sera ouvré par compas[1].

Le régime que je vous ordonne est que vous jouiez un si petit jeu, qu'il ne vous attache, ni ne vous incommode. L'application et la perte ne conviennent pas à ceux qui prennent les eaux. Faites boire les eaux fortes à M. Milon; il est assez affectionné, pour vous sauver le préjudice qu'elles vous apporteroient. Dieu vous conserve avant toutes choses ! Faites chanter M. Déri, et prêcher M. Milon. Revenez le plus tôt qu'il vous sera possible : voilà mon souhait [2].

1. Voy. Rabelais, *Pantagruel*, liv. III, chap. XXI.
2. La duchesse ne fit point le voyage de Bourbon. Elle ne put obtenir la sûreté pour sa personne, qu'elle avoit demandée à la cour de Versailles, contre les entreprises du duc de Mazarin.

LVIII bis.

BILLET A LA MÊME.

(1694.)

Je vous supplie, Madame, de témoigner à Mme de Bouillon, qu'on ne peut pas être plus sensible que je suis à l'honneur qu'elle me fait de se souvenir de moi. Je ne plains pas beaucoup La Fontaine de l'état où il est[1], craignant qu'on ait à me plaindre de celui où je suis. A son âge et au mien, on ne doit pas s'étonner qu'on perde la raison, mais qu'on la conserve. Sa conservation n'est pas un grand avantage : c'est un obstacle au repos des vieilles gens, une opposition au plaisir des jeunes personnes. La Fontaine ne se trouve point dans l'embarras qu'elle sait donner, et peut-être en est-il plus heureux. Le mal n'est pas d'être fou, c'est d'avoir si peu de temps à l'être[2].

1. Voy., sur le déclin du talent du fabuliste, la *Vie de La Fontaine*, par M. Walckenaer, p. 574 et suiv., de l'édit. de 1824; on y dissimule le déclin de la raison. Voy. *inf.*, p. 352.

2. La Fontaine ne vécut pas longtemps dans cet état. Il est mort le 13 mars 1695.

LIX.

**LETTRE A MADAME LA DUCHESSE DE BOUILLON,
SOUS LE NOM DE MADAME MAZARIN.**

(1694.)

Il me semble, ma chère sœur, que je me suis expliquée tant de fois et si nettement, sur la demande qu'on me fait de déclarer mes intentions, qu'il n'y avoit aucun lieu d'en exiger un nouvel éclaircissement. Je vous proteste donc, ma chère sœur, que je n'ai aucun dessein de m'éterniser en Angleterre : tout mon but et mon souhait, c'est de me revoir en France avec ma famille ; mais je vous dis avec la dernière sincérité, qu'il me seroit autant possible de partir d'ici, sans payer mes dettes, que de voler. Je suis contrainte d'en faire tous les jours de nouvelles, quand je croyois recevoir de quoi acquitter les vieilles. Il y a peut-être une ou deux personnes de qualité, parmi mes créanciers, qui ne s'opposeroient pas à mon départ ; les autres ne souffriroient non plus ma banqueroute que les marchands. Croyez, s'il vous plaît, que j'ai plus d'envie de me voir libre, qu'on n'a de regret de me savoir dans une espèce de captivité, aux pays étrangers. Je n'attends que les moyens d'en sortir, pour aller passer le reste de mes jours avec les personnes du monde que j'aime le mieux. Vous croyez bien, ma chère sœur, que mon frère et vous en êtes les principales. Voilà mes véritables intentions; je ne me déguise point. Il est bien vrai que je choisirois plutôt la mort, que de retourner avec M. Mazarin, et que je n'aurois guère moins d'aversion à passer le reste de ma vie dans un couvent: et en effet, ce sont deux extrémités autant à éviter l'une que l'autre[1]. Vous ferez l'usage de ma lettre, que vous jugerez devoir faire, pour mes intérêts. Adieu, ma chère sœur; aimez-moi toujours, et continuez à vouloir servir la personne du monde qui est le plus à vous.

1. La duchesse avoit bien, cependant, songé au couvent, après la mort du jeune Banier. Voy. *Sup.* au tome Ier, p. 156, note I, et dans ce tome III, p. 201.

LX.

BILLET A MADAME LA DUCHESSE MAZARIN.

(1694.)

L'ami du genre humain ne fut jamais mon fait.

Vous avez raison de parler de la sorte ; car vous pouvez réduire tous ceux qui vous voient, à la nécessité de n'aimer que vous. Nos conditions sont bien différentes :

L'ami du genre humain sera toujours mon fait.

Car, à moins que je ne trouve des gens qui puissent aimer tout le monde, je ne saurois être aimé de personne : nos sentiments sont contraires en ce point-là ; et c'est la seule chose en quoi je ne veux pas convenir avec vous. Laissez-moi quelque légère satisfaction dans cette bonté générale de ceux qui s'accommodent de tout, et ne me réduisez pas tout à fait à mes chiens ni à mes canards.

LXI.

ÉPITRE DE L'ABBÉ DE CHAULIEU A LA DUCHESSE MAZARIN.

(1694.)

La divine Bouillon, cette adorable sœur,
Qui partage avec vous l'empire de Cythère,
Et qui sait comme vous, par cent moyens de plaire,
 Séduire et l'esprit et le cœur;
 Malgré tout ce que j'ai pu faire,
  Veut aujourd'hui que mes vers,
  Au hasard de vous déplaire,
  Aillent traverser les mers.
  A cet insensé projet
  Ma raison s'est opposée :
  Je vais devenir l'objet,
  Ai-je dit, de la risée
  De cet homme si fameux,
  De qui le goût seul décide
  Du bon et du merveilleux ;
  Et qui, plus galant qu'Ovide,
  Est, comme lui, malheureux.
  Ce Sage, qui se confie
  Au seul secours du bon sens,
  Et dont la philosophie
  Bravant l'injure des ans,
  Pour surprendre la vieillesse
  Par de doux enchantements,

Y sait rejoindre sans cesse
Mille et mille amusements,
Et même les enjouements
De la plus vive jeunesse;
Ce critique tant vanté,
Qui, pour sa délicatesse,
Des beaux esprits de la Grèce
Auroit été redouté,
Ne saura jamais, peut-être,
Que ces vers m'ont peu coûté.
Enfants de l'oisiveté,
L'amour seul les a fait naître,
Et, sans vous, la vanité
Leur défendroit de paroître.
Daignez donc, divine Hortense,
Par un regard de ces yeux
Qui désarmeroient des Dieux
La colère et la vengeance,
Obtenir quelque indulgence,
Et d'un accueil gracieux
Payer mon obéissance.

LXII.

RÉPONSE DE SAINT-EVREMOND A L'ABBÉ DE CHAULIEU.

Je n'ai point, comme censeur,
Examiné votre ouvrage ;
Mais, comme bon connoisseur,
Je lui donne l'avantage
Sur les plus galants écrits
Qui nous viennent de Paris :
Disons qu'on ait vus en France.
Et Voiture et Sarasin
Vous cèdent, dans l'excellence
Du goût délicat et fin.
Nous ajouterons qu'Hortense,
Notre Sapho Mazarin,
Vous donne la préférence
Sur tout Grec et tout Latin.

Mme Mazarin ne fait que dire ce que j'ai pensé; car vous mettre au-dessus de Voiture et de Sarasin, dans les choses galantes et ingénieuses, c'est vous mettre au-dessus de tous les Anciens. Il n'y a point de comparaison qui ne vous désoblige : il n'y en a point d'avantageuse que je puisse raisonnablement prétendre. Celle d'*Ovide* ne me convient point. Ovide étoit le plus spirituel homme de son temps et le plus malheureux : je ne lui ressemble ni par mon esprit, ni par mon malheur. Il fut relégué chez des barbares, où il faisoit de beaux vers; mais si tristes et si douloureux, qu'ils ne donnent pas moins de mépris pour sa faiblesse, que de compassion pour son infortune. Dans le pays où je suis, je vois Mme Mazarin tous les jours ; je vis parmi des gens sociables qui ont beaucoup de mérite et beaucoup d'esprit. Je fais d'assez méchants vers, mais si enjoués qu'ils font envier mon humeur, quand ils font mépriser ma poésie. J'ai trop peu d'argent, mais j'aime à vivre dans un pays où il y en a : d'ailleurs il manque avec la vie, et la considération d'un plus grand mal, est une espèce de remède contre un moindre. Voilà bien des avantages que j'ai sur Ovide. Il est vrai qu'il fut plus heureux à Rome avec Julie, que je ne l'ai été à Londres avec Hortense : mais les faveurs de Julie furent cause de sa misère; et les rigueurs d'Hortense n'incommodent pas un homme aussi âgé que je le suis.

> Je ne demande autre grâce pour moi,
> Que la rigueur qu'on aura pour les autres,

et j'ai sujet d'être content. C'est à Mme Mazarin à finir ma lettre, quand je vous aurai dit qu'il ne manque rien ici que Mme de Bouillon et vous, Monsieur, que je voudrois bien voir, avec du vin de Champagne, avant que de mourir.

APOSTILLE DE MADAME MAZARIN.

« Je ne fais point de vers; mais je m'y con-
« nois assez pour pouvoir dire sûrement, Mon-
« sieur, que les vôtres sont les plus agréables
« qu'on puisse voir. Au reste, on me compare
« à Sapho, mal à propos : je ne suis point
« née à Lesbos, je ne veux point mourir en
« Sicile. »

LXIII.

LETTRE A LA DUCHESSE MAZARIN.

(1695).

Monsieur Bérengani[1] n'est pas en peine de s'acquitter de la commission que vous lui avez fait l'honneur de lui donner. Il vous écrira des nouvelles sérieuses, en homme bien informé ; et des galantes, en acteur, dans la scène de la galanterie. Toute la difficulté est d'entrer en matière

---

1. Noble vénitien, qui étoit à Londres.

et d'en sortir : les commencements et les chutes font son embarras. J'ai été consulté, comme savant sur l'exorde ; et nous avons voulu nous insinuer agréablement : ce qu'on appelle, en latin, *captare benevolentiam ;* nous avons voulu plaire, gagner l'esprit, de trois manières différentes.

Si la république m'avoit fait plénipotentiaire pour traiter la paix générale, et donner à l'Europe le repos dont elle a besoin : Voilà la première.

Si la république m'avoit donné le commandement en Morée, et qu'à la tête des troupes de Lutterelle j'eusse emporté d'assaut Négrepont : Voilà la seconde.

Si elle m'avoit fait procurateur de Saint-Marc, elle m'auroit fait moins d'honneur, que je n'en ai reçu, quand il vous a plu, Madame, de m'établir votre procureur, pour vous procurer des nouvelles, tous les ordinaires. C'est la troisième.

L'exorde est fini ; la narration va commencer, et je ne m'en mêle point. Vous m'avez défendu les contes, Madame, je ne veux point aller contre vos ordres. Je ne saurois pourtant m'empêcher de vous écrire que M. Bérengani s'étoit fait faire un habit particulier, pour aller danser la *Furlane* au bal de M. Colt : il a changé ; et je ne sais à quoi attribuer ce changement, qu'aux vaisseaux vénitiens qui sont arrivés.

J'ai vu milord Montaigu : il est peu satisfait de la réception que ses gens vous ont faite, à Ditton. Il prétend réparer leur faute, à votre retour; et si vous lui permettez de se trouver chez lui, quand vous y logerez, je ne doute point qu'il ne brûle sa maison, comme le comte de Villa Médiana brûla la sienne, pour un sujet de moindre mérite [1].

Sus Amores son mas que reales.

LXIV.

BILLET A LA MÊME.

Si vous avez eu dessein de reconnoître combien vous êtes nécessaire au monde, vous pouvez satisfaire votre curiosité, dans votre petite absence. Il y a un *Concetto* espagnol, que je vous appliquerois, si je ne haïssois trop le style figuré. *Quand le soleil s'éclipse*, dit l'auteur du Con-

---

[1]. Sur l'aventure tragique de la comtesse de Villa Mediana, voy. le Tallemant de M. P. Paris, tom. I, pag. 456 et suiv.

cetto, *c'est pour faire connoître au monde combien il est difficile de se passer de lui.* Votre éclipse fait sentir aux milords Montaigu, Godolphin, Arran et autres, la difficulté qu'il y a de vivre, sans votre lumière. Je défie tous les Espagnols et tous les Italiens de pousser plus loin une figure. Tout est triste à Londres, depuis que vous n'y êtes plus. Il n'en est pas de même à Chelsey, où votre philosophie vous fait goûter la retraite, assez délicieusement. Ménagez la tristesse de vos amis par des intervalles de présence.

Sur les ailes du temps la tristesse s'envole.

Montrez-vous de temps en temps, ou du moins laissez-vous voir à Chelsey. *Tuyo hasta la muerte.*

LXV.

BILLET A LA MÊME.

(1695.)

ous me reprochez ma négligence de n'avoir pas fait des lettres pour vous; je vous reproche avec plus de raison votre paresse de n'en pas faire pour vous-même. J'ai vu un temps que la construction ne vous manquoit pas moins que l'orthographe : vos pensées valoient toujours mieux que les miennes; j'en entendois mieux que vous la liaison, et je vous étois en quelque façon nécessaire. Présentement, il n'y a rien que vous ne sachiez; et c'est une trop grande nonchalance de ne vouloir pas écrire à M. de Miremont et à milord Essex. Vous voulez des lettres brillantes, dans les plus simples complimens. J'ai mal réussi à ma lettre de milord Gallway, pour ce style; je réussirois plus mal encore, en celles que vous me demandez. Quand j'aurois eu autrefois quelque imagination, vous auriez tort d'en vouloir trouver aujourd'hui quelque misérable reste : je n'en ai plus; et la perte en doit moins être attribuée à ma vieil-

lesse qu'à votre absence qui a terni mes esprits. Je ne vais pas plus loin en prose, je vous parlerai en vers de ma mort.

> Non, non, ma peine est trop dure;
> Je sens bien qu'il faut mourir:
> Mais ce n'est pas la nature,
> Pour m'avoir fait trop vieillir,
> Qui m'ouvre la sépulture;
> C'est le mortel déplaisir

Que vous ne parliez pas encor de revenir.

Milord Montaigu revient aujourd'hui de la maison que ce nouveau comte de Villa Mediana doit brûler, pour l'amour de vous. Milord Godolphin est à Windsor. Mme Harvey ne parle que de vous; aussi doit-elle être bien satisfaite des compliments que je lui ai faits de votre part. Ne soyez pas surprise de ne voir ni *duchesse*, ni *madame* même, dans ma lettre : vous êtes au-dessus des titres; et il me semble qu'on ôte à votre mérite tout ce qu'on donne à votre qualité.

Vous savez que la discorde aux crins de serpent s'est glissée dans la Société des Jésuites, et que le pape est bien empêché à faire l'accommodement du général avec les provinciaux, à réunir le chef et les membres : *Per quæ quis peccavit, per eadem punitur.* Il faut avouer pourtant que cette noire déesse est bien ingrate, de troubler des sujets qui l'ont toujours si avantageusement servie.

LXVI.

A LA MÊME.

Es lettres sont venues : les nouvelles sont que la tranchée de Casal est ouverte[1]; celle de Namur l'est assurément; M. de Boufflers est dedans : les uns veulent qu'il s'y soit jeté à dessein de soutenir le siége; les autres, qu'il n'ait pu en sortir. Cette lettre est d'un Lacédémonien; la première sera d'un citoyen d'Athènes. *Hasta.*

1. Forte place de Casal, fut rendue par M. de Crenan, au duc de Savoie, le 11 juillet 1695. Quant à Namur, voy. *Inf.*, p. 314.

LXVII.

A LA MÊME.

Je vous envoie un petit livre[1] où vous trouverez beaucoup de choses que vous avez déjà vues, mais qui ne laisseront pas de vous divertir. Il y a trois ou quatre portraits de Bussi que vous n'avez point vus ; celui du roi de France, de M. le cardinal Mazarin, de M. de Turenne, etc. Je ne pense pas que celui de M. de Turenne plaise fort à la maison de Bouillon. Le plus ressemblant est celui de M. le prince de Conti, mais il est trop court ; celui du roi, mais il est trop long. Les louanges le mieux méritées doivent être plus resserrées qu'étendues.

J'ai mille compliments à vous faire de tout Sommerset-House ; de Mlle Beverweert qui revint avant-hier de Windsor, et qui s'en retourne demain ; de Mme la comtesse d'Arlington, occupée à de nouvelles chambres qu'elle fait bâtir ou rebâtir, je ne sais lequel ; de milord Feversham, et de Mlle de Malauze. *Hasta*.

1. *Le Portefeuille de M. L. D. E.* ***, imprimé en 1695, en Hollande, in-12.

LXVIII.

A LA MÊME.

Je vous ai envoyé ce matin les gazettes : je n'ai point encore les nouvelles à la main ; mais l'impatience que j'ai de vous obéir m'a empêché de les attendre. Je vous envoie par le petit sénateur[1] le second tome du MENAGIANA, assez curieux : il me satisfait beaucoup davantage que le premier. Nous espérons que vous viendrez demain chez milord Montaigu ; milord Godolphin s'y attend : mais ce qui est plus que tout cela, M. Hampden y doit être, ayant juré qu'il ne vouloit se rendre au monde que par vous : vous lui êtes ce que le maréchal de Clérambaut et le maréchal de Créqui m'ont été : TOUT LE MONDE. Si vous avez écrit au roi, le jour que vous aviez résolu de lui écrire votre lettre sublime, votre lettre est à Versailles ; car le paquebot a été pris, la malle prise portée à Dunkerque, et de Dunkerque envoyée à Versailles : pour la mienne, cela est sûr ; il y a deux paquebots

---

1. C'est ainsi que Saint-Evremond nommoit un de ses valets, qui avoit l'air grave d'un sénateur.

pris. Voilà des aventures bizarres ; je crois que vous ne vous en mettez pas fort en peine : pour mon particulier, je ne m'en soucie pas.

LXIX.

A LA MÊME.

Jamais lettre ne m'a donné tant de plaisir que la vôtre, Madame, m'en auroit fait, si elle avoit été écrite à quelque autre : les imaginations y sont vives, les applications heureuses : par malheur pour moi, tout cet esprit-là s'exerce à mes dépens. Ma *très-humble et très-obéissante servante* laisse voir un chagrin ingénieux, qui met au désespoir son très-humble et très-obéissant serviteur. J'aurois pu supporter une colère brusque et impétueuse : ma patience a été souvent à l'épreuve de ces sortes de mouvements ; mais une colère spirituelle et méditée me déconcerte, et me met inutilement en peine d'en deviner le sujet. Je m'examine ; et plus je m'étudie à découvrir ma faute, plus je trouve de raisons à devoir espérer vos bonnes grâces. Si Parménion a failli, à qui peut-on se fier ? S'il est innocent, que peut-on faire, quelle conduite nous peut assurer? Je vous réponds, madame, que Parménion n'est coupable en rien. De Parménion on passe aisément aux généraux. Je ne blâme point ceux qui vivent; mais je n'ai loué que les morts, et l'on s'aperçoit déjà qu'ils étoient louables. La prise de Namur[1] m'exciteroit à quelque belle production; mais depuis que mon étoile s'est cachée, et que ses influences m'ont manqué, mes talents se sont évanouis. Voilà bien des discours inutiles. Si je voyois encore une de vos lettres, signée DULCINÉE, et qu'il me fût permis de signer les miennes, comme autrefois: *El Cavallero de la triste figura*, quelle joie!

Hasta la muerte ne me peut être défendu; car il dépend de moi d'être toujours, comme je le serai sûrement, ou *Chevalier de la triste figure*, ou votre très-humble et très-obéissant serviteur.

---

1. Namur fut prise par le roi Guillaume, le 4 août, et le château le 2 septembre 1695. Le maréchal de Villeroi ne put l'empêcher. M. de Boufflers s'y défendit héroïquement. Le maréchal de Luxembourg étoit mort le 4 janvier.

LXX.

A LA MÊME.

E *bon air de Chelsey, et le repos de la solitude, ne laissent douter ni de votre santé, ni de la tranquillité de votre âme.* C'est le commencement de la lettre d'un philosophe, écrite à un plus grand philosophe que lui : il ne peut soutenir sa philosophie plus longtemps ; le souvenir de votre chagrin contre lui l'a démonté : il espère, cependant, que son innocence et votre équité lui permettront de finir par *Tuyo hasta la muerte, el Cavallero de la triste figura.*

On m'a parlé d'un moineau, le roi de tous les moineaux : on dit qu'il siffle, qu'il est privé au delà de tout ce qu'on vit jamais ; qu'il fait mille badineries que les moineaux n'ont pas accoutumé de faire. Ce grand mérite m'a donné la curiosité de le voir : j'y ai trouvé tout ce qu'on m'en avoit dit, hors la rareté de siffler, qu'on remit à une autre fois qu'il seroit de meilleure humeur. Le dernier mot, huit schillings : trop peu pour un moineau-rossignol ; trop pour un moineau simple, quelque privé qu'il soit.

LXXI.

LETTRE A MONSIEUR LE MARQUIS DE SAISSAC, AU NOM DE MADAME LA DUCHESSE MAZARIN.

(1696.)

Il faut commencer ma lettre par des remercîments, et vous dire en peu de paroles, que je vous suis extrêmement obligée du soin que vous prenez de mes intérêts. Cela mérite bien que je vous déclare avec franchise les véritables sentiments que j'ai sur mon retour : j'ai les mêmes que j'ai toujours eus ; c'est de pouvoir payer mes dettes, pour avoir la liberté de sortir d'Angleterre. Voilà mes intentions pour le retour. Si vous aviez eu la curiosité de savoir l'état de mes affaires, je vous aurois dit qu'il n'a jamais été si mauvais qu'il est présentement. Je continue à vivre d'emprunts ; et le plus grand mal, c'est que je ne vois pas le moyen d'emprunter davantage. Je sais bien qu'il ne tiendroit pas à vos diligences que je ne fusse soulagée. Vous n'avez pas pu faire plus que vous n'avez fait ; vous m'en laissez l'obligation, sans que j'en reçoive le soulagement.

L'avocat de M. Mazarin¹ manque de bonnes raisons; mais il répare la foiblesse de son discours par le bon tour qu'il y donne : il faut avouer qu'il est délicat en raillerie. Notre ami commun M. de Saint-Evremond aime tant le ridicule, qu'il se plaît même à celui qu'on lui donne. *Il ne sait pas*, dit-il, *si l'avocat a eu plus de plaisir de le donner, que lui de le recevoir, étant aussi ingénieusement tourné qu'il est.* Toute malice qu'on exerce, fût-ce contre lui-même, lui est agréable. Beau naturel, qui s'est maintenu, dans sa pureté, quatre-vingts ans!

Je retourne, sur la fin de ma lettre, aux compliments que je vous ai faits en la commençant. Je vous prie de croire que je serai toute ma vie, sensible à votre amitié, et reconnoissante des plaisirs que vous m'avez faits.

1. M. Érard. Sa réplique à Saint-Evremond fut bien supérieure à son premier mémoire, contre la duchesse Mazarin.

LXXII.

LETTRE A LA DUCHESSE MAZARIN.

Vous m'avez commandé d'écrire à M. de Saissac, et j'ai écrit : vous m'avez commandé d'*écrire en normand*, et je m'en suis si bien acquitté, que je défie M. de Saissac de connoître si vous vous louez, ou si vous vous plaignez, qu'il se soit contenté de vous donner des soins inutiles, quand vous pouviez attendre des effets de ses promesses. Mille compliments, s'il vous plaît, à M. le duc de Saint-Albans. Mon petit CONCERT est achevé : s'il le croit digne de son cabinet, je le ferai copier, à ses dépens, s'entend. Je suis le premier auteur en prose, vers et musique, qui se ruine en copistes : il faut que mes ouvrages ne vaillent pas grand'chose[1].

1. Ses ouvrages de musique étoient, en effet, détestables.

LXXIII.

A LA MÊME.

Le mouton de Windsor cède au mouton de Bath ;
    C'est la décision d'Hortense :
    Bath aura donc la préférence.
Windsor ne le sauroit disputer désormais,
    Et la chose en est si certaine,
    Que monsieur le duc de Nevers,
    Pourroit vous nommer, dans ses vers,
Des bons goûts d'aujourd'hui, la Métropolitaine.

Votre mouton sera donc servi à l'exclusion de tout autre. Mes dîners sont dîners d'aventure, qui ressemblent fort à ceux des Théatins, qui se mettent à table, sans savoir s'ils auront de quoi manger. Ces repas de la Providence ne laissent pas d'être quelquefois bons, par le soin de ceux qui apportent. Si vous voulez du fruit, apportez-en : du vin, j'en ai de bon. Vous tiendrez lieu de toutes choses : les conviés seront trop heureux de vous voir, et moi le premier, qui mets tout mon bonheur dans une vue si précieuse. Il ne pleut que PARODIES[1]. La dernière

---

1. Après que le roi Guillaume eut repris Namur

que je vous ai envoyée est peut-être celle dont milord Montaigu vouloit parler. Pour l'autre, *je ne veux point écrire contre celui qui peut proscrire.* Vous savez assez les anciens et les modernes, pour entendre ce dit-là, et en faire l'application.

LXXIV.

BILLET A MADAME LA DUCHESSE MAZARIN.

(1696.)

Trois mots de votre lettre valent trois volumes : *Je ne me suis jamais mieux portée : je n'ai jamais été plus belle.* Je suis ravi de ce qui regarde la santé ; je ne suis point surpris de ce que vous dites de la beauté : vous ne nous apprenez rien. Il est vrai que l'air dont vous en parlez a un agrément que je ne saurois exprimer. J'en étois si pénétré, que je n'ai pu m'empêcher de le dire à milord Sunderland et à milord Mulgrave[1]

1695, plusieurs personnes se divertirent en Angleterre, aussi bien qu'en Hollande, à parodier l'ode que Despréaux avoit faite, sur la prise de cette place par Louis XIV, en 1692. Louis XV reprit Namur en 1746.

1. Ensuite duc de Buckingham et de Normanby.

qui étoit chez lui. *Jamais*, ont-ils dit, *confiance n'a été si noble, si juste et si bien fondée.* Milord Sunderland a ajouté que tous les dits des anciens et des modernes ne valoient point cela.

Quelque avantage que je tire de l'absence, Mouton de Bath, Lapins, douceurs dans les lettres; quelques chagrins que j'aie à essuyer sur mon inquiétude, sur mes chiens, et les oiseaux, à votre retour, je ne laisse pas de le désirer passionnément. Milord Montaigu s'attend d'être averti du bienheureux jour de votre passage.

LXXV.

A LA MÊME.

J'ATTENDOIS à vous écrire que la poste fût arrivée, pour vous mander quelque nouvelle : mon impatience ne peut souffrir aucun retardement; il faut que j'apprenne des nouvelles de votre santé par vous-même. Je n'ai pu commencer ma lettre, comme les anciens commençoient les leurs : *Si vous vous portez bien, je me porte bien.* Le bon état où vous êtes peut bien me soulager dans le méchant où je suis; mais qu'il ait la vertu de me donner autant de santé que vous en avez,

> Ah ! c'est une influence,
> Bel astre de mes jours,
> Dont mon expérience
> Ignore le secours.
Vous voir à table et vous entendre,
A quelque chose de bien doux ;
C'est le plus grand plaisir de tous,
Au moins de ceux que je puis prendre :
Mais ayez à votre logis
Plus de vin, et moins d'eau d'anis.

LXXVI.

A LA MÊME.

Votre lettre, Madame, vaut mieux que tout ce que je vous ai écrit. L'orthographe n'est que trop exacte : il n'est pas de la dignité d'une personne si considérable de bien orthographier ; il faut laisser cela aux auteurs, que je défie de placer une Arcabonne et un Amadis, si bien que vous avez fait. Vous pouvez être Arcabonne, un peu moins méchante, mais plus capable d'enchanter, que celle de vos Amadis. Le personnage d'Amadis me convient, par la pénitence que votre éloignement me fait faire.

> Mais l'*inconnu si généreux*
> Qui ne *parut que trop aimable*,
> Dont il *revient sans cesse une image agréable*,
> Hélas! ne convient point au vieillard malheureux.

LXXVII.

BILLET A LA MÊME.

(1696.)

EN revenant de chez vous, Madame, j'ai trouvé M. Villiers, qui m'a dit que vous lui aviez ordonné d'aller dîner lundi chez vous, à Chelsey, et de m'y mener : j'ai peine à le croire, vous ayant ouï dire que vous viendriez à Londres. J'envoie savoir ou la vérité ou la méprise de la chose, pour me conformer à vos intentions, et les faire savoir à M. Villiers. Moyse[1] m'a fait aller à pied la moitié du chemin, me parlant de vous de telle manière que de huit cents femmes ou maîtresses de Salomon, il n'y en avoit pas

---

1. Riche marchand juif, de Londres, nouvellement reçu chez la duchesse, et qui lui prêta de l'argent.

une qui approchât de votre esprit, de votre beauté et de vos charmes. Pour tout comprendre, s'il est le maître de la boutique, nous pourrons faire de belles emplettes.

Tuyo, Hasta la Muerte.

LXXVIII.

A LA MÊME.

Je ne me consolerois pas, Madame, du déréglement de votre visite, si je ne croyois que la maison de M. le duc de Richemond vous aura fait perdre la vilaine idée de la mienne. Comment est-ce qu'un homme infecté des ordures de ses chiens et des siennes, peut être souffert par deux malades de propreté? Je crains plus encore M. Villiers que vous : cependant, Madame, j'ai été ravi de le voir, étant assuré que M. Milon ne vous suivoit pas, avec l'exhortation funeste dont il me menace depuis longtemps : je lui en prépare une pour bien vivre, qui vaudra du moins celle qu'il me fera pour bien mourir. J'admire la discrétion de mes chiens : eux qui dévorent tout le monde, ne vous ont approchée que pour vous rendre leurs respects :

je les avois instruits, et c'étoient plutôt les miens que les leurs, qu'ils vous rendoient.

LXXIX.

A LA MÊME.

Les vieillards ne dorment guère : quand ils vous voient partir à dix heures du soir, ils ne dorment point du tout. La nuit se passe avec des inquiétudes extraordinaires qu'il ne vous soit arrivé quelque désordre. Ne pouvant, et voulant moins me donner de bonnes nuits, je vous demande la grâce de ne m'en donner point de mauvaises; c'est-à-dire que vous marchiez toujours à la clarté du soleil, sans vous commettre aux voleurs, aux ivrognes, aux insolents. En Italie, Mustapha partageroit le danger avec vous; en Angleterre, vous êtes seule à courir le risque. Le rétablissement du *Chevalier de la triste figure* me donne des idées toutes nouvelles : quand je verrai Dulcinée au bas de vos lettres, ce sera bien autre chose.

LXXX.

A LA MÊME.

Il m'arrive aujourd'hui ce qui m'est arrivé une autre fois, après les repas de milord Montaigu[1]. Il me souvient bien que je devois aller à Chelsey, lundi ou mardi; mais je ne sais si c'est aujourd'hui ou demain. Jugez en quel état je pouvois être, puisque je n'entendis pas nettement une permission, dont tant de gens feroient leur plus grand bien. Je vous porterai ce que j'ai écrit : tout me semble bien lié, il ne reste qu'à le mettre au net; j'y vais travailler. *Le vôtre jusqu'à la mort*, qui ne seroit pas éloignée, si j'avois souvent d'aussi cruelles vapeurs que j'ai eu cette nuit.

Le Chevalier de la triste figure.

APOSTILLE.

Mon petit sénateur ne vous trouvera pas criblant du blé, mais frottant, lavant, net-

---

1. Milord Montaigu affectionnait beaucoup Saint-Évremond, auquel il avoit pris cinq cents livres sterling, à fonds perdu pour cent livres sterling de rente viagère.

toyant avec Mustapha, dont vous me permettrez de me dire serviteur[1].

LXXXI.

BILLET A LA MÊME.

(1696.)

JE n'ai rien oublié pour chercher Paisible, et lui faire savoir vos volontés. Le hasard a plus fait que mes soins et mes diligences : je l'ai rencontré, et lui ai dit ce que vous désiriez de ce grand et paresseux musicien. Il m'a dit qu'il ne souhaitoit rien davantage que les occasions de vous pouvoir témoigner son obéissance, avec des manières qui sentent un *homme bien nourri*, comme on dit en Espagne, et des termes qu'il peut avoir appris dans sa petite bibliothèque. Le résultat, c'est qu'il va aux bains dans peu de jours, et qu'à son retour, il n'oubliera rien pour vous consoler de la perte de votre Boulé.

---

1. La duchesse Mazarin étoit si maniaque de propreté, qu'elle faisoit souvent *mapper* et *brosser* son appartement, deux ou trois fois le jour.

Votre absence fait crier milord d'Arran[1], et plaindre M. Villiers. Sir Robert Thorold, plus judicieux, après m'avoir témoigné son déplaisir de n'avoir pas l'honneur de vous avoir, m'a dit qu'il avoit un excellent jambon et de très-bon vin; qu'il souhaiteroit que vous lui fissiez l'honneur de dîner chez lui, avec les gens que vous nommeriez, et telle cour qu'il vous plairoit. J'ai plus estimé cela que les cris et les plaintes, qui ne peuvent pas être plus grandes qu'elles sont sur votre absence; mais cela *verba et voces*, voix et paroles. Sir Robert est essentiel. *Hasta*.

LXXXII.

A LA MÊME.

Si vous continuez dans le dessein d'honorer votre serviteur de votre présence, mercredi, vous donnerez ordre, s'il vous plaît, que linge et assiettes soient fournis, dans une maison qui manque de tout, hormis d'affection à vous y bien recevoir. Je ne parle point de la longe de veau : ce n'est pas simplement un épisode, pour embel-

---

1. Plus tard duc d'Hamilton.

lir la pièce; elle est de l'essence du sujet, dans le repas poétique, où vous avez bien voulu vous convier. L'auteur vous fournira tant de métaphores et d'autres figures qu'il vous plaira.

> Qui veut du fruit, en apporte;
> Mon repas est fait de sorte,
> Que, pour le vin, en boira
> Celui qui l'apportera.

Pour ce qui regarde la propreté, vous la trouverez entière.

> Sus petit sénateur romain,
> Sus Franc, et fille
> De la famille,
> La *brosse* en main.

LXXXIII.

BILLET A LA MÊME.

(1697?)

Si je suis utile à votre service; si ma vieillesse a quelque agrément pour une duchesse philosophe, qui préfère les Priams et les Nestors à des Adonis impertinents, je prendrai un carrosse pour vous aller trouver. Si mon inutilité pour l'intérêt, et mon désagrément pour le commerce, me dispensent de mon devoir ordinaire, je demeurerai auprès de mon feu, jusqu'à deux heures, que j'aurai l'honneur de vous voir.

LXXXIV.

A LA MÊME.

Le plaisir de vous voir est le plus grand que l'on puisse désirer; celui de vous attendre n'est pas médiocre, et j'ai goûté ce dernier, huit heures durant, à Saint-James[1]. Je pars pour faire les commissions que vous me faites l'honneur de me donner. Je ne manquerai pas de me trouver, à l'heure qui m'est ordonnée : j'ai trop d'intérêt à n'y manquer pas.

1. Ce n'est pas la seule fois que la duchesse a fait ainsi attendre Saint-Évremond.

LXXXV.

A LA MÊME.

Comme tout le monde vous donne des fruits, je n'ai pas voulu être le seul qui ne vous en donne pas. Recevez des pêches d'un homme qui n'a pas de jardin, d'aussi bon cœur qu'il vous les donne. Je ne devois pas me servir du mot de cœur : ce mot-là ne doit non plus sortir de la bouche d'un homme de mon âge, que celui de santé. Mais sans cœur, sans santé, je suis *Hasta la Muerte*, etc.

> C'est un fort méchant personnage,
> Que d'être vieux, sans être sage.
> Mais si je suis au rang des fous,
> Ce ne peut être que par vous.
> Conserver sa raison, en vous voyant si belle,
> Seroit une vertu trop au-dessus de moi, etc.

LXXXVI.

BILLET A MADAME LA DUCHESSE MAZARIN.

(1697.)

Il est arrivé un exprès, qui dit que le maréchal de Boufflers et milord Portland se sont parlés, entre les deux camps, par une espèce d'entrevue. Raisonnements, dans le parc, infinis. Pour moi, qui me suis dévoué aux événements, je laisse aux Lardons[1] les discours généraux, les conjectures aux pénétrants, le droit des visions aux spéculatifs.

1. On trouve, dans le journal de Dangeau, de curieuses notes sur les *Lardons*, publication périodique, politique et satirique de ce temps-là. Saint-Evremond annonce ici à la duchesse les préliminaires de la paix de Riswyck. Son cœur françois en fut vivement réjoui, et sa muse, plus qu'octogénaire, trouva même des rimes, pour célébrer cet événement, dont il faisoit honneur au roi Guillaume qui le combloit de ses bontés.

LXXXVII.

BILLET A LA MÊME.

(1698.)

MILORD Godolphin a fait passer un melon par mes mains, pour être mis dans les vôtres. J'y ajoute un peu de pois, sans parchemin, comme on les appelle en mon pays. On m'a dit que vous étiez hier à Londres; je devois bien en être averti. Vos règles sont générales. Si quelqu'un en devroit être exempt, ce seroit le chevalier de la triste figure.

>Votre absence a fait ses lois
>Égales, nécessaires :
>Nul ne s'en a su parer;
>Apprenez, âmes vulgaires,
>A souffrir sans murmurer [1].

Hasta la Muerte.

---

1. Imitation de Malherbe.

LXXXVIII.

A LA MÊME.

Vous aurez la bonté, s'il vous plaît, de vous trouver, à deux heures, au parloir, où vous n'avez pas dédaigné de vous trouver, du temps du marquis de Créqui[1]. Vous y verrez un petit espace couvert d'herbes de senteur. Il me semble que milord Ranelagh y devroit être. J'avois la réputation de me connoître bien en vin et en viande. Je confesse mon ignorance pour le fruit, et je suis trop vieux pour apprendre des sciences nouvelles ; trop heureux si je n'ai pas oublié celles que j'avois apprises. Honorer votre grâce est ce que sait et saura toujours, *Hasta la Muerte, el cavallero*, etc.

---

1. L'ancien ami de Saint-Evremond, dont il est souvent parlé dans ces volumes, et pour qui Mme de la Suze faisoit ces jolis vers :

> Si j'avois la vivacité
> Qui fait briller Coulanges ;
> Si je possédois la beauté
> Qui fait régner Fontanges ;
> Ou si j'étois comme Conti
> Des grâces le modèle ;
> Tout cela seroit pour Créqui,
> Dût-il m'être infidèle.

LXXXIX.

BILLET A LA MÊME.

(1698.)

MILORD Devonshire a dit à Brunet, qu'il voudroit bien avoir l'honneur de prendre congé de vous, avant que d'aller à sa maison de campagne; qu'il savoit bien qu'on vous avoit voulu donner de méchantes impressions de lui, qu'il n'a point méritées. Ma maxime est de n'être pas content de beaucoup de choses, et de n'en témoigner rien. C'est se livrer à son ennemi que de le menacer, ou s'en faire de ceux qui ne le voudroient pas être, quand on leur fait voir du mécontentement. Dieu rejette les tièdes: mais le monde les doit souffrir. Milord Devonshire ne se seroit pas laissé manger le ventre par un renard, comme le jeune Lacédémonien, sans parler. Il n'y a pas de constance; mais il n'y auroit pas eu grand crime à parler: on lui auroit pardonné, et je crois que vous pardonnerez à milord Devonshire. Votre résolution est bonne, de vouloir vivre sans dettes et commodément. L'argent et le mérite ne sont pas choses incompatibles. Quand ils seroient mal ensemble, c'est une chose digne de vous que de les concilier. Vous avez le dernier, dans sa perfection : je souhaite que la fortune vous donne l'autre. Personne n'en feroit un si bon usage.

Je vous envoie un livre nouveau des AMOURS DE HENRI LE GRAND[1], très-bien écrit et très-agréable. Si l'auteur n'y avoit pas mis toute entière la CONFESSION DE MONSIEUR DE SANCY, sous le titre de *Manifeste du Roi sur son divorce*, je l'estimerois beaucoup.

XC.

A LA MÊME.

MILORD Godolphin, ayant une affaire dont il ne peut se dispenser, et ne pouvant se trouver à la pêche, la partie a été remise. Milord Ranelagh s'est chargé de vous le faire savoir; et en tous cas, pour plus grande sûreté, je vous l'écris

---

1. Saint-Evremond ne donne point ici le titre exact du livre, qui est : *les Amours de Henri IV, avec ses lettres*, etc. Amsterd., 1695, pet. in-8. Voy. Brunet, t. I, p. 242.

moi-même. Le premier de ces milords m'a envoyé six lapins, pour vous faire tenir : on diroit que je parle d'une lettre. Comme le paquet est gros, j'ai retenu un lapin pour me payer du port, ou si vous l'aimez mieux, pour le droit d'avis. Je voudrois que tous les donneurs d'avis fussent aussi modestes, sur leurs droits, que je le suis sur les miens : un pour six n'est pas trop. Milord d'Arran, ou n'a pu, ou n'a pas voulu m'expliquer l'anglais qui est dans votre lettre ; il se dit malheureux en amour, peu avancé en mariage, reculé en politique ; et que le roi Jacques n'est pas plus malheureux d'avoir perdu ses trois royaumes, que lui de n'avoir plus aucun accès dans votre maison. Comme je ne suis pas heureux en chute, à la fin de mes lettres, je dirai brusquement : *Hasta*.

XCI.

A LA MÊME.

C'EST trop que d'être deux jours sans savoir de vos nouvelles. J'en ai demandé deux fois le jour à Saint-James sans en apprendre : vous aurez la bonté d'en faire dire au petit sénateur. Si vous vous portez bien, je ne saurois me porter mal. Votre santé a fait jusqu'ici la mienne : je souhaite que cette influence-là dure longtemps. Si vos champs, plus fertiles et moins brûlés du soleil que celui de Montiel[1], vous donnent de petites fèves, vous contenteriez un appétit qui se peut nommer une fantaisie, tant il est déréglé. Le champ de Montiel vous est assez connu, sans que j'aie besoin de vous l'expliquer. J'y laisse Don Quichotte, et ne prends de lui que *Hasta la Muerte,* fin ordinaire de mes lettres.

1. Résidence de milord Montaigu, où étoit en ce moment Saint-Evremond.

XCII.

BILLET A LA MÊME[1].

(1698.)

L'AFFREUSE retraite dont vous me parlez ne la sauroit être pour vous, plus que pour moi. Quand vous êtes contente, je suis satisfait : quand vous avez à vous plaindre de votre condition, c'est un sujet de me plaindre de la mienne. J'attends de votre fermeté, que vous souffrirez encore quelque temps, le méchant état de vos affaires; et de votre bon sens, que l'illusion des faux biens imaginaires ne prendra aucun pouvoir sur votre esprit. Espérez, Madame; vos embarras finiront. Quittez la bière, buvez votre vin, et faites venir à *Mustapha*[2] ses inspirations ordinaires, quand il a bu. Cela vaut mieux contre la mauvaise fortune que la CONSOLATION de *Senèque à Marcia*[3].

---

1. Dernier billet connu de Saint-Évremond à la duchesse.
2. Jeune turc, au service de la duchesse.
3. Mme de Mazarin est morte le 20 juin 1699, à Chelsey. Voy. l'*Histoire de Saint-Évremond* et les lettres qui suivent au marquis de Canaples.

XCI.

A LA MÊME.

'EST trop que d'être deux jours sans savoir de vos nouvelles. J'en ai demandé deux fois le jour à Saint-James sans en apprendre : vous aurez la bonté d'en faire dire au petit sénateur. Si vous vous portez bien, je ne saurois me porter mal. Votre santé a fait jusqu'ici la mienne : je souhaite que cette influence-là dure longtemps. Si vos champs, plus fertiles et moins brûlés du soleil que celui de Montiel[1], vous donnent de petites fèves, vous contenteriez un appétit qui se peut nommer une fantaisie, tant il est déréglé. Le champ de Montiel vous est assez connu, sans que j'aie besoin de vous l'expliquer. J'y laisse Don Quichotte, et ne prends de lui que *Hasta la Muerte*, fin ordinaire de mes lettres.

1. Résidence de milord Montaigu, où étoit en ce moment Saint-Evremond.

XCII.

BILLET A LA MÊME[1].

(1698.)

'AFFREUSE retraite dont vous me parlez ne la sauroit être pour vous, plus que pour moi. Quand vous êtes contente, je suis satisfait : quand vous avez à vous plaindre de votre condition, c'est un sujet de me plaindre de la mienne. J'attends de votre fermeté, que vous souffrirez encore quelque temps, le méchant état de vos affaires; et de votre bon sens, que l'illusion des faux biens imaginaires ne prendra aucun pouvoir sur votre esprit. Espérez, Madame; vos embarras finiront. Quittez la bière, buvez votre vin, et faites venir à *Mustapha*[2] ses inspirations ordinaires, quand il a bu. Cela vaut mieux contre la mauvaise fortune que la CONSOLATION de *Senèque* à *Marcia*[3].

1. Dernier billet connu de Saint-Évremond à la duchesse.
2. Jeune turc, au service de la duchesse.
3. Mme de Mazarin est morte le 20 juin 1699, à Chelsey. Voy. l'*Histoire de Saint-Evremond* et les lettres qui suivent au marquis de Canaples.

XCIII.

LETTRE AU MARQUIS DE CANAPLES [1].

(1699.)

Vous ne pouviez pas, Monsieur, me donner de meilleures marques de votre amitié qu'en une occasion où j'ai besoin de la tendresse de mes amis et de la force de mon esprit, pour me consoler. Quand je n'aurois que trente ans, il me seroit difficile de pouvoir rétablir l'agrément d'un pareil commerce : à l'âge où je suis, il m'est impossible de le remplacer. Le vôtre, Monsieur, et celui de quelques personnes qui prennent part encore à mes intérêts, me seroient d'un grand secours à Paris : je ne balancerois pas à l'aller chercher, si les incommodités de la dernière vieillesse n'y apportoient un grand obstacle. D'ailleurs que ferois-je à Paris, que me cacher ou me présenter avec différentes horreurs : souvent malade, toujours

---

1. Alphonse de Créqui, marquis ou comte de Canaples, frère de François de Créqui, maréchal de France, dont il a été souvent question dans les Œuvres de Saint-Evremond.

caduc, décrépit? On pourroit dire de moi ce que disoit Mme de Cornuel d'une dame : *Je voudrois bien savoir le cimetière où elle va renouveler de carcasse.* Voilà de bonnes raisons pour ne pas quitter l'Angleterre. La plus forte, c'est que le peu de bien que j'ai ne pourroit pas passer la mer avec moi ; il me seroit comme impossible de le tirer d'ici : c'est presque rien ; mais je vis de ce rien-là. Mme Mazarin m'a dû jusqu'à huit cents livres sterling : elle me devoit encore quatre cents guinées, quand elle est morte. Assurément elle disposoit de ce que j'avois, plus que moi-même : les extrémités où elle s'est trouvée sont inconcevables. Je voudrois avoir donné ce qui me reste, et qu'elle vécût. Vous y perdez une de vos meilleures amies : vous ne sauriez croire combien elle a été regrettée du public et des particuliers. Elle a eu tant d'indifférence pour la vie, qu'on auroit cru qu'elle n'étoit pas fâchée de la perdre. Les Anglais, qui surpassent toutes les nations à mourir, la doivent regarder avec jalousie. Soyez assuré, Monsieur, que je suis, etc.

XCIV.

AU MÊME.

(1699.)

Je ne sais, Monsieur, si vous avez reçu la lettre que je me suis donné l'honneur de vous écrire, pour vous rendre grâces très-humbles des offres les plus obligeantes que l'on puisse faire. Je voudrais bien être en état de m'en pouvoir servir. La Nature dont j'ai eu tant de sujet de me louer, est sur le point de me retirer ses faveurs, et de me traiter comme elle a traité Mme Mazarin. C'est une cruauté pour Mme Mazarin, qui étoit aussi belle que jamais, et la même que vous l'avez vue. Elle s'est fort peu souciée de l'injustice qu'elle lui a faite, car jamais personne n'est mort avec plus de résignation et de fermeté. Je m'afflige de sa perte tous les jours. Elle disoit souvent un vers de La Fontaine, dont je ne doute point qu'elle ne se fût servie à mon égard, et dont je ne saurois me servir au sien :

Sur les ailes du temps la tristesse s'envole.

Je voudrois pouvoir faire ce qu'elle eût fait et ce que je ne saurois gagner sur moi. L'intérêt de ce qu'elle me devoit n'a aucune part à mes regrets. Quand je songe que la nièce et l'héritière de M. le cardinal Mazarin a eu besoin de moi, en certain temps, pour subsister, je fais des réflexions chrétiennes qui serviront à mon salut, si elles sont inutiles pour mon payement.

XCV.

CORRESPONDANCE DE SAINT-EVREMOND ET DE NINON DE LENCLOS[1].

(1684.)

Votre vie, ma très-chère, a été trop illustre pour n'être pas continuée de la même manière, jusqu'à la fin. Que l'*enfer* de M. de la Rochefoucault ne vous épouvante pas[2]; c'étoit un *enfer* médité, dont il vouloit faire une maxime. Prononcez donc le mot d'*amour* hardiment, et que celui de *vieille* ne sorte jamais de votre

---

1. Ninon signoit généralement son nom : *Lanclos*, comme on le voit par ses lettres autographes (*Causeries d'un curieux*, de M. Feuillet de Conches, t. II, p. 588). Il est ainsi écrit dans son acte de naissance, rapporté par M. Paulin-Pàris, sur Tallemant, VI, p. 12. Cependant l'acte de son décès porte : *Lenclos*, et tous les contemporains ont suivi cette orthographe, entre autres Tallemant, Saint-Simon et Mme de Sévigné. J'ai pu vérifier que c'est aussi celle de Saint-Evremond, et je la conserve, car Ninon elle-même l'a quelquefois écrit ainsi. Voy. la lettre insérée dans l'*Isographie*. Sur cette femme célèbre, voy. notre *Histoire de Saint-Evremond*.

2. L'enfer des femmes c'est la vieillesse, disoit un jour le duc de La Rochefoucault à Mlle de Lenclos. (Des Maizeaux.)

bouche. Il y a tant d'esprit dans votre bouche, il y a tant d'esprit dans votre lettre, que vous ne laissez pas même imaginer le commencement du retour. Quelle ingratitude d'avoir honte de nommer l'Amour, à qui vous devez votre mérite et vos plaisirs! Car enfin, ma belle gardeuse de cassette, la réputation de votre probité est particulièrement établie sur ce que vous avez résisté à des amants qui se fussent accommodés volontiers de l'argent de vos amis. Avouez toutes vos passions, pour faire valoir toutes vos vertus. Cependant vous n'avez exprimé que la moitié du caractère : il n'y a rien de mieux que la part qui regarde vos amis; rien de plus sec que ce qui regarde vos amants. En peu de vers, je veux faire le caractère entier, et le voici, formé de toutes les qualités que vous avez, ou que vous avez eues.

> Dans vos amours on vous trouvoit légère,
> En amitié toujours sûre et sincère;
> Pour vos amants, les humeurs de Vénus :
> Pour vos amis, les solides vertus.
> Quand les premiers vous nommoient infidèle,
> Et qu'asservis encore à votre loi,
> Ils reprochoient une flamme nouvelle,
> Les autres se louoient de votre bonne foi.
> Tantôt c'étoit le naturel d'Hélène,
> Ses appétits comme tous ses appas;
> Tantôt c'étoit la probité romaine,
> C'étoit d'honneur la règle et le compas.

Dans un couvent, en sœur dépositaire,
Vous auriez bien ménagé quelque affaire ;
Et dans le monde, à garder les dépôts,
On vous eût justement préférée aux dévots.

Que cette diversité ne surprenne point.

L'indulgente et sage Nature
A formé l'âme de Ninon
De la volupté d'Épicure
Et de la vertu de Caton.

XCVI.

MADEMOISELLE DE LENCLOS A SAINT-EVREMOND.

(1691.)

Je défie Dulcinée de sentir avec plus de joie le souvenir de son Chevalier. Votre lettre a été reçue comme elle le mérite, et la *triste figure* n'a point diminué le mérite des sentiments. Je suis touchée de leur force et de leur persévérance : conservez-les, à la honte de ceux qui se mêlent d'en juger. Je crois, comme vous, que les rides sont les marques de la sagesse. Je suis ravie que vos vertus extérieures ne vous attristent point : je tâche d'en user de même. Vous avez un ami[1], gouverneur de province, qui doit sa fortune à ses agréments; c'est le seul vieillard, qui ne soit pas ridicule, à la Cour. M. de Turenne ne vouloit vivre que pour le voir vieux : il le verroit père de famille, riche et plaisant. Il a plus dit de plaisanteries, sur sa nouvelle dignité, que les autres n'en ont pensé. M. d'Elbène, que vous appeliez *le Cunctator*, est mort à l'hôpital. Qu'est-ce que les jugements des hommes! Si M. d'Olonne vivoit[2] et qu'il eût lu la lettre que vous m'écrivez, il vous auroit continué votre qualité de *son philosophe*. M. de Lauzun est mon voisin : il recevra vos compliments. Je vous rends très-tendrement ceux de M. de Charleval. Je vous demande instamment de faire souvenir M. de Ruvigny de son amie de la rue des Tournelles.

1. Le comte de Grammont, qui venoit d'être nommé gouverneur du pays d'Aunis.
2. Louis de La Tremoille, comte d'Olonne, étoit mort le 3 février 1686, âgé de soixante ans.

XCVII.

LA MÊME A SAINT-EVREMOND [1].

Je n'ai rien dit, ni voulu dire, au bon petit bibliothécaire [2] : on doit parler le moins possible de ces sortes de choses. Les temps sont venus où j'ai tout oublié, hors mes amis. Jugez après cela si j'ai été éttonnée (*sic*) de vos nouvelles questions. A quoi songez-vous, qu'il me faut lire en lunettes ces histoires d'amour? que vous seriez sage si vous vous en teniez à votre Angleterre, et un peu à l'amitié que vous me devez, dont je suis digne par l'attachement que je vous porte! S. (Scarron) estoit mon ami; sa femme m'a donné mille plaisirs, par sa conversation; et, dans le temps, je l'ai trouvée trop gauche, pour l'amour. Quant aux détails, je ne

---

1. Je reproduis cette lettre, sous la responsabilité de M. Feuillet de Conches, possesseur de l'original, et qui l'a publiée dans ses *Causeries d'un curieux* (t. II, p. 588). Il en possède beaucoup d'autres, dont il nous promet la publication. Je partage l'opinion du *Curieux* spirituel et délicat, sur la lettre qui suit.

2. L'abbé Hautefeuille, bibliothécaire de la duchesse de Bouillon. Voy. *infra*, page 397.

sais rien, je n'ai rien vu, mais je lui ai prêté souvent ma chambre jaune, à elle et à Villarseaux.

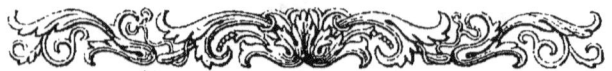

XCVIII.

LA MÊME A SAINT-EVREMOND.

(1693.)

Monsieur de Charleval vient de mourir[1], et j'en suis si affligée que je cherche à me consoler, par la part que je sais que vous y prendrez. Je le voyois tous les jours ; son esprit avoit tous les charmes de la jeunesse et son cœur toute la bonté et la tendresse désirable, dans les véritables amis. Nous parlions souvent de vous et de tous les originaux de notre temps : sa vie et celle que je mène présentement avoient beaucoup de rapport ; enfin c'est plus que de mourir soi-même, qu'une pareille perte. Mandez-moi de vos nouvelles. Je m'intéresse à votre vie à Londres, comme si vous étiez ici : et les

---

1. Charleval mourut le 8 mars 1693, âgé de soixante-treize ans. Voy., sur son sujet, les *Mélanges de Vigneul-Marville*, t. I, p. 241, 243, de la seconde édition, de Rouen, 1701.

anciens amis ont des charmes, que l'on ne connoît jamais si bien que lorsqu'on en est privé.

XCIX.

LA MÊME A SAINT-EVREMOND.

(1694.)

J'ESTOIS dans ma chambre, toute seule et très lasse de lecture, lorsque l'on me dit : *Voilà un homme de la part de M. de Saint-Evremond.* Jugez si tout mon ennui ne s'est pas dissipé dans le moment. J'ai eu le plaisir de parler de vous, et j'en ai appris des choses que les lettres ne disent point : votre santé parfaite et vos occupations. La joie de l'esprit en marque la force, et votre lettre, comme du temps que M. d'Olonne vous faisoit suivre, m'assure que l'Angleterre vous promet encore quarante ans de vie ; car il me semble que ce n'est qu'en Angleterre que l'on parle de ceux qui ont vécu au delà de l'âge de l'homme. J'aurois souhaité de passer ce qui me reste de vie avec vous. Si vous aviez pensé, comme moi, vous seriez ici. Il est pourtant assez beau de se souvenir toujours des personnes que l'on a aimées, et c'est peut-être pour embellir mon épitaphe, que cette séparation du corps s'est faite. Je souhaiterois que le jeune prédicateur¹ m'eût trouvée dans la *gloire de Niquée*², où l'on ne changeoit point, car il me paroît que vous m'y croyez des premières enchantées. Ne changez point vos idées sur cela, elles m'ont toujours été favorables; et que cette communication, que quelques philosophes croyoient au-dessus de la présence, dure toujours.

J'ai témoigné à M. Turretin la joie que j'aurois de lui être bonne à quelque chose : il a trouvé ici de mes amis, qui l'ont jugé digne des louanges que vous lui donnez. S'il veut profiter de ce qui nous reste d'honnêtes abbés, en l'absence de la cour, il sera traité comme un homme que vous estimez. J'ai lu devant lui votre lettre, avec des lunettes : mais elles ne me siéent pas; j'ai toujours eu la mine grave. S'il est amoureux de *mérite*, que l'on appelle ici *distingué*, peut-être que votre souhait sera accompli, car tous les jours on me veut consoler de mes pertes, par ce beau mot.

J'ai su que vous souhaitiez La Fontaine en

---

1. M. Alphonse Turretin, pasteur et professeur de l'Académie de Genève.
2. Voy. les *Amadis* et les Contes de fées.

Angleterre[1] : on n'en jouit guère à Paris; sa tête est bien affoiblie. C'est le destin des poëtes; le Tasse et Lucrèce l'ont éprouvé. Je doute qu'il y ait eu du philtre amoureux, pour La Fontaine; il n'a guère aimé de femmes qui en eussent pu faire la dépense.

C.

LETTRE DE MONSIEUR DE LA FONTAINE A MONSIEUR DE BONREPAUX, A LONDRES[2].

(1687.)

JE ne croyois pas, monsieur, que les négociations et les traités vous laissassent penser à moi. J'en suis aussi fier que si l'on m'avoit érigé une statue sur le sommet du mont Parnasse. Pour me revancher de cet honneur, je vous place en ma mémoire auprès de deux dames, qui me feront oublier les traités et les négociations, et peut-

---

1. C'est en 1687, après la conversion de Mme de la Sablière, que Mme de Bouillon, Mme de Mazarin et Saint-Evremond avoient eu cette pensée. Voy. le récit de ce qui s'est passé, à ce sujet, dans l'*Histoire de La Fontaine*, par M. Walckenaer, p. 439 et suiv.

2. On a cru devoir mettre ici cette lettre, parce qu'elle sert à l'intelligence de celle qui précède. Elle est

être les rois aussi. Je voudrois que vous vissiez présentement Mme Hervart [1]; on ne parle non plus chez elle, ni de vapeurs, ni de toux, que si ces ennemies du genre humain s'en étoient allées dans un autre monde. Cependant leur règne est encore de celui-ci. Il n'y a que Mme Hervart qui les ait congédiées pour toujours. Au lieu d'hôtesses si mal plaisantes, elle a retenu la gaieté et les grâces, et mille autres jolies choses que vous pouvez bien vous imaginer. Je me contente de voir ces deux dames. Elles adoucissent l'absence de celles de la rue Saint-Honoré, qui véritablement nous négligent un peu trop. M. de Barillon se peut souvenir que ce sont de telles enchanteresses, qu'elles faisoient passer un vin médiocre et une omelette au lard, pour du nectar et de l'ambroisie. Nous pensions nous être repus d'ambroisie et nous soutenions que Jupiter avoit mangé l'omelette au lard. Ce temps-là n'est plus. Les grâces de la rue Saint-Honoré nous négligent. Ce sont des ingrates, à qui nous présentions plus d'en-

---

l'objet d'un commentaire intéressant dans l'*Histoire de La Fontaine*, de M. Walckenaer, p. 442, édit. de 1824. M. de Bonrepaux étoit alors ministre de France en Angleterre. Voy. Walckenaer, *ibid.*, p. 435 et suiv.

1. Sur les relations de La Fontaine et de Saint-Evremond avec Mme Hervart, voy. notre *Histoire*, et Walckenaer, *loc. cit.*, p. 439 et suiv.

cens qu'elles ne valoient. Par ma foi, Monsieur, je crains que l'encens ne se moisisse au temple. La divinité qu'on y venoit adorer en écarte tantôt un mortel et tantôt un autre, et se moque du demeurant : sans considérer ni le comte, ni le marquis ; aussi peu le duc.

Tros Rutulusve fuat, nullo discrimine habebo :

Voilà la devise. Il nous est revenu de Montpellier une des premières de la troupe ; mais je ne vois pas que nous en soyons plus forts. Toute persuasive qu'elle est, et par son langage et par ses manières, elle ne relèvera pas le parti. Vous êtes un de ceux qui ont le plus de sujet de la louer. Nous savons, Monsieur, qu'elle vous écrivit, il y a huit jours. Aussi je n'ai rien à vous mander de sa santé, sinon qu'elle continue d'être bonne, à un rhume près, que même cette dame n'est point fâchée d'avoir, car je tâche de lui persuader qu'on ne subsiste que par les rhumes, et je crois que j'en viendrai à la fin à bout. Autrefois je vous aurois écrit une lettre qui n'auroit été pleine que de ses louanges : non qu'elle se souciât d'être louée ; elle le souffroit seulement, et ce n'étoit pas une chose pour laquelle elle eût un si grand mépris. Cela est changé.

J'ai vu le temps qu'Iris (et c'étoit l'âge d'or,
 Pour nous autres gens du bas monde)

J'ai vu, dis-je, le temps qu'Iris goûtoit encor,
Non cet encens commun dont le Parnasse abonde :
    Il fut toujours, au sentiment d'Iris,
    D'une odeur importune ou plate ;
    Mais la louange délicate
    Avoit auprès d'elle son prix.
Elle traite aujourd'hui cet art de bagatelle ;
Il l'endort, et s'il faut parler de bonne foi,
    L'éloge et les vers sont pour elle
    Ce que maints sermons sont pour moi.
J'eusse pu m'exprimer de quelque autre manière,
Mais puisque me voilà tombé sur la matière,
Quand le discours est froid, dormez-vous pas aussi?
    Tout homme sage en use ainsi ;
Quarante beaux esprits[1] certifieront ceci :
Nous sommes tout autant, qui dormons comme d'autres
Aux ouvrages d'autrui, quelquefois même aux nôtres.
    Que cela soit dit entre nous.
Passons sur cet endroit ; si j'étendois la chose,
Je vous endormirois, et ma lettre pour vous
    Deviendroit, en vers comme en prose,
    Ce que maints sermons sont pour tous.

J'en demeurerai donc là pour ce qui regarde la dame qui vous écrivit, il y a huit jours. Je reviens à Mme Hervart, dont je voudrois bien aussi vous écrire quelque chose en vers. Pour cela, il lui faut donner un nom de Parnasse. Comme j'y suis le parrain de plusieurs belles, je veux et entends qu'à l'avenir Mme Hervart

---

1. Messieurs de l'Académie françoise.

s'appelle Sylvie dans tous les domaines que je possède sur le double Mont; et pour commencer,

> C'est un plaisir de voir Sylvie :
> Mais n'espérez pas que mes vers
> Peignent tant de charmes divers;
> J'en aurois pour toute ma vie.
> S'il prenoit à quelqu'un envie
> D'aimer ce chef-d'œuvre des cieux,
> Ce quelqu'un, fût-il roi des cieux,
> En auroit pour toute sa vie.
> Votre âme en est encor ravie,
> J'en suis sûr, et dis quelquefois :
> « Jamais cette beauté divine
> N'affranchit un cœur de ses lois.
> Notre intendant de la marine[1]
> A beau courir chez les Anglois;
> Puisqu'une fois il l'a servie,
> Qu'il aille et vienne à ses emplois :
> Il en a pour toute sa vie. »
> Que cette ardeur, où nous convie
> Un objet si rare et si doux,
> Ne soit de nulle autre suivie,
> C'est un sort commun pour nous tous :
> Mais je m'étonne de l'époux;
> Il en a pour toute sa vie.

J'ai tort de dire que *je m'en étonne*, il faudroit au contraire s'étonner que cela ne fût pas ainsi. Comment cesseroit-il d'aimer une

---

1. M. de Bonrepaux.

femme souverainement jolie, complaisante, d'humeur égale, d'un esprit doux, et qui l'aime de tout son cœur? Vous voyez bien que toutes ces choses, se rencontrant dans un seul sujet, doivent prévaloir à la qualité d'épouse. J'ai tant de plaisir à en parler, que je reprendrai une autre fois la matière. Que Mme Hervart ne prétende pas en être quitte.

Je devrois finir par l'article de ces deux dames. Il faut pourtant que je vous mande, Monsieur, en quel état est la chambre des philosophes[1]. Ils sont cuits, et embellissent tous les jours. J'y ai joint un autre ornement qui ne vous déplaira pas, si vous leur faites l'honneur de les venir voir, avec ceux de vos amis qui doivent être de la partie.

Mes philosophes cuits, j'ai voulu que Socrate,
    Et Saint-Diez, mon fidèle Achate,
    Et de la gent porte-écarlate
Hervart tout l'ornement, avec le beau berger
        Verger[2],
    Pussent avoir quelque musique,
    Dans le séjour philosophique.

---

1. On sait que La Fontaine avoit fait jeter en moule de terre les plus grands philosophes de l'antiquité, qui faisoient l'ornement de sa chambre.
2. L'abbé Verger ou Vergier, poëte charmant, ami de La Fontaine, épicurien comme lui. Voy. Walckenaer, *loc. cit.*, p. 487 et suiv. et p. 494.

Vous vous moquez de mon dessein :
J'ai cependant un clavecin.
Un clavecin chez moi ! ce meuble vous étonne :
Que direz-vous si je vous donne
Une Chloris de qui la voix
Y joindra ses sons quelquefois ?
La Chloris est jolie et jeune, et sa personne
Pourroit bien ramener l'Amour
Au philosophique séjour.
Je l'en avois banni ; si Chloris le ramène,
Elle aura chansons pour chansons :
Mes vers exprimeront la douceur de ses sons.
Qu'elle ait à mon égard le cœur d'une inhumaine,
Je ne m'en plaindrai point, n'étant bon désormais
Qu'à chanter les Chloris et les laisser en paix.
Vous autres chevaliers, tenterez l'aventure,
Mais de la mettre à fin, fût-ce le beau berger [1]
Qu'Oenone eut autrefois le pouvoir d'engager,
Ce n'est pas chose qui soit sûre.

J'allois fermer cette lettre, quand j'ai reçu celle que vous m'avez fait l'honneur de m'écrire ; et ce que je dis, au commencement, n'est qu'une réponse à quelque chose qui me concerne, dans la vôtre à Mme de la Sablière. Si j'eusse vu le témoignage si ample d'un souvenir à quoi je ne m'attendois pas, j'aurois poussé bien plus loin la figure et l'étonnement ; ou peut-être que je me serois tenu à une protestation toute simple, qu'il ne me pouvoit rien ar-

1. Pâris.

river de plus agréable que ce que vous m'avez écrit de Windsor. Il y a plusieurs choses considérables, entre autres vos deux Anacréons, M. de Saint-Evremond, et M. Waller, en qui l'imagination et l'amour ne finissent point. Quoi! être amoureux et bon poëte à quatre-vingt-deux ans! Je n'espère pas du ciel tant de faveurs : c'est du *ciel* dont il est fait mention au pays des fables que je veux parler; car celui que l'on prêche à présent, en France, veut que je renonce aux Chloris, à Bacchus et à Apollon, trois divinités que vous me recommandez dans la vôtre. Je concilierai tout cela le moins mal et le plus longtemps qu'il me sera possible, et peut-être que vous me donnerez quelque bon expédient pour le faire, vous qui travaillez à concilier des intérêts opposés, et qui en savez si bien les moyens. J'ai tant entendu dire de bien de M. Waller, que son approbation me comble de joie. S'il arrive que ces vers-ci aient le bonheur de vous plaire (ils lui plairont par conséquent), je ne me donnerois pas pour un autre; et continuerai encore quelques années de suivre Chloris, et Bacchus, et Apollon, et ce qui s'ensuit : avec la modération requise, cela s'entend.

Au reste, Monsieur, n'admirez-vous point Mme de Bouillon, qui porte la joie partout? Ne trouvez-vous pas que l'Angleterre a de l'obligation au mauvais génie qui se mêle de temps en temps des affaires de cette princesse? Sans lui, ce climat ne l'auroit point vue; et c'est un plaisir de la voir, disputant, grondant, jouant, et parlant de tout avec tant d'esprit, que l'on ne sauroit s'en imaginer davantage. Si elle avoit été du temps des païens, on auroit déifié une quatrième Grâce, pour l'amour d'elle. Je veux lui écrire, et invoquer pour cela M. Waller. Mais qui est le philosophe qu'elle a mené en ce pays-là? La description que vous me faites de cette rivière, sur les bords de laquelle on va se promener, après qu'on a sacrifié long-temps au sommeil, cette vie mêlée de philosophie, d'amour et de vin, sont aussi d'un poëte, et vous ne le pensiez peut-être pas être. La fin de votre lettre, où vous dites que M. Waller et M. de Saint-Evremond ne sont contents que parce qu'ils ne connoissent pas nos deux dames, me charme. Aussi je trouve cela très-galant, et le ferai valoir dès que l'occasion s'en présentera. Surtout je suivrai votre conseil, qui m'exhorte de vous attendre à Paris, où vous reviendrez aussitôt que les affaires le permettront. M. Hessein a la fièvre, qui lui a duré continue pendant trois ou quatre jours, et puis a cessé; puis il est venu un redoublement que nous ne croyons pas dangereux. Il avoit été saigné trois fois jusqu'au jour d'hier. Je ne sapas si depuis on y aura ajouté une quatrième saignée. Il n'y a nul mauvais accident dans sa maladie. Je ne doute point que les Hervart et les Saint-Diez ne fassent leur devoir de vous écrire. Ce seront des lettres de bon endroit, et si bon que je n'en sais qu'un qui se puisse dire meilleur. Je vous le souhaite. Cependant, monsieur, faites-moi toujours l'honneur de m'aimer, et croyez que je suis, etc.

CI.

LETTRE DE LA FONTAINE A LA DUCHESSE DE BOUILLON.

(1687.)

Madame,

Nous commençons ici de murmurer contre les Anglais, de ce qu'ils vous retiennent si longtemps. Je suis d'avis qu'ils vous rendent à la France, avant la fin de l'automne, et qu'en échange nous leur donnions deux ou trois îles dans l'Océan. S'il ne s'agissoit que de ma satisfaction, je leur céderois tout l'océan même; mais peut-être avons-nous plus de sujet de nous plaindre de Mme votre sœur, que de l'Angleterre. On ne quitte pas Mme la duchesse Mazarin comme

l'on voudroit. Vous êtes toutes deux environ-
nées de ce qui fait oublier le reste du monde,
c'est-à-dire d'enchantements, et de grâces de
toutes sortes.

> Moins d'amour, de ris et de jeux,
> Cortége de Vénus, sollicitoient pour elle,
> Dans ce différend si fameux,
> Où l'on déclara la plus belle
> La déesse des agréments.
> Celle aux yeux bleus, celle aux bras blancs,
> Furent au tribunal par Mercure conduites :
> Chacune étala ses talens.
> Si le même débat renaissoit en nos temps,
> Le procès aurait d'autres suites,
> Et vous, et votre sœur, emporteriez le prix
> Sur les clientes de Paris.
> Tous les citoyens d'Amathonte
> Auroient beau parler pour Cypris ;
> Car vous avez, selon mon compte,
> Plus d'amour, de jeux et de ris.
> Vous excellez en mille choses,
> Vous portez en tous lieux la joye et les plaisirs :
> Allez en des climats inconnus aux zéphirs,
> Les champs se vêtiront de roses.
> Mais comme aucun bonheur n'est constant dans son cou
> Quelques noirs aquilons troublent de si beaux jours.
> C'est-là que vous savez témoigner du courage,
> Vous envoyez au vent ce fâcheux souvenir :
> Vous avez cent secrets pour combattre l'orage ;
> Que n'en aviez-vous un qui le sût prévenir !

On m'a mandé que Votre Altesse étoit admirée de tous les Anglois, et pour l'esprit et pour les manières, et pour mille qualités qui se sont trouvées de leur goût. Cela vous est d'autant plus glorieux, que les Anglois ne sont pas de forts grands admirateurs : je me suis seulement aperçu qu'ils connoissent le vrai mérite et en sont touchés.

Votre philosophe a été bien étonné, quand on lui a dit que Descartes n'étoit pas l'inventeur de ce système que nous appelons la *Machine des animaux;* et qu'un Espagnol l'avoit prévenu [1]. Cependant, quand on ne lui en auroit point apporté de preuves, je ne laisserois pas de le croire, et ne sais que les Espagnols qui pussent bâtir un château tel que celui-là. Tous les jours je découvre ainsi quelque opinion de Descartes, répandue de côté et d'autre, dans les ouvrages des anciens, comme celle-ci : qu'il n'y a point de *couleurs* au monde. Ce ne sont que de différents effets de la lumière sur de différentes superficies. Adieu les lys et les roses de nos Amintes. Il n'y a ni peau blanche, ni cheveux noirs ; notre passion n'a pour fondement qu'un corps sans couleur : et après cela, je ferai des vers pour la principale beauté des femmes?

Ceux qui ne seront pas suffisamment infor-

---

1. Voy. le *Dictionnaire* de Bayle, à l'article PEREIRA.

més de ce que sait Votre Altesse, et de ce qu'elle voudroit savoir, sans se donner d'autre peine que d'en entendre parler à table, me croiront peu judicieux de vous entretenir ainsi de philosophie; mais je leur apprends que toutes sortes de sujets vous conviennent, aussi bien que toutes sortes de livres, pourvu qu'ils soient bons.

Nul auteur de renom n'est ignoré de vous;
   L'accès leur est permis à tous.
Pendant qu'on lit leurs vers, vos chiens ont beau se battre,
Vous mettez le hola (*sic*) en écoutant l'auteur;
   Vous égalez ce dictateur
   Qui dictoit tout d'un temps à quatre.

C'étoit, ce me semble, Jules César; il faisoit à la fois quatre dépêches, sur quatre matières différentes. Vous ne lui devez rien de ce côté-là; et il me souvient qu'un matin vous lisant des vers, je vous trouvai en même temps attentive à ma lecture, et à trois querelles d'animaux. Il est vrai qu'ils étoient sur le point de s'étrangler. *Jupiter le Conciliateur* n'y auroit fait œuvre. Qu'on juge par-là, Madame, jusqu'où votre imagination peut aller, quand il n'y a rien qui la détourne. Vous jugez de mille sortes d'ouvrages, et en jugez bien.

Vous savez dispenser à propos votre estime;
   Le pathétique, le sublime,

Le sérieux, et le plaisant,
Tour à tour vous vont amusant.
Tout vous duit, l'histoire et la fable,
Prose et vers, latin et françois :
Par Jupiter, je ne connois
Rien pour nous de si souhaitable.
Parmi ceux qu'admet à sa cour
Celle qui des Anglois embellit le séjour,
Partageant avec vous tout l'empire d'Amour,
Anacréon et les gens de sa sorte,
Comme Waller, Saint-Evremond et moi,
Ne se feront jamais fermer la porte.
Qui n'admettroit Anacréon chez soi?
Qui banniroit Waller et La Fontaine?
Tous deux sont vieux, Saint-Evremond aussi :
Mais verrez-vous aux bords de l'Hippocrène
Gens moins ridés, dans leurs vers, que ceux-ci?
Le mal est que l'on veut ici
De plus sévères moralistes :
Anacréon s'y tait devant les jansénistes.
Encor que leurs leçons me semblent un peu tristes,
Vous devez priser ces auteurs,
Pleins d'esprit, et bon disputeurs.
Vous en savez goûter de plus d'une manière;
Les Sophocles du temps, et l'illustre Molière,
Vous donnent toujours lieu d'agiter quelque point :
Sur quoi ne disputez-vous point?

A propos d'Anacréon, j'ai presque envie d'évoquer son ombre; mais je pense qu'il vaudroit mieux le ressusciter tout à fait. Je m'en irai, pour cela, trouver un gymnosophiste de ceux qu'alla voir Apollonius Tyaneus. Il apprit tant de choses d'eux qu'il ressuscita une jeune fille. Je ressusciterai un vieux poëte. Vous et Mme Mazarin nous rassemblerez. Nous nous rencontrerons en Angleterre. M. Waller, M. de Saint-Evremond, le vieux Grec, et moi. Croyez-vous, Madame, qu'on pût trouver quatre poëtes mieux assortis :

Il nous feroit beau voir parmi de jeunes gens,
Inspirer le plaisir, la tristesse combattre ;
Et de fleurs couronnés ainsi que le Printemps,
 Faire trois cents ans à nous quatre.

Après une entrevue comme celle-là, et que j'aurai renvoyé Anacréon aux Champs-Élysées, je vous demanderai mon audience de congé. Il faudra que je voie auparavant cinq ou six Anglois, et autant d'Angloises (les Angloises sont bonnes à voir, à ce que l'on dit). Je ferai souvenir notre ambassadeur de la rue Neuve-des-Petits-Champs[1] et de la dévotion que j'ai toujours eue pour lui. Je le prierai, et M. de Bonrepaux, de me charger de quelques dépêches. Ce sont à peu près toutes les affaires que je puis avoir en Angleterre. J'avois fait aussi dessein de convertir Mme Hervart,

---

1. L'hôtel de la Sablière y étoit situé, ainsi que celui de Mme Hervart.

Mme de Gouvernet et Mme Eland, parce que ce sont des personnes que j'honore; mais on m'a dit que je ne trouverois pas encore les sujets assez disposés. Or je ne suis bon, non plus que *Perrin Dandin*, que quand les parties sont lasses de contester. Une chose que je souhaiterois avant toutes, ce seroit que l'on me procurât l'honneur de faire la révérence au monarque, mais je n'oserois l'espérer. C'est un prince qui mérite qu'on passe la mer afin de le voir, tant il a de qualités convenables à un souverain et de véritable passion pour la gloire[1]. Il n'y en a pas beaucoup qui y tendent, quoique tous le dussent faire, en ces places-là.

> Ce n'est pas un vain fantôme
> Que la gloire et la grandeur;
> Et Stuart, en son royaume,
> Y court avec plus d'ardeur
> Qu'un amant à sa maîtresse.
> Ennemi de la mollesse,
> Il gouverne son État
> En habile potentat;
> De cette haute science
> L'original est en France.
> Jamais on n'a vu de roi

1. Telle étoit la réputation que sa bravoure avoit faite à Jacques II, même à la veille de sa chute. Cette lettre est de septembre 1687.

Que sût mieux se rendre maître,
Fort souvent jusqu'à l'être
Encor ailleurs que chez soi.
L'art est beau, mais toutes têtes
N'ont pas droit de l'exercer :
Louis a su s'y tracer
Un chemin, par ses conquêtes.
On trouvera ses leçons
Chez ceux qui feront l'histoire :
J'en laisse à d'autres la gloire,
Et reviens à mes moutons.

Ces moutons, Madame, c'est Votre Altesse, et Mme Mazarin. Ce seroit ici le lieu de faire aussi son éloge, afin de le joindre au vôtre; mais comme ces sortes d'éloges sont une matière un peu délicate, je crois qu'il vaut mieux que je m'en abstienne. Vous vivez en sœurs : cependant il faut éviter la comparaison.

L'or se peut partager, mais non pas la louange.
Le plus grand orateur, quand ce seroit un ange,
Ne contenteroit pas en semblables desseins
Deux belles, deux héros, deux auteurs, ni deux saints.

Je suis avec un profond respect, etc.

CII.

RÉPONSE DE SAINT-EVREMOND, A LA LETTRE DE LA FONTAINE A MADAME LA DUCHESSE DE BOUILLON.

SI vous étiez aussi touché du mérite de Mme de Bouillon, que nous en sommes charmés, vous l'auriez accompagnée en Angleterre, où vous eussiez trouvé des dames qui vous connoissent autant par vos ouvrages, que vous êtes connu de Mme de la Sablière, par votre commerce et votre entretien. Elles n'ont pas eu le plaisir de vous voir, qu'elles souhaitoient fort : mais elles ont celui de lire une lettre assez galante et assez ingénieuse, pour donner de la jalousie à Voiture, s'il vivoit encore. Mme de Bouillon, Mme Mazarin, et M. l'ambasadeur, ont voulu que j'y fisse une espèce de réponse. L'entreprise est difficile ; je ne laisserai pas de me mettre en état de leur obéir.

> Je ne parlerai point des rois :
> Ce sont des dieux vivants, que j'adore en silence ;
> Loués à notre goût et non pas à leur choix,
>   Ils méprisent notre éloquence.
> Dire de leur valeur ce qu'on a dit cent fois
> Du mérite passé de quelqu'autre vaillance,

Donner un tour antique à de nouveaux exploits :
C'est, des vertus du temps, ôter la connoissance.
   J'aime à leur plaire en respectant leurs droits;
      Rendant toujours à leur puissance
      A leurs volontés, à leur lois,
      Une parfaite obéissance.
Sans moi leur gloire a su passer les mers,
      Sans moi leur juste renommée
      Par toute la terre est semée :
      Ils n'ont que faire de mes vers.

Mme de Bouillon se passeroit bien de ma prose, après avoir lu le bel éloge que vous lui avez envoyé. Je dirai pourtant qu'elle a des grâces qui se répandent sur tout ce qu'elle fait et sur tout ce qu'elle dit; qu'elle n'a pas moins d'acquis que de naturel, de savoir que d'agrément. En des contestations assez ordinaires, elle dispute toujours avec esprit; souvent, à ma honte, avec raison : mais une raison animée qui paroît de la passion aux connoisseurs médiocres, et que les délicats même auroient peine à distinguer de la colère, dans une personne moins aimable.

Je passerai le chapitre de Mme Mazarin, comme celui des rois, dans le silence d'une secrète adoration. Travaillez, monsieur, tout grand poëte que vous êtes, travaillez à vous former une belle idée, et malgré l'effort de votre esprit, vous serez honteux de ce que vous aurez imaginé, quand vous verrez une personne si admirable.

    Ouvrages de la fantaisie,
    Fictions de la poésie,
    Dans vos chefs-d'œuvres inventés,
Vous n'avez rien d'égal à ses moindres beautés.
    Loin d'ici figures usées,
    Loin, comparaisons méprisées :
Ce seroit embellir la lumière des cieux,
  Que de la comparer à l'éclat de ses yeux.
    Belle grecque, fameuse Hélène,
    Ne quittez point les tristes bords
    Où règne votre ombre hautaine :
    Vous êtes moins mal chez les morts,
    Vous ne souffrez pas tant de peine
Que vous en souffririez, à voir tous les trésors
    Que nature, d'une main pleine,
    A répandus sur ce beau corps.
Quand le ciel vous rendroit votre forme première,
Que vos yeux aujourd'hui reverroient la lumière,
A quoi vous serviroient et ces yeux et ce jour,
Qu'à vous en faire voir qui donnent plus d'amour?
Vous passez votre temps en vos demeures sombres,
    A conter aux nouvelles ombres,
    Amours, aventures, combats;
    A les entretenir là-bas
    De la vieille guerre de Troie,
Qui sert d'amusement au défaut de la joie.
    Mais ici que trouveriez-vous
    Qui n'excitât votre courroux?
    Vous verriez devant vous des charmes,
Maîtres de nos soupirs et de nos tendres larmes;

Vous verriez fumer leurs autels
De l'encens de tous les mortels,
Tandis que morne et solitaire,
L'âme triste, l'esprit confus,
Vous vous sauveriez chez Homère,
Et passeriez les nuits avec nos Vossius,
A chercher dans un commentaire
Vos mérites passés qu'on ne connoîtroit plus.
Belle grecque, fameuse Hélène,
Ne quittez pas les tristes bords
Où règne votre ombre hautaine :
Tout règne est bon, et fût-ce chez les morts.
Et vous, beautés, qu'on loue en son absence,
Attraits nouveaux, doux et tendres appas,
Qu'on peut aimer où Mazarin n'est pas,
Empêchez-la de revenir en France,
Par tous moyens traversez son retour.
Jeunes beautés, tremblez au nom d'Hortense,
Si la mort d'un époux la rend à votre cour,
Vous ne soutiendrez pas un moment sa présence.
Mais à quoi bon tout ce discours
Que vous avez fait sur Hélène,
COMBATS, AVENTURES, AMOURS,
Ces TRISTES BORDS, et cette OMBRE HAUTAINE ?
Sans vous donner excuse ni détours,
Je vous dirai, monsieur de La Fontaine,
Que tels propos vous sembleroient bien courts,
Si tel objet animoit votre veine.
La règle gène, on ne la garde plus,
On joint Hélène au docte Vossius,
Comme souvent, de loisir, sans affaires,
On sait *dicter à quatre* secrétaires.
Les premières beautés ont droit au merveilleux :

La basse vérité se tient indigne d'elles ;
Il faut de l'incroyable, il faut du fabuleux
    Pour les héros et pour les belles.

La solidité de M. l'ambassadeur l'a rendu assez indifférent pour les louanges qu'on lui donne : mais quelque rigueur qu'il tienne à son mérite, quelque sévère qu'il soit à lui-même, il ne laisse pas d'être touché secrètement de ce que vous avez écrit pour lui. Je voudrois que ma lettre fût assez heureuse, pour avoir le même succès auprès de vous.

    Vous possédez tout le bon sens
Qui sert à consoler des maux de la vieillesse ;
Vous avez plus de feux que n'ont les jeunes gens :
    Eux, moins que vous de goût et de justesse.

Après avoir parlé de votre esprit, il faut dire quelque chose de votre morale.

    S'accommoder aux ordres du Destin ;
    Aux plus heureux ne porter point d'envie ;
    Du faux esprit que prend un libertin,
    Avec le temps, connoître la folie ;
    Et dans les vers, jeu, musique, bon vin,
    Passer en paix une innocente vie :
    C'est le moyen d'en reculer la fin.

M. Waller, dont nous regrettons la perte, a poussé la vigueur de l'esprit jusqu'à l'âge de quatre-vingt-deux ans[1] :

---

1. Waller est mort au mois d'octobre 1687.

Et dans la douleur que m'apporte
　Ce triste et malheureux trépas,
Je dirois en pleurant que toute Muse est morte,
　Si la vôtre ne vivoit pas.
O vous, nouvel Orphée, ô vous de qui la veine
Peut charmer des Enfers la noire souveraine,
Et le Dieu son époux, si terrible, dit-on,
　Daignez, tout-puissant La Fontaine,
　Des lieux obscurs où notre sort nous mène
　Tirer Waller au lieu d'Anacréon !

Mais il n'est permis de demander ces sortes de soulagements qu'en poésie ; on sait qu'aucun mérite n'exempte les hommes de la nécessité de mourir, et que la vertu d'aucun charme, aucune prière, aucuns regrets ne peuvent les rendre au monde, quand ils en sont une fois sortis.

Si la bonté des mœurs, la beauté du génie,
Pouvoient sauver quelqu'un de cette tyrannie,
　Que la Mort exerce sur tous,
　Waller, vous seriez parmi nous,
Arbitre délicat, en toute compagnie,
　Des plaisirs les plus doux.

Je passe de mes regrets pour la muse de M. Waller, à des souhaits pour la vôtre.

Que plus longtemps votre muse agréable
Donne au public ses ouvrages galans !
Que tout chez vous puisse être CONTE et FABLE,
Hors le secret de vivre heureux cent ans !

Il ne seroit pas raisonnable que je fisse tant de vœux pour les autres, sans en faire quelqu'un pour moi.

Puisse de la beauté le plus parfait modèle,
A mes vers, à mes soins, laisser leurs faibles droits !
Que l'avantage heureux de vivre sous ses lois
　Me tienne lieu de mérite auprès d'elle !
Que le feu de ses yeux m'inspire les esprits
Qui depuis si longtemps m'ont conservé la vie !
Qu'une secrète ardeur anime mes écrits !
Que me serviroit-il de parler d'autre envie !
　　Où cesse l'amoureux désir,
Il faut que la raison nous serve de plaisir.

CIII.

RÉPONSE DE LA FONTAINE A SAINT-EVREMOND.

Ni vos leçons, ni celles des neufs Sœurs,
N'ont su charmer la douleur qui m'accable :
Je souffre un mal qui résiste aux douceurs,
Et ne saurois rien penser d'agréable.
Tout rhumatisme, invention du diable,
Rend impotent et de corps et d'esprit ;
Il m'a fallu, pour forger cet écrit,
　Aller dormir sur la tombe d'Orphée ;
Mais je dors moins que ne fait un proscrit,
Moi, dont l'Orphée étoit le dieu Morphée.
Si me faut-il répondre à vos beaux vers,

A votre prose, et galante et polie.
Deux déités par leurs charmes divers,
Ont d'agréments votre lettre remplie :
Si celle-ci n'est autant accomplie,
Nul ne s'en doit étonner à mon sens ;
Le mal me tient, Hortense vous amuse.
Cette déesse, outre tous vos talents,
Vous est encore une dixième Muse :
Les neufs m'ont dit adieu jusqu'au printemps.

Voilà, monsieur, ce qui m'a empêché de vous remercier aussitôt que je le devois de l'honneur que vous m'avez fait de m'écrire. Moins je méritois une lettre si obligeante, plus j'en dois être reconnaissant. Vous me louez de mes vers et de ma morale, et cela de si bonne grâce, que la morale a fort à souffrir, je veux dire la modestie.

L'éloge qui vient de vous,
Est glorieux et bien doux :
Tout le monde vous propose
Pour modèle aux bons auteurs ;
Vos beaux ouvrages sont cause,
Que j'ai su plaire aux neufs Sœurs :
Cause en partie, et non toute,
Car vous voulez bien sans doute,
Que j'y joigne les écrits
D'aucuns de nos beaux esprits.
J'ai profité dans Voiture,
Et Marot par sa lecture
M'a fort aidé, j'en conviens :
Je ne sais qui fut son maître ;

Que ce soit qui le peut être,
Vous êtes tous trois les miens.

J'oubliois maître François[1], dont je me dis encore le disciple, aussi bien que celui de maître Vincent et celui de maître Clément. Voilà bien des maîtres pour un écolier de mon âge. Comme je ne suis pas fort savant en certain art de railler, où vous excellez, je prétends en aller prendre de vous des leçons, sur les bords de l'Hippocrène (bien entendu qu'il y ait des bouteilles qui rafraîchissent). Nous serons entourés de nymphes et de nourrissons du Parnasse, qui recueilleront sur leurs tablettes les moindres choses que vous direz. Je les vois d'ici qui apprennent, dans votre école, à juger de tout avec pénétration et avec finesse.

Vous possédez cette science ;
Vos jugemens en sont les règles et les lois ;
Outre certains écrits que j'adore en silence,
Comme vous adorez Hortense et les deux rois,

Au même endroit où vous dites que vous voulez rendre un culte secret à ces trois puissances, aussi bien à Mme Mazarin qu'aux deux princes, vous me faites son portrait en disant qu'il est impossible de le bien faire, et en me donnant la liberté de me figurer des beautés et des grâces à ma fantaisie. Si j'entreprends d'y

1. Rabelais, lecture favorite de La Fontaine.

toucher, vous défiez en son nom la vérité et la fable, et tout ce que l'imagination peut fournir d'idées agréables et propres à enchanter. Je vous ferois mal ma cour, si je me laissois rebuter par de telles difficultés. Il faut vous représenter votre héroïne, autant que l'on peut. Ce projet est un peu vaste pour un génie aussi borné que le mien. L'entreprise vous conviendroit mieux qu'à moi, que l'on a cru jusqu'ici ne savoir représenter que des animaux. Toutefois, afin de vous plaire, et pour rendre ce portrait le plus approchant qu'il sera possible, j'ai parcouru le pays des Muses, et n'y ai trouvé en effet que de vieilles expressions que vous dites que l'on méprise. De là, j'ai passé au pays des Grâces, où je suis tombé dans le même inconvénient. Les Jeux et les Ris sont encore des galanteries rebattues, que vous connoissez beaucoup mieux que je ne fais. Ainsi, le mieux que je puisse faire est de dire tout simplement que rien ne manque à votre héroïne de ce qui plaît, et de ce qui plaît un peu trop.

Que vous dirai-je davantage ?
Hortense eut du ciel en partage
La grâce, la beauté, l'esprit ; ce n'est pas tout :
Les qualités du cœur ; ce n'est pas tout encore :
Pour mille autres appas le monde entier l'adore,
Depuis l'un jusqu'à l'autre bout.
L'Angleterre en ce point le dispute à la France :

Votre héroïne rend nos deux peuples rivaux.
    O vous, le chef de ses dévots,
    De ses dévots à toute outrance,
    Faites-nous l'éloge d'Hortense !
Je pourrois en charger le dieu du double Mont,
    Mais j'aime mieux Saint-Evremond.

Que direz-vous d'un dessein qui m'est venu dans l'esprit ? Puisque vous voulez que la gloire de Mme Mazarin remplisse tout l'univers, et que je voudrois que celle de Mme de Bouillon allât au delà, ne dormons, ni vous, ni moi, que nous n'ayons mis à fin une si belle entreprise. Faisons-nous chevaliers de la Table ronde ; aussi bien est-ce en Angleterre que cette chevalerie a commencé. Nous aurons deux tentes en notre équipage ; et au haut de ces deux tentes, les deux portraits des divinités que nous adorons.

Au passage d'un pont ou sur le bord d'un bois,
Nos hérauts publiront ce ban à haute voix :
MARIANE sans pair, *HORTENSE sans seconde*,
    Veulent les cœurs de tout le monde.
Si vous en êtes cru, le parti le plus fort
    Penchera du côté d'Hortense ;
Si l'on m'en croit aussi, Mariane d'abord
    Doit faire incliner la balance.
Hortense ou Mariane, il faut y venir tous :
    Je n'en sais point de si profane
    Qui, d'Hortense évitant les coups,
    Ne cède à ceux de Mariane.

Il nous faudra prier monsieur l'ambassadeur
    Que sans égard à notre ardeur
Il fasse le partage; à moins que des deux belles
    Il ne puisse accorder les droits,
Lui dont l'esprit foisonne en adresses nouvelles
    Pour accorder ceux des deux rois.

Nous attendrons le retour des feuilles, et celui de ma santé ; autrement il me faudroit chercher en litière les aventures. On m'appelleroit le *Chevalier du rhumatisme ;* nom qui, ce me semble, ne convient guère à un chevalier errant. Autrefois que toutes saisons m'étoient bonnes, je me serois embarqué, sans raisonner.

Rien ne m'eût fait souffrir, et je crains toute chose ;
En ce point seulement je ressemble à l'Amour :
Vous savez qu'à sa mère il se plaignit un jour
    Du pli d'une feuille de rose.
Ce pli l'avoit blessé. Par quels cris forcenés
    Auroit-il exprimé sa plainte,
Si de mon rhumatisme il eût senti l'atteinte ?
Il eût été puni de ceux qu'il a donnés.

C'est dommage que M. Waller nous ait quittés, il auroit été du voyage. Je ne devrois peut-être pas le faire entrer dans une lettre aussi peu sérieuse que celle-ci. Je crois toutefois être obligé de vous rendre compte de ce qui lui est arrivé, au delà du fleuve d'Oubli. Vous regarderez cela comme un songe, et c'en est peut-être un ; cependant la chose m'est demeurée dans l'esprit, comme je vais vous la dire.

> Les beaux esprits, les sages, les amants,
> Sont en débat dans les Champs-Élysées :
> Ils veulent tous en leurs départements
> Waller pour hôte, ombre de mœurs aisées.
> Pluton leur dit : *J'ai vos raisons pesées,*
> *Cet homme sut en quatre arts exceller,*
> *Amour et vers, sagesse et beau parler ;*
> *Lequel d'eux tous l'aura dans son domaine ?*
> « Sire Pluton, vous voilà bien en peine ;
> S'il possédoit ces quatre arts, en effet,
> Celui d'amour, c'est chose toute claire,
> Est un métier qui les autres fait faire.

J'en reviens à ce que vous dites de ma morale, et suis fort aise que vous ayez de moi l'opinion que vous en avez. Je ne suis pas moins ennemi que vous du faux air d'esprit que prend un libertin. Quiconque l'affectera, je lui donnerai la palme du ridicule.

> Rien ne m'engage à faire un livre ;
> Mais la raison m'oblige à vivre
> En sage citoyen de ce vaste univers ;
> Citoyen qui, voyant un monde si divers,
> Rend à son auteur les hommages
> Que méritent de tels ouvrages.
> Ce devoir acquitté, les beaux vers, les doux sons,
> Il est vrai, sont peu nécessaires ;
> Mais qui dira qu'ils sont contraires
> A ces éternelles leçons ?
> On peut goûter la joie en diverses façons ;

Au sein de ses amis répandre mille choses,
Et recherchant de tout les effets et les causes ;
A table, au bord d'un bois, le long d'un clair ruisseau,
Raisonner avec eux sur le bon, sur le beau :
Pourvu que ce dernier se traite à la légère,
    Et que la nymphe ou la bergère
N'occupe notre esprit et nos yeux qu'en passant.
    Le chemin du cœur est glissant ;
Sage Saint-Evremond, le mieux est de m'en taire,
Et surtout n'être plus chroniqueur de Cythère,
    Logeant dans mes vers les Chloris,
    Quand on les chasse de Paris.
    On va faire embarquer ces belles ;
Elles s'en vont peupler l'Amérique d'amours[1] :
    Que maint auteur puisse avec elles
    Passer la ligne pour toujours !
    Ce seroit un heureux passage.
Ah ! si tu les suivois, tourment qu'à mes vieux jours
L'hiver de nos climats promet pour apanage !
Triste fils de Saturne, hôte obstiné du lieu,
Rhumatisme va-t'en. Suis-je ton héritage ?
Suis-je un prélat ? Crois-moi, consens à notre adieu :
Déloge enfin, ou dis que tu veux être cause
Que mes vers, comme toi, deviennent mal plaisants.
S'il ne tient qu'à ce point, bientôt l'effort des ans,
Fera sans ton secours cette métamorphose ;
De bonne heure il faudra s'y résoudre sans toi.
Sage Saint-Evremond, vous vous moquez de moi :

1. Dans le temps où La Fontaine écrivit cette lettre, on fit enlever, à Paris, un grand nombre de courtisanes qu'on embarqua pour l'Amérique. Mme de Maintenon ne pensoit pas que nous lui aurions, un jour, l'obligation de *Manon Lescaut*.

De bonne heure! Est-ce un mot qui me convienne encore!
A moi qui tant de fois ai vu naître l'aurore,
Et de qui les soleils se vont précipitant
Vers le moment fatal que je vois qui m'attend.

Mme de la Sablière se tient extrêmement honorée de ce que vous vous êtes souvenu d'elle, et m'a prié de vous en remercier. J'espère que cela me tiendra lieu de recommandation, auprès de vous, et que j'en obtiendrai plus aisément l'honneur de votre amitié. Je vous la demande, monsieur, et vous prie de croire que personne n'est plus véritablement que moi, Votre, etc.

CIV.

SAINT-EVREMOND A MADEMOISELLE DE LENCLOS.

(1694.)

Monsieur Turretin m'a une grande obligation de lui avoir donné votre connoissance; je ne lui en ai pas une médiocre d'avoir servi de sujet à la belle lettre que je viens de recevoir[1]. Je ne doute point qu'il ne vous ait trouvée avec les

1. Voy. la lettre de Ninon, *sup.*, page 350.

mêmes yeux que je vous ai vus; ces yeux par qui je connoissois toujours la nouvelle conquête d'un amant, quand ils brilloient un peu plus que de coutume, et qui nous faisoient dire:

Telle n'est point la Cythérée, etc. [1].

Vous êtes encore la même pour moi; et quand la nature, qui n'a jamais pardonné à personne, auroit épuisé son pouvoir à produire quelque altération aux traits de votre visage, mon imagination sera toujours pour vous cette *Gloire de Niquée*, où vous savez qu'on ne changeoit point. Vous n'en avez pas affaire pour vos yeux et pour vos dents, j'en suis assuré: le plus grand besoin que vous ayez, c'est de mon jugement, pour bien connoître les avantages de votre esprit, qui se perfectionne tous les jours. Vous êtes plus spirituelle que n'étoit la jeune et vive NINON.

> Telle n'étoit point Ninon,
> Quand le gagneur de batailles [2],
>   Après l'expédition
>   Opposée aux funérailles,
> Attendoit avec vous, en conversation,
> Le mérite nouveau d'une autre impulsion.

1. Malherbe, dans l'*Ode à la reine, mère du roi, sur sa bienvenue en France*.
2. Le duc d'Enguien. Voy. l'*Élégie* à Mlle de Lenclos, *sup.*, t. II, p. 525.

Votre esprit à son courage,
Qui paroissoit abattu,
Faisoit retrouver l'usage
De sa première vertu.

Le charme de vos paroles
Passoit ceux des Espagnoles,
A ranimer tous les sens
Des amoureux languissants.

Tant qu'on vit à votre service
Un jeune, un aimable garçon[1],
A qui Vénus fut rarement propice,
Bussy n'en fit point de chanson.

Vous étiez même regardée
Comme une nouvelle Médée,
Qui pourroit en amour rajeunir un Éson.
Que votre art seroit beau, qu'il seroit admirable,
S'il me rendoit un Jason,
Un Argonaute capable
De conquérir la Toison !

---

1. Le comte de Guiche. Saint-Évremond justifie ici les malices que Bussy-Rabutin s'est permises dans l'*Hist. amoureuse des Gaules*, à propos de ce chevalier dont il a raillé les défaillances, sous le nom de Trimalet. Voy. tome I, page 100, *et alibi*, de l'édit. de M. Poitevin. Rappelons, pour être justes, que le comte de Guiche se couvrit de gloire, au célèbre passage du Rhin, et qu'il s'attacha l'un des plus nobles cœurs du dix-septième siècle. Pourquoi risquoit-il d'autres batailles?

CV.

LE MÊME A MADEMOISELLE DE LENCLOS.

(1696.)

J'AI reçu la seconde lettre que vous m'avez écrite, obligeante, agréable, spirituelle, où je reconnois les enjouments de *Ninon*, et le bon sens de *Mlle de Lenclos*. Je savois comment la première a vécu : vous m'apprenez de quelle manière vit l'autre. Tout contribue à me faire regretter le temps heureux que j'ai passé dans votre commerce, et à désirer inutilement de vous voir encore. Je n'ai pas la force de me transporter en France, et vous y avez des agréments qui ne vous laisseront pas venir en Angleterre. Mme de Bouillon vous peut dire que l'Angleterre a ses charmes, et je serois un ingrat, si je n'avouois moi-même que j'y ai trouvé des douceurs. J'ai appris, avec beaucoup de plaisir, que M. le comte de Grammont a recouvré sa première santé et acquis une nouvelle dévotion. Jusqu'ici, je me suis contenté grossièrement d'être homme de bien ; il faut faire quelque chose de plus, et je n'attends que votre exemple pour être dévot. Vous vivez dans un pays où l'on a de merveilleux avantages pour se sauver. Le vice n'y est guère moins opposé à la mode qu'à la vertu. Pécher, c'est ne savoir pas vivre et choquer la bienséance autant que la religion. Il ne falloit autrefois qu'être méchant; il faut être de plus malhonnête homme pour se damner en France présentement. Ceux qui n'ont pas assez de considération pour l'autre vie, sont conduits au salut par les égards et les devoirs de celle-ci. C'en est assez sur une matière, où la conversion de M. le comte de Grammont m'a engagé: je la crois sincère et honnête. Il sied bien à un homme qui n'est pas jeune d'oublier qu'il l'a été. Je ne l'ai pu faire jusqu'ici : au contraire, du souvenir de mes jeunes ans, de la mémoire de ma vivacité passée, je tâche d'animer la langueur de mes vieux jours. Ce que je trouve de plus fâcheux à mon âge, c'est que l'espérance est perdue; l'espérance, qui est la plus douce des passions et celle qui contribue davantage à nous faire vivre agréablement. Désespérer de vous voir jamais, est ce qui me fait le plus de peine : il faut se contenter de vous écrire quelquefois, pour entretenir une amitié qui a résisté à la longueur du temps, à l'éloignement des lieux, et à la froideur ordinaire de la vieillesse. Ce dernier mot me regarde : la nature commencera, par vous, à faire voir qu'il est possible de ne vieillir pas. Je vous prie de faire assurer M. le duc de Lauzun de mes très-humbles services, et de savoir si Mme la maréchale de Créqui lui a fait payer cinq cents écus qu'il m'avoit prêtés : on me l'a écrit il y a longtemps, mais je n'en suis pas trop assuré.

CVI.

LE MÊME A MADEMOISELLE DE LENCLOS.

(1696 ou 1697.)

L y a plus d'un an que je demande de vos nouvelles à tout le monde et personne ne m'en apprend. M. de la Bastide m'a dit que vous vous portiez fort bien ; mais il ajoute que, si vous n'avez plus tant d'amants, vous êtes contente d'avoir beaucoup plus d'amis. La fausseté de la dernière nouvelle me fait douter de la vérité de la première. Vous êtes née pour aimer toute votre vie. Les amants et les joueurs ont quelque chose de semblable : *Qui a aimé, aimera.* Si l'on m'avoit dit que vous êtes dévote, je l'aurois pu croire. C'est passer d'une passion

humaine à l'amour de Dieu et donner à son âme de l'occupation : mais ne pas aimer, est une espèce de néant, qui ne peut convenir à votre cœur.

Ce repos languissant ne fut jamais un bien ;
C'est trouver, sans mourir, l'état où l'on n'est rien.

Je vous demande des nouvelles de votre santé, de vos occupations, de votre humeur, et que ce soit dans une assez longue lettre, où il y ait peu de morale et beaucoup d'affection pour votre ancien ami. L'on dit ici que le comte de Grammont est mort, ce qui me donne un déplaisir fort sensible. Si vous connoissez Barbin, faites-lui demander pourquoi il imprime tant de choses sous mon nom qui ne sont point de moi. J'ai assez de mes sottises, sans me charger de celles des autres. On me donne une pièce contre le P. Bouhours, où je ne pensai jamais. Il n'y a pas d'écrivain que j'estime plus que lui : notre langue lui doit plus qu'à aucun auteur, sans excepter Vaugelas. Dieu veuille que la nouvelle de la mort du comte de Grammont soit fausse[1], et celle de votre santé véritable ! La *Gazette de Hollande* dit que *M. le comte de Lauzun se marie :* si cela étoit vrai,

1. Cette nouvelle étoit en effet fausse. Philibert, comte de Grammont, comme on l'a vu plus haut, ne mourut que le 10 janvier 1707.

on l'auroit mandé de Paris; outre cela M. de Lauzun est Duc, et le nom de Comte ne lui convient point. Si vous avez la bonté de m'en écrire quelque chose, vous m'obligerez, et de faire bien des compliments à M. de Gourville de ma part, en cas que vous le voyiez toujours. Pour des nouvelles de paix et de guerre, je ne vous en demande pas. Je n'en écris point, et je n'en reçois pas davantage. Adieu; c'est le plus véritable de vos serviteurs, qui gagneroit beaucoup, si vous n'aviez point d'amants, car il seroit le premier de vos amis, malgré une absence qu'on peut nommer éternelle.

CVII.

MADEMOISELLE DE LENCLOS A SAINT-EVREMOND.

(1697.)

J'APPRENDS avec plaisir que mon âme vous est plus chère que mon corps, et que votre bon sens vous conduit toujours au meilleur. Le corps, à la vérité, n'est plus digne d'attention, et l'âme a encore quelque lueur qui la soutient et qui la rend sensible au souvenir d'un ami, dont l'absence n'a point effacé les traits. Je fais souvent de vieux contes où M. d'Élbène, M. de Charleval, et le chevalier de Rivière, réjouissent les modernes. Vous avez part aux beaux endroits: mais, comme vous êtes moderne aussi, j'observe de ne vous pas louer, devant les académiciens qui se sont déclarés pour les anciens. Il m'est revenu un *Prologue* en musique, que je voudrois bien voir sur le théâtre de Paris[1]. La beauté qui en fait le sujet, donneroit de l'envie à toutes celles qui l'entendroient. Toutes nos Hélènes n'ont pas le droit de trouver un Homère, et d'être toujours les déesses de la beauté. Me voici bien haut: comment en descendre? Mon très-cher ami, ne falloit-il pas mettre le cœur à son langage? Je vous assure que je vous aime toujours plus tendrement que ne le permet la philosophie. Mme la duchesse de Bouillon est comme à dix-huit ans: la source des charmes est dans le sang Mazarin. A cette heure que nos Rois sont amis[2], ne devriez-vous pas venir faire un tour ici? Ce seroit pour moi le plus grand succès de la paix.

1. Ce Prologue a été conservé par Des Maizeaux, et, n'en déplaise à l'obligeance de Ninon, il est d'une médiocrité désespérante. J'ai dû l'exclure de cette édition.
2. C'étoit après la paix de Riswyck.

CVIII.

SAINT-EVREMOND A MADEMOISELLE DE LENCLOS.

(1698.)

JE prends un plaisir sensible à voir de jeunes personnes, belles, fleuries, capables de plaire, propres à toucher sincèrement un vieux cœur comme le mien. Comme il y a toujours eu beaucoup de rapport entre votre goût, entre votre humeur, entre vos sentiments et les miens, je crois que vous ne serez pas fâchée de voir un jeune cavalier, qui sait plaire à toutes nos dames. C'est M. le Duc de Saint-Albans, que j'ai prié, autant pour son intérêt que pour le vôtre, de vous visiter. S'il y a quelqu'un de vos amis avec M. de Tallard[1], du mérite de notre temps, à qui je puisse rendre quelque service : ordonnez. Faites-moi savoir comment se porte notre ancien ami M. de Gourville. Je ne doute point qu'il ne soit bien dans ses affaires : s'il est mal dans sa santé, je le plains.

---

1. Le duc de Tallard avoit été envoyé, comme ambassadeur extraordinaire, en Angleterre, après le traité de Riswyck.

Le Docteur Morelli, mon ami particulier, accompagne Mme la comtesse de Sandwich, qui va en France pour sa santé. Feu M. le comte de Rochester, père de Mme Sandwich, avoit plus d'esprit qu'homme d'Angleterre. Mme Sandwich en a plus que n'avoit monsieur son père : aussi généreuse que spirituelle; aussi aimable que spirituelle et généreuse. Voilà une partie de ses qualités. Je m'étendrai plus sur le médecin que sur la malade.

Sept villes, comme vous savez, se disputèrent la naissance d'Homère : sept grandes nations se disputent celle du Morelli; l'Inde, l'Égypte, l'Arabie, la Perse, la Turquie, l'Italie, l'Espagne. Les pays froids, les pays tempérés même, la France, l'Angleterre, l'Allemagne n'y ont aucune prétention. Il sait toutes les langues, il en parle la plupart. Son style haut, grand, figuré, me fait croire qu'il est né chez les Orientaux, et qu'il a pris ce qu'il y a de bon chez les Européens. Il aime la musique passionnément, il est fou de la poésie : curieux en peinture, pour le moins; connaisseur, je ne le sais pas : sur l'architecture, il a des amis qui la savent; célèbre sérieusement dans sa profession; capable d'exercer celle des autres. Je vous prie de lui faciliter la connoissance de tous vos illustres : s'il a bien la vôtre, je le tiens assez heureux; vous ne lui sauriez faire connoître personne qui ait un mérite si singulier que vous. Il me semble qu'Épicure faisoit une partie de son souverain bien du souvenir des choses passées. Il n'y a plus de souverain bien, pour un homme de cent ans, comme moi; mais il est encore des consolations. Celle de me souvenir de vous, et de tout ce que je vous ai ouï dire, est une des plus grandes.

Je vous écris bien des choses dont vous ne vous souciez guère; je ne songe pas qu'elles vous ennuieront. Il me suffit qu'elles me plaisent: il ne faut pas, à mon âge, croire qu'on puisse plaire aux autres. Mon mérite est de me contenter, trop heureux de le pouvoir faire en vous écrivant. Songez à me ménager du vin, avec M. de Gourville. Je suis logé avec M. de l'Hermitage, un de ses parents; fort honnête homme, réfugié en Angleterre, pour sa religion. Je suis fâché que la conscience des catholiques français ne l'ait pu souffrir à Paris, ou que la délicatesse de la sienne l'en ait fait sortir. Il mérite l'approbation de son cousin assurément.

CIX.

RÉPONSE DE MADEMOISELLE DE LENCLOS.

A quoi songez-vous de croire que la vue d'un jeune homme soit un plaisir pour moi? Vos sens vous trompent sur ceux des autres : j'ai tout oublié, hors mes amis. Si le nom de *Docteur* ne m'avoit rassurée, je vous aurois fait réponse par l'abbé de Hautefeuille, et vos Anglois n'auroient pas entendu parler de moi. On leur a dit à ma porte que je n'y étois pas, et on y reçut votre lettre, qui m'a autant réjouie qu'aucune que j'aie jamais reçue de vous. Quelle envie d'avoir de bon vin! Et que je suis malheureuse de ne pouvoir vous répondre du succès! M. de l'Hermitage vous diroit, aussi bien que moi, que M. de Gourville ne sort plus de sa chambre : assez indifférent pour toutes sortes de goûts; bon ami toujours, mais que ses amis ne songent pas d'employer, de peur de lui donner des soins. Après cela, si par quelque insinuation, que je ne prévois pas encore, je puis employer mon savoir-faire pour le vin, ne doutez pas que je ne le fasse.

M. de Tallard a été de mes amis autrefois ; mais les grandes affaires détournent les grands hommes des inutilités. On m'a dit que M. l'abbé Dubois iroit avec lui : c'est un petit homme délié, qui vous plaira, je crois [1]. Il y a vingt de vos lettres entre mes mains : on les lit ici avec admiration. Vous voyez que le bon goût n'est pas fini en France. J'ai été charmée de l'endroit où vous ne craignez pas d'ennuyer ; et que vous êtes sage, si vous ne vous souciez plus que de vous ! non pas que le principe ne soit faux pour vous, de ne pouvoir plus plaire aux autres. J'ai écrit à M. Morelli : si je trouve en lui toutes les sciences dont vous me parlez, je le regarderai comme un vrai docteur.

1. L'abbé Dubois vint en Angleterre en qualité de secrétaire de M. de Tallard. Il est mort cardinal et premier ministre, le 10 août 1723. Voy. les curieuses recherches de M. le comte de Seilhac, sur la vie de ce personnage ; Paris, 1862, 2 vol. in-8°.

CX.

MADEMOISELLE DE LENCLOS A SAINT-EVREMOND.

(1698.)

J'ai envoyé une réponse à votre dernière lettre, Monsieur, au correspondant de M. l'abbé Dubois; et je crains, comme il étoit à Versailles, qu'elle ne lui ait pas été rendue. Je serois fort en peine de votre santé, sans la visite du bon petit Bibliothécaire de Mme de Bouillon[1], qui me combla de joie, en me montrant une lettre d'une personne, qui songe à moi à cause de vous. Quelque sujet que j'aie eu, dans ma maladie, de me louer du monde et de mes amis, je n'ai rien ressenti de plus vif que cette marque de bonté. Faites sur cela tout ce que vous êtes obligé de faire, puisque c'est vous qui me l'avez attirée. Je vous prie que je sache par vous-même si vous avez rattrappé ce bonheur dont on jouit si peu en de certains temps. La source ne sauroit tarir tant que vous aurez l'amitié de l'aimable personne

---

1. L'abbé de Hautefeuille.

qui soutient votre vie[1]. Que j'envie ceux qui passent en Angleterre! et que j'aurois de plaisir de dîner encore une fois avec vous! N'est-ce pas une grossièreté que le souhait d'un dîner? L'esprit a de grands avantages sur le corps : cependant ce corps fournit souvent de petits goûts qui se réitèrent et qui soulagent l'âme de ses tristes réflexions. Vous vous êtes souvent moqué de celles que je faisois : je les ai toutes bannies. Il n'est plus temps quand on est arrivé au dernier période de la vie : il faut se contenter du jour où l'on vit. Les espérances prochaines, quoi que vous en disiez, valent bien autant que celles qu'on étend plus loin : elles sont plus sûres. Voici une belle morale : portez-vous bien. Voilà à quoi tout doit aboutir.

1. La duchesse Mazarin.

CXI.

LA MÊME A SAINT-EVREMOND.

(1698.)

Monsieur l'abbé Dubois m'a rendu votre lettre, Monsieur, et m'a dit autant de bien de votre estomac que de votre esprit. Il vient des temps où l'on fait bien plus de cas de l'estomac que de l'esprit; et j'avoue à ma honte, que je vous trouve plus heureux de jouir de l'un que de l'autre. J'ai toujours cru que votre esprit dureroit autant que vous; on n'est pas si sûr de la santé du corps, sans quoi il ne reste que de tristes réflexions. Insensiblement je m'embarquerois à en faire : voici un autre chapitre. Il regarde un joli garçon, qu'un désir de voir les honnêtes gens de toute sorte de pays, a fait quitter une maison opulente, sans congé. Peut-être blâmerez-vous sa curiosité; mais l'affaire est faite. Il sait beaucoup de choses : il en ignore d'autres, qu'il faut ignorer à son âge. Je l'ai cru digne de vous voir, pour lui faire commencer à sentir qu'il n'a pas perdu son temps d'aller en Angleterre. Traitez-le bien pour l'amour de moi. Je l'ai fait prier par son frère aîné, qui est particulièrement mon ami, d'aller savoir des nouvelles de Mme la Duchesse Mazarin, et de Mme Harvey, puisqu'elles ont bien voulu se souvenir de moi.

CXII.

RÉPONSE DE SAINT-EVREMOND, A MADEMOISELLE DE LENCLOS.

(1698.)

Je n'ai jamais vu de lettre où il y eût tant de bon sens que dans la vôtre : vous faites l'éloge de l'estomac si avantageusement, qu'il y aura de la honte à avoir bon esprit, à moins que d'avoir bon estomac. Je suis obligé à M. l'abbé Dubois, de m'avoir fait valoir auprès de vous, par ce bel endroit. A quatre-vingt-huit ans, je mange des Huîtres tous les matins ; je dîne bien, je ne soupe pas mal ; on fait des Héros pour un moindre mérite que le mien.

> Qu'on ait plus de bien, de crédit,
> Plus de vertu, plus de conduite,
> Je n'en aurai point de dépit ;
> Qu'un autre me passe en mérite

Sur le goût et sur l'appétit,
C'est l'avantage qui m'irrite.
L'estomac est le plus grand bien,
Sans lui les autres ne sont rien.
Un grand cœur veut tout entreprendre,
Un grand esprit veut tout comprendre :
Les droits de l'estomac sont de bien digérer;
Et dans les sentimens que me donne mon âge,
La beauté de l'esprit, la grandeur du courage,
N'ont rien qu'à sa vertu l'on puisse comparer.

Étant jeune, je n'admirois que l'esprit : moins attaché aux intérêts du corps que je ne devois l'être. Aujourd'hui je répare autant qu'il m'est possible le tort que j'ai eu, ou par l'usage que j'en fais, ou par l'estime et l'amitié que j'ai pour lui. Vous en avez usé autrement. Le corps vous a été quelque chose, dans votre jeunesse; présentement vous n'êtes occupée que de ce qui regarde l'esprit : je ne sais pas si vous avez raison de l'estimer tant. On ne lit presque rien qui vaille la peine d'être retenu; on ne dit presque rien qui mérite d'être écouté : quelque misérables que soient les sens, à l'âge où je suis, les impressions que font sur eux les objets qui plaisent, me trouvent bien plus sensible, et nous avons grand tort de les vouloir mortifier. C'est peut-être une jalousie de l'esprit, qui trouve leur partage meilleur que le sien.

Monsieur Bernier, le plus joli philosophe que j'ai connu[1] : (*ioli philosophe* ne se dit guère; mais sa figure, sa taille, sa manière, sa conversation, l'ont rendu digne de cette épithète-là) M. Bernier, en parlant de la mortification des sens, me dit un jour : « Je vais « vous faire une confidence que je ne ferois « pas à Mme de la Sablière, à Mlle de Len- « clos même, que je tiens d'un ordre supé- « rieur ; je vous dirai en confidence que *l'Abs- « tinence des plaisirs me paroît un grand « péché.* » Je fus surpris de la nouveauté du système : il ne laissa pas de faire quelque impression sur moi. S'il eût continué son discours, peut-être m'auroit-il fait goûter sa doctrine. Continuez-moi votre amitié, qui n'a jamais été altérée : ce qui est rare dans un aussi long commerce que le nôtre.

1. Voy. ce que nous en avons dit, dans l'*histoire de Saint-Evremond*.

CXIII.

MADEMOISELLE DE LENCLOS A SAINT-EVREMOND.

(1698.)

Monsieur de Clerembaut m'a fait un sensible plaisir en me disant que vous songiez à moi : j'en suis digne par l'attachement que je conserve pour vous. Nous allons mériter les louanges de la postérité par la durée de notre vie, et par celle de l'amitié. Je crois que je vivrai autant que vous. Je suis lasse quelquefois de faire toujours la même chose, et je loue le Suisse qui se jeta dans la rivière, par cette raison. Mes amis me reprennent souvent sur cela, et m'assurent que la vie est bonne, tant que l'on est tranquille, et que l'esprit est sain. La force du corps donne d'autres pensées. L'on préféreroit sa force à celle de l'esprit : mais tout est inutile, quand on ne sauroit rien changer ; il vaut autant s'éloigner des réflexions, que d'en faire qui ne servent à rien. Mme Sandwich m'a donné mille plaisirs, par le bonheur que j'ai eu de lui plaire : je ne croyois pas, sur mon déclin, pouvoir être propre à une femme de son âge. Elle a plus d'esprit que toutes les femmes de France, et plus de véritable mérite. Elle nous quitte, c'est un regret pour tout ce qui la connoît, et pour moi particulièrement. Si vous aviez été ici, nous aurions fait des repas dignes du temps passé. Aimez-moi toujours. Mme de Coulange a pris la commission de faire vos compliments à M. le Comte de Grammont, par Mme la Comtesse de Grammont. Il est si jeune, que je le crois aussi léger que du temps qu'il haïssoit les malades, et qu'il les aimoit, dès qu'ils étoient revenus en santé. Tout ce qui revient d'Angleterre parle de la beauté de Mme la Duchesse Mazarin, comme on parle ici de celle de Mlle de Bellefonds[1], qui commence. Vous m'avez attachée à Mme Mazarin, je n'en entends point dire de bien sans plaisir. Adieu, monsieur; pourquoi n'est-ce pas un bonjour? Il ne faudroit pas mourir sans se voir.

1. Petite fille de la duchesse.

CXIV.

LA MÊME A SAINT-EVREMOND.

(1699.)

Quelle perte pour vous, monsieur! Si on n'avoit pas à se perdre soi-même, on ne se consoleroit jamais. Je vous plains sensiblement : vous venez de perdre un commerce aimable, qui vous a soutenu dans un pays étranger. Que peut-on faire pour remplacer un tel malheur? Ceux qui vivent longtemps sont sujets à voir mourir leurs amis. Après cela votre esprit, votre philosophie, vous serviront à vous soutenir. J'ai senti cette mort, comme si j'avois eu l'honneur de connoître Mme Mazarin. Elle a songé à moi dans mes maux : j'ai été touchée de cette bonté ; et ce qu'elle étoit pour vous, m'avoit attachée à elle. Il n'y a plus de remède, et il n'y en a nul à ce qui arrive à nos pauvres corps. Conservez le vôtre. Vos amis aiment à vous voir si sain et si sage : car je tiens pour *sages* ceux qui savent se rendre heureux. Je vous rends mille grâces du thé que vous m'avez envoyé. La gaieté de votre lettre m'a autant plu que votre présent. Vous allez ravoir Mme Sandwich, que nous voyons partir avec beaucoup de regret. Je voudrois que la situation de sa vie vous pût servir de quelque consolation. J'ignore les manières angloises : cette dame a été très-françoise ici. Adieu mille fois, Monsieur. Si l'on pouvoit penser comme Mme de Chevreuse, qui croyoit en mourant qu'elle alloit causer avec tous ses amis, en l'autre monde, il seroit doux de le penser.

CXV.

LA MÊME A SAINT-EVREMOND.

(1699.)

Votre lettre m'a remplie de désirs inutiles, dont je ne me croyois plus capable. *Les jours se passent*, comme disoit le bonhomme des Yveteaux[1], *dans l'ignorance et la paresse, et ces jours nous détruisent, et nous font perdre les choses à quoi nous sommes attachés.* Vous l'éprouvez cruellement, vous disiez autrefois que *je ne mour-*

---

1. Voy. sur Des Yveteaux la curieuse Historiette de Tallemant, Tome I, page 341 suiv. de la troisième édition ; tout doit en être vrai.

rais que de RÉFLEXION : Je tâche à n'en plus faire, et à oublier, le lendemain, le jour que je vis aujourd'hui. Tout le monde me dit que j'ai moins à me plaindre du temps qu'un autre. De quelque sorte que cela soit, qui m'auroit proposé une telle vie, je me serois pendue. Cependant on tient à un vilain corps, comme à un corps agréable : on aime à sentir l'aise et le repos. L'appétit est quelque chose dont je jouis encore. Plût à Dieu de pouvoir éprouver mon estomac avec le vôtre, et parler de tous les originaux que nous avons connus, dont le souvenir me réjouit plus que la présence de beaucoup de gens que je vois, quoiqu'il y ait du bon dans tout cela, mais, à dire le vrai, nul rapport. M. de Clerembaut me demande souvent s'il ressemble par l'esprit à son père : *non*, lui dis-je ; mais j'espère de sa présomption, qu'il croit ce *non* avantageux, et peut-être qu'il y a des gens qui le trouveroient. Quelle comparaison du siècle présent avec celui que nous avons vu ! Vous allez avoir Mme Sandwich, mais je crains qu'elle aille à la campagne. Elle sait tout ce que vous pensez d'elle. Mme Sandwich vous dira plus de nouvelles de ce pays-ci que moi. Elle a tout approfondi et pénétré : elle connoît parfaitement tout ce que je hante, et a trouvé le moyen de n'être point étrangère ici.

CXVI.

RÉPONSE DE SAINT-EVREMOND, A MADEMOISELLE DE LENCLOS.

La dernière lettre que je reçois de Mlle de Lenclos me semble toujours la meilleure; et ce n'est point que le sentiment du plaisir présent l'emporte sur le souvenir du passé : la véritable raison est que votre esprit se fortifie tous les jours. S'il en est du corps comme de l'esprit, je soutiendrois mal ce combat d'estomac dont vous me parlez. J'ai voulu faire un essai du mien, contre celui de Mme de Sandwich, à un grand repas chez Mylord Jersey : je ne fus pas vaincu. Tout le monde connoît l'esprit de Mme de Sandwich : je vois son bon goût, par l'estime extraordinaire qu'elle a pour vous. Je ne fus pas vaincu sur les louanges qu'elle vous donna, non plus que sur l'appétit. Vous êtes de tous les pays : aussi estimée à Londres qu'à Paris. Vous êtes de tous les temps; et quand je vous allègue, pour faire honneur au mien, les jeunes gens vous nomment aussitôt, pour donner l'avantage au leur. Vous voilà maîtresse du présent et du passé; puissiez-vous avoir des droits considérables sur l'avenir! Je n'ai pas en vue la réputation : elle vous est assurée dans tous les temps; je regarde une chose plus essentielle : c'est la vie, dont huit jours valent mieux que huit siècles de gloire après la mort. *Qui vous auroit proposé autrefois de vivre comme vous vivez, vous vous seriez pendue;* l'expression me charme, cependant vous vous contentez de l'*aise* et du *repos*, après avoir senti ce qu'il y a de plus vif.

L'esprit vous satisfait, ou du moins vous console;
Mais on préféreroit de vivre jeune et folle,
Et laisser aux vieillards exempts de passions
La triste gravité de leurs réflexions.

Il n'y a personne qui fasse plus de cas de la jeunesse que moi : comme je n'y tiens que par le souvenir, je suis votre exemple, et m'accommode du présent, le mieux qu'il m'est possible. Plût à Dieu que Mme Mazarin eût été de notre sentiment! Elle vivroit encore : mais elle a voulu mourir la plus belle du monde. Mme Sandwich va à la campagne : elle part d'ici, admirée à Londres, comme elle l'a été à Paris. Vivez; la vie est bonne, quand elle est sans douleur. Je vous prie de faire tenir ce billet à M. l'abbé de Hautefeuille, chez Mme la duchesse de Bouillon. Je vois quelquefois les amis de M. l'abbé Dubois, qui se plaignent d'être oubliés : assurez-les de mes très-humbles respects.

CXVII.

MADEMOISELLE DE LENCLOS A SAINT-EVREMOND.

(1099.)

Le bel esprit est bien dangereux dans l'amitié ! Votre lettre en auroit gâté une autre que moi. Je connois votre imagination vive et étonnante, et j'ai même eu besoin de me souvenir que Lucien a écrit à la louange de la Mouche, pour m'accoutumer à votre style. Plût à Dieu que vous pussiez penser de moi ce que vous en dites ! Je me passerois de toutes les nations. Aussi est-ce à vous que la gloire en demeure. C'est un chef-d'œuvre que votre dernière lettre : elle a fait le sujet de toutes les conversations que l'on a eues dans ma chambre, depuis un mois. Vous retournez à la jeunesse : vous faites bien de l'aimer. La philosophie sied bien avec les agréments de l'esprit. Ce n'est pas assez d'être sage, il faut plaire; et je vois bien que vous plairez toujours, tant que vous penserez comme vous pensez. Peu de gens résistent aux années :

je crois ne m'en être pas encore laissé accabler. Je souhaiterois, comme vous, que Mme Mazarin eût regardé la vie en elle-même, sans songer à son visage, qui eût toujours été aimable, quand le bon sens auroit tenu la place de quelque éclat de moins. Mme Sandwich conservera la force de l'esprit, en perdant la jeunesse : au moins le pensai-je ainsi. Adieu, monsieur, quand vous verrez Mme la comtesse de Sandwich, faites-la souvenir de moi : je serois très-fâchée d'en être oubliée.

CXVIII.

SAINT-EVREMOND A MADEMOISELLE DE LENCLOS.

(1700.)

On m'a rendu dans le mois de décembre la lettre que vous m'avez écrite le 14 octobre. Elle est un peu vieille; mais les bonnes choses sont agréablement reçues, quelque tard qu'elles arrivent. Vous êtes sérieuse, et vous plaisez; vous donnez de l'agrément à Sénèque, qui n'a pas accoutumé d'en avoir; vous vous dites vieille, avec toutes les grâces de l'humeur et de l'esprit des jeunes gens. J'ai une curiosité que vous pourrez satisfaire : quand il vous souvient de votre jeunesse, le souvenir du passé ne vous donne-t-il point de certaines idées, aussi éloignées de la langueur de l'indolence, que du trouble de la passion? Ne sentez-vous point dans votre cœur une opposition secrète à la tranquillité que vous pensez avoir donnée à votre esprit?

>Mais aimer, et vous voir aimée,
>Est une douce liaison,
>Qui dans votre cœur s'est formée,
>De concert avec la raison.
>
>D'une amoureuse sympathie,
>Il faut, pour arrêter le cours,
>Arrêter celui de nos jours;
>Sa fin est celle de la vie.
>Puissent les destins complaisans
>Vous donner encore trente ans
>D'amour et de philosophie!

C'est ce que je vous souhaite, le premier jour de l'année; jour, où ceux qui n'ont rien à donner, donnent pour étrennes des souhaits[1].

1. C'est la dernière lettre *imprimée* que nous ayons de Saint-Evremond à Ninon de Lenclos. A-t-il cessé de correspondre avec elle, à cette époque? Nous l'ignorons; ce qui est certain, c'est qu'il n'a pas cessé d'écrire lui-même à d'autres personnes.

CXIX.

LETTRE A MONSIEUR ***, QUI NE POUVOIT SOUFFRIR L'AMOUR DE M. LE COMTE DE SAINT-ALBANS, A SON AGE.

(1683 ou 1684.)

ous vous étonnez mal à propos, que de vieilles gens aiment encore; car leur ridicule n'est pas à se laisser toucher, c'est à prétendre imbécilement de pouvoir plaire. Pour moi, j'aime le commerce des belles personnes, autant que jamais : mais je les trouve aimables, sans dessein de me faire aimer. Je ne compte que sur mes sentiments, et cherche moins, avec elles, la tendresse de leur cœur, que celle du mien. C'est de leurs charmes, et non point de leurs faveurs, que je prétends être obligé. C'est du désagrément et non point de la rigueur, que je trouve sujet de me plaindre.

Qu'un autre vous appelle ingrate, inexorable,
Vous m'obligez assez de me paroître aimable :
Et vos yeux adorés, plus beaux que l'œil du jour,
Ont assez fait pour moi de former mon amour.

Le plus grand plaisir qui reste aux vieilles

gens, c'est de vivre; et rien ne les assure si bien de leur vie, que leur amour. *Je pense, donc je suis*, sur quoi roule la philosophie de M. Descartes, est une conclusion pour eux bien froide et bien languissante : *j'aime, donc je suis*, est une conséquence toute vive, toute animée, par où l'on rappelle les désirs de la jeunesse, jusqu'à s'imaginer quelquefois d'être jeune encore.

Vous me direz que c'est une double erreur de ne croire pas être ce qu'on est, et de s'imaginer être ce qu'on n'est pas. Mais quelles vérités peuvent être si avantageuses que ces bonnes erreurs, qui nous ôtent le sentiment des maux que nous avons, et nous rendent celui des biens que nous n'avons plus? Cependant, pour ne considérer pas les choses avec assez d'attention, nous faisons convenir l'amour seulement à la jeunesse, bien que la raison dût être employée à réprimer la violence de ses mouvements; et nous traitons de fous les vieilles gens qui osent aimer, quoique la plus grande sagesse qu'ils puissent avoir c'est d'animer leur nature languissante, par quelques sentiments amoureux. Que vous sert-il de vivre encore, si vous ne sentez pas que vous vivez? C'est avoir obligation de votre vie à votre amour, s'il a su la ranimer, quand la langueur vous l'avoit rendue insensible.

En cet âge-là, toute ambition nous abandonne; le désir de la gloire ne nous touche plus, les forces nous manquent, le courage s'éteint ou s'affoiblit; l'amour, le seul amour nous tient lieu de toute vertu, contre le sentiment des maux qui nous pressent, et contre la crainte de ceux dont nous sommes menacés. Il détourne l'image de la mort, qui sans lui se présenteroit continuellement à nous; il dissipe les frayeurs de l'imagination, les troubles de l'âme, et nous rend les plus sages du monde à notre égard, quand il nous fait tenir insensés, dans la commune opinion des autres.

CXX[1].

LETTRE DE SAINT-EVREMOND A MADAME D'AULNOY, SUR LA MORT DE SON MARI.

Dans le temps, madame, que votre lettre m'a été rendue, je me donnois l'honneur de vous écrire, sur la mort de M. d'Aulnoy. Je vous conseillois les bienséances, de cacheter vos lettres avec de la cire noire, et de donner au monde des mar-

1. Tirée de la *Continuation des Mémoires de littérature* de Sallengre, tome II, page 5. Je dois la connois-

ques d'un deuil qui ne laisse de peine à souffrir
que la régularité. La condition d'une veuve ne
permet pas de regretter le meilleur mari, et
donne de la joie à celles qui en perdent de méchants. Une seule chose peut troubler la vôtre;
c'est de n'avoir eu aucune part aux effets d'un
injuste époux. Cette injustice seule m'en fait
détester la mémoire. Ma consolation est que
vous aurez toujours assez de bien pour vous
passer de celui qu'il vous devoit. Mais ce n'est
pas assez pour vous, Madame, que d'avoir les
choses commodes, je vous souhaite les superflues : c'est le souhait de votre très-humble et
très-obéissant serviteur.

sance de cette lettre à mon savant et spirituel ami,
M. Sainte-Beuve.

Je dois également à mon très honoré confrère, M. Régnier, la communication d'une lettre inédite de Saint-Evremond à M. de Pomponne : pour le complimenter sur sa disgrâce; lettre que M. Régnier possède sur copie seulement, et qu'il a indiquée, dans son excellente édition des *Lettres de madame de Sévigné*. C'est un simple compliment de politesse, par lequel, probablement, Saint-Evremond a voulu s'acquitter d'un devoir, sans se compromettre de nouveau par des écritures.

CXXI.

LETTRE A M. JUSTEL [1]

(1681.)

Je suis ravi, Monsieur, de vous voir en Angleterre; le commerce d'un homme aussi savant et aussi curieux que vous, me donnera beaucoup de satisfaction : mais permettez-moi de n'approuver pas la résolution que vous avez prise de quitter la France, tant que je vous verrai conserver pour elle un si tendre et si amoureux souvenir. Quand je vous vois triste et désolé, regretter Paris aux bords de notre Tamise, vous me remettez dans l'esprit les pauvres Israélites, pleurant leur Jérusalem aux bords de l'Euphrate. Ou vivez heureux, en Angleterre,

---

1. Henri Justel, fils du célèbre canoniste et historien Christophe Justel, savant distingué lui-même, et connu par sa collaboration à la *Bibliotheca juris canonici*, Paris, 1661, 2 vol. in-fol., n'attendit pas la révocation de l'édit de Nantes, pour aller chercher, en Angleterre, le paisible exercice de la croyance protestante. Il se retira à Londres, avec toute sa famille, au mois d'octobre 1681. Quelques années après, il obtint la charge de bibliothécaire du roi, à Saint-James.

par une pleine liberté de conscience; ou accommodez-vous à de petites rigueurs sur la religion, en votre pays, pour y jouir de toutes les commodités de la vie.

Est-il possible que des images, des ornements, de légères cérémonies; que de petites nouveautés, superstitieuses à votre égard, dévotes au nôtre; que de certaines questions agitées avec plus de subtilité, pour la réputation des docteurs, que de connoissance et de bonne foi, pour notre édification : est-il possible enfin, que des différences si peu considérables, ou si mal fondées, troublent le repos des nations et soient cause des plus grands malheurs qui arrivent aux hommes? Il est beau de chercher Dieu *en esprit et en vérité*. Ce premier être, cette souveraine intelligence mérite nos spéculations les plus épurées : mais quand nous voulons dégager notre âme de tout commerce avec nos sens, sommes-nous assurés qu'un entendement abstrait ne se perde pas en des pensées vagues, et ne se forme plus d'extravagances, qu'il ne découvrira de vérités ? D'où pensez-vous que viennent les absurdités de tant de sectes, que des méditations creuses, où l'esprit, au bout de sa rêverie, ne rencontre que ses propres imaginations ?

Perdez, monsieur, cette opposition chagrine et opiniâtre que vous avez contre nos images.

Les images arrêtent, en quelque façon, cet esprit si difficile à fixer. D'ailleurs, il n'y a rien de plus naturel à l'homme que l'imitation ; et de toutes les imitations, il n'y en a point de si légitime que celle d'une peinture, qui nous représente ce que nous devons révérer. L'idée des personnes vertueuses nous porte à l'amour de leurs vertus, et fait naître en nous un juste désir d'acquérir la perfection qu'ils ont acquise. Il est des émulations de sainteté aussi bien que des jalousies de gloire ; et si le portrait d'Alexandre anima l'ambition de César à la conquête du monde, l'image de nos Saints peut bien exciter en nous l'ardeur de leur zèle, et nous inspirer cette heureuse violence qui ravit les cieux.

Chacun sait que Numa défendit toutes sortes d'images, dans les temples des Romains, et sa loi fut religieusement observée assez longtemps : mais il fallut revenir à la nature, qui se passe avec trop de peine de la représentation des objets, lorsque les objets lui manquent ; et les livres de ce législateur ayant été trouvés par hasard, dans son sépulcre, on jugea plus à propos de les brûler, que de retourner à la sécheresse de ses premières institutions. Les Pères n'ont rien attaqué si vivement, chez les païens, que les figures et les images : c'étoient des *Dieux de bois et de pierre;* c'étoient des

Divinités peintes, vains effets de la fantaisie, travail impie de la main des hommes. Il est vrai qu'à peine le paganisme fut-il aboli, et la religion chrétienne établie, qu'on rappela l'usage des représentations tant condamnées; et un grand concile tenu peu de temps après, en ordonna même la vénération[1].

J'avoue que le vieux testament ne permettoit pas de rien former à la ressemblance de Dieu. Ce Dieu s'étoit peint lui-même dans le grand ouvrage de l'univers. Les cieux, le soleil, les étoiles, les éléments étoient les images de son immensité et de sa puissance; l'ordre merveilleux de la nature nous exprimoit sa sagesse; notre raison, qui veut tout connoître, trouvoit chez elle quelque idée de cette intelligence infinie; et voilà tout ce qui pouvoit être figuré d'un DIEU, qui ne se découvroit aux hommes que par ses œuvres. Il n'en est pas ainsi dans la nouvelle alliance. Depuis qu'un Dieu s'est fait homme pour notre salut, nous pouvons bien nous en former des images, qui nous excitent à la reconnoissance de sa bonté et de son amour. Et en effet, si on a condamné comme *Hérétiques* ceux qui nioient son humanité; n'est-ce pas une absurdité étrange de nous

---

[1]. Le second concile de Nicée, tenu l'an 787, et provoqué par l'impératrice Irène.

traiter d'*Idolâtres*, pour aimer à la voir représentée? On nous ordonne de songer toujours à sa passion, de méditer toujours sur ses tourments; et on nous fait un crime d'avoir des figures qui en entretiennent le souvenir! on veut que l'image de sa mort soit toujours présente à notre esprit, et on ne veut pas que nous en ayons aucune devant les yeux!

Votre aversion pour les ornements de nos prêtres, et pour ceux de nos églises, n'est pas mieux fondée. Ne savez vous pas, monsieur, que Dieu prit le soin d'ordonner lui-même jusqu'à la frange des habits du grand pontife? Nos habits pontificaux n'approchent point de ceux du grand sacrificateur; et vous ne pardonneriez guère à nos évêques un *Pectoral* et de petites *Clochettes*, s'ils disoient la messe avec ces beaux ornements. Pour la pompe de nos églises, vous avez raison de la nommer vaine, si vous la comparez avec la magnificence solide du temple de Salomon, où l'or et l'argent auroient pu servir de pierre à la structure de ce bâtiment si somptueux. Votre austérité n'est pas moins farouche à retrancher nos musiques, qu'à condamner nos images. Vous devriez vous souvenir que David n'a rien tant recommandé aux Israélites, que de chanter les louanges du Seigneur, avec toutes sortes d'instruments. La musique des églises élève l'âme, purifie l'esprit, touche le cœur, inspire et augmente la dévotion.

Lorsqu'il s'agit d'un mystère, ou d'un miracle, vous ne connoissez que les sens et la raison. Dans les choses naturelles qui conduisent à la piété, les sens et la raison sont vos ennemis. Là, vous donnez tout à la nature; ici, à la grâce. Là, on ne vous allègue rien de surnaturel, que vous ne traitiez de ridicule : ici, on ne vous dit rien d'humain, que vous ne trouviez profane et impie.

Les contrariétés, Monsieur, n'ont duré que trop longtemps. Convenez avec nous des usages légitimement établis, et nous crierons avec vous contre des abus qui s'introduisent, contre un sale intérêt, des gains sordides, contre des piéges tendus à la faiblesse des femmes, et à la simplicité des hommes superstitieux et crédules. Que ceux à qui on reproche la corruption, travaillent à se donner de la pureté; que ceux qui ont la vanité de se croire purs, s'accommodent à de petites altérations insensibles, où tombe la condition humaine, par nécessité. Qu'ici, un catholique ne soit pas exterminé comme *Idolâtre ;* que là, un protestant ne soit pas brûlé comme *Hérétique.* Il n'y a rien de plus juste que d'adorer ce qu'on croit un Dieu : il n'y a rien de moins criminel que de n'adorer pas ce qu'on croit simplement un SIGNE; et je ne sais comment cette diversité de créance a pu causer des supplices si barbares, dans une religion toute fondée sur l'amour. Si ce sont là des effets de zèle, qu'on m'apprenne quels peuvent être ceux de la fureur!

Une partie des Pères s'est attachée au sens littéral de ces paroles : Ceci est mon corps. L'autre les a prises au sens figuré, dans un pays où l'on parloit presque toujours par figure. La vérité de ce que je dis se prouve très-clairement par les livres de M. Arnauld et de M. Claude, où quand M. Arnauld allègue un passage de quelque Père, tout l'esprit et la dextérité de M. Claude suffisent à peine pour l'éluder ; et lorsque ce dernier en cite un autre avantageux à son opinion, toute la force et la véhémence de M. Arnauld ne renversent point l'argument de M. Claude. Cette différence de sentiments, dans les Pères, est manifeste : il ne faut qu'avoir un peu de sens pour le connoître et un peu de sincérité pour l'avouer. Cependant, monsieur, cette différence ne rompoit point la communion de l'église, et tous ces Pères, alloient religieusement ensemble, recevoir les grâces qui nous sont promises, en ce sacrement.

Vous me direz qu'il est difficile de convenir avec nous d'*un corps sans figure et sans extension* : mais est-il aisé de s'accommoder avec vous de votre *Manducation spirituelle*, de cette *foi qui mange réellement la substance de ce même corps?* La difficulté est grande de tous côtés, et un miracle est aussi nécessaire à votre opinion qu'à la nôtre. Laissez-nous donc la créance d'un mystère inconcevable, et nous vous laisserons ce mélange bizarre de foi et de raison, inexplicable pour vous et incompréhensible pour les autres. Que chacun demeure attaché à sa doctrine comme il lui plaira; mais accordons-nous dans l'usage du sacrement. Les Pères en ont usé autrefois ainsi; pourquoi ne ferions-nous pas aujourd'hui la même chose?

L'article de l'*Adoration* n'y doit pas être un obstacle, puisque la véritable *Adoration* est un acte intérieur qui dépend de vous; et sans la direction de votre esprit et le mouvement de votre cœur, vous avez beau vous mettre à genoux, vous n'adorez rien. Si être à genoux étoit adorer, les enfants seroient idolâtres en Angleterre, pour aborder leurs *parents* dans cette posture humble et soumise; et un amant qui se met aux pieds de sa maîtresse feroit un acte d'idolâtrie; et les Espagnols, dont les révérences sont des espèces de génuflexions, seroient pour le moins des profanes. C'est par un raffinement de votre principe, que les Quakers n'ôtent leur chapeau, ni aux princes ni aux magistrats, dans l'appréhension qu'ils ont de communiquer à la créature la gloire qui n'est due qu'au créateur. Chose étrange, que vos Messieurs, qui font une guerre ouverte à la superstition, tombent eux-mêmes dans une conduite plus superstitieuse que celle qu'on impute aux catholiques les moins instruits! En effet, ne pas rendre le respect qu'on doit, par un scrupule de religion mal fondé, est plus inexcusable, que d'en rendre trop par un zèle mal entendu.

Si j'avois été en la place des réformés, j'aurois reçu le livre de M. de Condom, le plus favorablement du monde; et après avoir remercié ce prélat de ses ouvertures insinuantes, je l'aurois supplié de me fournir une catholicité purgée et conforme à son EXPOSITION DE LA FOI CATHOLIQUE. Il ne l'auroit pas trouvée en Italie, en Espagne, ni en Portugal; mais il auroit pu vous la faire trouver en France, dégagée des superstitions de la multitude et des inspirations étrangères, réglée avec autant de sagesse que de piété par nos lois, et maintenue avec fermeté par nos parlements. Alors, si vous craigniez la puissance du pape, les libertés de l'église gallicane vous en mettront à couvert: alors, sa Sainteté ne sera ni infaillible, ni arbitre souveraine de votre foi: là, elle ne disposera ni des États des princes, ni du royaume des cieux à sa volonté: là, devenus assez Romains, pour révérer avec une soumission légitime son caractère et sa dignité, il vous suffira d'être François, pour n'avoir pas à craindre sa juridiction.

Que si l'amour de la séparation vous possède encore, et que vous ne puissiez vous détacher en rien de l'habitude de vos sentiments, ne vous plaignez pas de ce qu'on vous ôte, comme d'une injustice; remerciez de ce qu'on vous laisse, comme d'une grâce. Le chagrin, les murmures, les oppositions, sont capables d'avancer la ruine de votre parti. Une conduite plus respectueuse, des intérêts plus discrètement ménagés, que violemment soutenus, pourroient arrêter le dessein de votre perte, s'il étoit formé. Les controverses ne font qu'aigrir les esprits. En l'état où sont les choses, vous avez besoin de bons directeurs, plus que de bons écrivains, pour vous conserver. Vos pères ont mis tous leurs talents en usage, pour se faire accorder des privilèges; votre habilité doit être employée pour empêcher qu'on ne vous les ôte. L'audace, la vigueur, la fermeté, ont su faire les protestants. Le zèle, la fidélité, la soumission, vous maintiendront, et on souffrira comme obéissants ceux qu'on détruiroit comme rebelles. Enfin, monsieur, si vous avez une religion douce et paisible, dans laquelle vous ne cherchiez que votre salut, il faut croire qu'on ne troublera point des exercices modestes et pieux : mais si, jalouse et querelleuse, elle attaque celle de l'État, si elle reprend, censure, et condamne les choses les plus innocentes, je ne vous réponds pas d'une longue indulgence, pour l'indiscrétion d'une étrangère, injuste et fâcheuse en ses corrections.

Une des premières sagesses et des plus recommandées, c'est de respecter en tout pays la religion du prince. Condamner la créance du souverain, c'est condamner le souverain en même temps. Un catholique anglois, qui, dans ses discours ou dans ses écrits, donne le nom d'Hérésie à la religion anglicane, traite le roi d'Angleterre d'Hérétique, et lui fait une insulte, dans ses propres États. Un huguenot en France, qui traite la religion catholique d'Idolatrie, accuse le roi, par une conséquence nécessaire, d'être Idolatre; ce que les empereurs païens même n'ont pu souffrir. Je ne trouve rien de plus injuste que de persécuter un homme pour sa créance ; mais je ne vois rien de plus fou que de s'attirer la persécution.

Voulez-vous me croire, Monsieur? jouissez paisiblement de l'exercice qu'on vous permet, tel qu'il puisse être, et soyez persuadé que les princes ont autant de droit sur l'extérieur de la religion, qu'en ont les sujets sur le fond secret de leur conscience.

Si vous entrez bien dans la considération de

cette vérité, un temple abattu en Languedoc ne vous sera pas une injure; Charenton conservé sera un bienfait. La fureur des opinions et l'opiniâtreté des partis, ne sont pas pour un homme sage comme vous: votre honneur et votre zèle sont à couvert de tout reproche, par ce que vous avez déjà souffert; et vous ne sauriez mieux faire, que d'aller fixer à Paris une religion errante et vagabonde, que vous avez traînée de pays en pays assez longtemps. Je vous exhorterois vainement à y renoncer, dans la disposition où vous êtes. Un sentiment comme naturel, qui se forme des premières impressions; l'attachement qu'on se fait par les anciennes habitudes; la peine qu'on a de quitter une créance dans laquelle on est nourri, pour en prendre une autre, où l'on a vécu toujours opposé; une fausse délicatesse de scrupule, une fausse opinion de constance, sont des liens que vous romprez difficilement. Mais laissez à vos enfants la liberté de choisir, que vos vieux engagements ne vous laissent pas. Vous vous plaignez de l'arrêt qui les oblige de faire choix d'une religion à sept ans, et c'est la plus grande faveur qu'on leur pouvoit faire. Par là, on leur rend la patrie que vous leur aviez ôtée, on les remet dans le sein de la république d'où vous les aviez tirés, on les fait rentrer dans le droit des honneurs et des dignités dont vous les aviez exclus. Ne leur enviez donc point, Monsieur, des avantages que vous avez négligés; et gardant pour vous vos opinions et vos malheurs, remettez le soin de leur religion et de leur fortune à la Providence.

Où est le père qui n'inspire le zèle de son parti, autant que celui de sa religion, à ses enfants? Et que sait-on ce qui arrivera de ce zèle? s'il s'en formera de la fureur, ou de la piété, s'il produira des crimes ou des vertus? Dans cette incertitude, Monsieur, remettez tout à la disposition d'une loi qui n'a pour but que le bien public et l'intérêt particulier de vos familles. En effet, ne vaut-il pas mieux recevoir la religion des lois de son pays, que de la liberté de sa fantaisie, ou de l'animosité des factions où l'on se trouve? que de faire le premier point de sa foi de la haine des PAPISTES, comme injustement vous nous appelez? Soyez sage, soyez prudent, quand les emportés devroient vous appeler tiède; il vous convient d'achever en paix les jours qui vous restent. Dieu vous tiendra compte de votre repos; car il se plaît à la sagesse qu'il a inspirée, et ne peut souffrir le zèle indiscret qui cause ou attire le trouble imprudemment[1].

1. Quand il écrivit cette lettre, Saint-Evremond ne croyoit pas à la résolution, déjà arrêtée, de révoquer l'édit de Nantes.

CXXII.

LETTRE A MONSIEUR BARBIN[1].

(1698.)

JE vous suis fort obligé, Monsieur, de la bonne opinion que vous avez des bagatelles qui me sont échappées, et qu'on a la bonté de nommer OUVRAGES. Si j'étois d'un âge où l'imagination m'en pût fournir de pareilles, telles qu'elles pourroient être, je ne manquerois pas de vous les envoyer : la beauté de l'impression les feroit valoir. Mais le peu d'esprit que j'ai eu autrefois est tellement usé, que j'ai peine à en tirer aucun usage pour les choses même qui sont nécessaires à la vie. Il ne s'agit plus pour moi de l'agrément ; mais mon seul intérêt, c'est de vivre. Vous me demandez que je vous fasse savoir les choses qui sont de moi, dans les petites pièces qu'on a imprimées sous mon nom. Il n'y

---

1. Barbin, libraire de Paris, avoit demandé à Saint-Evremond quelques-uns de ses ouvrages, ou du moins de lui marquer les pièces qui étoient de lui, dans ce qu'on avoit imprimé sous son nom.

en a presque point où je n'aie la meilleure part, mais je les trouve toutes changées ou augmentées. Les *grosses cloches de Saint-Germain-des-Prés*, que Luigi *admiroit*[1], ne m'appartiennent sûrement pas. C'est la première addition qui me vient dans l'esprit. Les charmes de l'amitié, la longue lettre de consolation à une demoiselle, les Réflexions sur la Doctrine d'Épicure, l'Éloquence de Pétrone et quelques autres, dont il ne me souvient pas, ne m'appartiennent en rien. Si j'étois jeune et bien fait, je ne serois pas fâché qu'on vît mon portrait à la tête d'un livre ; mais c'est faire un mauvais présent au lecteur, que de lui donner la vieille et vilaine image d'un homme de quatre-vingt-cinq ans. Les yeux me manquent ; je ne puis ni lire ni écrire, qu'avec beaucoup de peine : vous m'excuserez, si je ne saurois vous donner une connoissance plus exacte de ce que vous me demandez.

1. Barbin avoit mis cette sottise dans les *Réflexions sur les Opéras*, qu'on trouve à notre tome II, page 389.

CXXIII.

BILLET A M. DES MAIZEAUX.

Je vous renvoie, Monsieur, le livre qu'on vient d'imprimer à Paris, sous mon nom[1]. Il n'y a rien de moi dans tout ce volume, que le commencement du *parallèle de M. le prince et de M. de Turenne;* encore est-il tout changé. La *lettre sur la mort de Mme Mazarin* est la chose du monde que j'aurois le moins faite; je n'ai jamais pensé à l'écrire.

Vous pouvez sûrement répondre à vos amis de Hollande, que les *Mémoires de la vie du comte D...,* et le *saint-evremoniana* ne m'appartiennent point[2]. Il n'y a pas une ligne dans ce dernier qui me convienne. A l'égard des autres livres qu'on m'attribue, j'ai marqué dans votre exemplaire les pièces qui ne sont pas de

---

1. Le libraire Anisson, excité par la rivalité, avoit voulu publier aussi son volume de Saint-Evremond. Ce livre est intitulé : *Recueil d'ouvrages de M. de Saint-Evremond, qui n'ont pas encore été publiés.* Paris, Anisson, 1701, in-12. Le volume de Barbin avoit paru l'année précédente.

2. Sur ces deux ouvrages apocryphes. Voy. notre *hist. de Saint-Evremond.*

moi; et vous savez qu'on a rempli d'un si grand nombre de fautes celles qui en sont, que je ne m'y reconnois presque plus. Vous m'avez engagé à les corriger, et il y a trois mois que j'y travaille, sans avoir pu les ôter. Je continuerai pourtant de les revoir, puisque cela vous fait plaisir.

CXXIV.

LETTRE A MILORD GALLOWAY.

(1701.)

Je ne me suis point donné l'honneur de vous écrire, Milord, sur le régiment que le roi vous a donné[1]; vous auriez eu l'honnêteté de me faire réponse : j'ai voulu vous en ôter la peine et me suis contenté de prier M. de Montandre et M. Boyer de vous assurer que personne au monde ne prendra plus de part que moi à tout ce qui vous regarde.

Venons à M. de Puyzieulx. Je trouve qu'il agit fort prudemment de suivre le méchant goût des vins de Champagne d'aujourd'hui,

---

1. Le roi d'Angleterre, Guillaume d'Orange, lui avoit donné un régiment des gardes hollandaises à cheval.

pour vendre les siens. Je n'aurois jamais cru que les vins de Reims fussent devenus des vins d'Anjou, par la couleur et par la verdeur. Il faut du vert aux vins de Reims : mais un vert avec de la couleur, qui se tourne en séve, quand il est mûr. La séve en est amoureuse, et on ne le boit qu'à la fin de juillet. Vous avez été amant autrefois, et peut-être croyez-vous que le terme d'*amoureux* est profané. Cependant c'est le terme des grands connoisseurs, des d'Olonnes, des Boisdauphins, et de votre serviteur : Coteaux autrefois fort renommés[1]. Jamais on n'aura d'excellents vins de montagne qu'on ne leur donne un peu de corps, quoi qu'en disent les vignerons modernes. Il faut laisser la Tocane aux vins d'Aï. Les vins de Sillery et des Roncières se gardoient deux ans, et ils étoient admirables : mais au bout de quatre mois, ce n'est encore que du verjus. On a laissé prendre un tel ascendant aux vins de Bourgogne, malgré tout ce que j'ai dit, et ce que j'ai écrit des vins de Champagne[2], que je n'ose plus les nommer. Vous ne sauriez croire la confusion où j'en suis.

Que M. de Puyzieulx en fasse une petite

---

1. Voyez ce que nous avons dit de l'ordre des Coteaux, dans le Ier vol., p. lxxxviii, et ce qu'en dit Saint-Evremond lui-même, *sup.*, p. 291 et 292.
2. Voy. la *Lettre au comte d'Olonne*, *sup.*, p. 16 et suiv.

cuve, de la façon qu'on les faisoit, il y a quarante ans, avant la dépravation du goût, et qu'il vous en envoie.

Il étoit bien jeune quand je sortis de France; je ne laissois pas d'avoir l'honneur de le connoître, quoique mon grand commerce fût avec monsieur son père, en qui j'ai perdu un bon ami, et douze bouteilles de son meilleur vin, qu'il me faisoit donner, l'hiver, par Gautier, son marchand en Angleterre. Vous m'obligerez, Milord, de faire de grands compliments pour moi à M. de Puyzieulx, si vous lui écrivez. Je l'honore, et par le mérite de monsieur son père, et par le sien.

Je suis si touché du vôtre, que je n'ai pas besoin de rappeler celui de M. de Ruvigny, pour vous assurer que je disputerai à tout le monde les sentiments d'estime et d'amitié que l'on doit avoir pour vous. Je respecte la vertu, les bonnes qualités, la philosophie, et la capacité en toutes choses; et c'est la profession qu'en fait, sur votre sujet, Milord, votre très-humble et très-obéissant serviteur, et petit philosophe subalterne.

CXXV.

LETTRE A M. LE PRINCE D'AUVERGNE [1].

(1701.)

J'AVOIS toujours ouï dire que l'amitié ne remontoit point : sentiment fondé sur quelques observations, que les pères aiment mieux leurs enfants, qu'ils n'en sont aimés. Pour les pères, je n'en disconviens pas; mais je trouve le proverbe faux, à l'égard des grands-pères, par ma propre expérience. L'amitié de mon *petit-fils* ne s'arrête pas au premier degré; elle remonte de toute sa force pour venir au *grand-papa* [2]. Que ne fait-on point pour lui plaire? on donne d'excellent vin, à Londres; on envoie du meilleur thé de Hollande; on écrit le premier. Je pousserois ces On-là bien loin; mais je veux

---

1. Emmanuel-Maurice de la Tour, dit *le bailly d'Auvergne*, mort à la Haye, en mars 1702, peu de temps après que M. de Saint-Evremond lui eut écrit cette lettre. Il étoit le fils de Frédéric-Maurice de la Tour, duc de Bouillon, frère aîné du vicomte de Turenne.
2. Le prince Maurice appeloit ordinairement M. de Saint-Evremond son grand-papa. (Des Maizeaux.)

quitter cette espèce de tierce personne, introduite à la cour par M. de Turenne [1] et entretenue, après sa mort, par ceux de sa maison; je la veux quitter, pour vous faire directement des reproches, qui montrent la tendresse du *grand-papa*. Comment avez-vous pu quitter l'Angleterre, pour aller prendre une fièvre en Hollande? Si vous étiez demeuré à Londres, notre docteur eût empêché sûrement la maladie, par le régime ordinaire qu'il prescrit, et qu'il observe lui-même. Il vous eût fait faire, dans votre chambre, un potage de santé, avec un bon chapon, un jarret de veau, du céleri et de la chicorée. Il eût fait rôtir deux perdrix, ou trois, si j'y avois été, bien piquées, et de bon fumet. Il y auroit ajouté un hêtudeau [2], et un pigeon de volière, pour chacun. Le vin de Villiers pris, modérément, eût fait partie d'une simplicité honnête, et nécessaire, pour se bien

---

1. Observation curieuse, et qu'on ne trouve nulle autre part, sur l'introduction de cette manière de parler.
2. Nicot écrit *hestoudeau*, et le définit : *un chaponneau qui n'est ne poulet, pour estre plus gros, ne chapon, pour estre plus petit.* Voy. Ménage, Dict. étym., v° *hétoudeau*, dernière édit. La forme la plus usitée, au temps de Saint-Evremond, étoit *hétudeau*; on ne trouve plus aucun de ces mots dans nos dictionnaires modernes, l'Académie les ayant supprimés, on ne sait pourquoi, dès sa première édition. Laveaux dit que *hestoudeau* est un vieux mot inusité. M. Didot lui a donné un souvenir dans le *Complément du dictionnaire de l'Académie*.

porter. Mais le cher docteur entre dans ma chambre : ne pouvant empêcher présentement la maladie, il va vous dire les remèdes qu'il faut employer pour la guérison, etc.

CXXVI.

LETTRE A M. LE COMTE MAGALOTTI, CONSEILLER D'ÉTAT DU GRAND-DUC DE TOSCANE.

(1703.)

Que vous êtes heureux, Monsieur ! Il y a plus de trente ans que j'ai l'honneur de vous connoître : vos années vous ont fait avoir beaucoup d'expérience, beaucoup de considération, sans vous avoir rien ôté de la vigueur du corps et de l'esprit : les miennes, plus nombreuses à la vérité, m'ont été moins favorables. Elles ne m'ont rien laissé de la vivacité que j'ai eue, et du meilleur tempérament du monde que j'avois. Au reste, Monsieur, je vous suis fort obligé de m'avoir écrit en italien : si vous aviez pris la peine de m'écrire en françois, vous m'eussiez laissé la honte de voir un étranger entendre beaucoup mieux que moi la beauté et la délicatesse de ma langue. Il est vrai que presque toutes les nations de l'Europe auroient partagé cette honte-là, car il n'y en a point dont vous ne parliez la langue, plus élégamment que leurs plus beaux esprits ne sauroient faire.

Je vous aurai fait beaucoup tort, dans l'opinion qu'avoit M. le marquis Rinuccini[1] de votre discernement : la réputation que vous m'avez voulu donner, auprès de lui, aura gâté la vôtre. On est fort satisfait de lui, en cette cour: de sa personne, de son procédé, et de sa conversation. J'y ai trouvé tout l'agrément qu'on pourroit désirer. M. le cavalier Giraldi, qui est bien ici avec tout le monde, lui donne toutes ses connoissances, dont il n'aura que faire quand il voudra se montrer : sa présence le met hors d'état d'avoir besoin de bons offices. Avant que de finir, je vous supplierai, Monsieur, de faire valoir, auprès de S. A. R., la profonde reconnoissance que je conserverai, jusqu'au dernier moment, de toutes les bontés qu'elle a eues pour moi. Je dois aux libéralités de son bon vin de Florence, mes dernières années, que j'ai passées avec assez de repos. Après que vous m'aurez acquitté de ce premier devoir, qui m'est le plus précieux du monde, vous aurez la bonté d'assurer M. le commandeur

---

1. Envoyé extraordinaire du grand-duc. Il étoit venu en Angleterre, pour complimenter la Reine sur son avénement à la couronne (1702).

Del Bene, de l'estime que j'aurai toute ma vie pour son mérite. Je ne vous donnerai point de nouvelles assurances des sentiments que vous me sûtes inspirer, dès le moment que j'eus l'honneur de vous connoître. Je finirai par l'état où je me trouve, depuis longtemps : ces six vers que j'ai faits autrefois[1] vous l'expliqueront.

> *Je vis éloigné de la France,*
> *Sans besoin et sans abondance,*
> *Content d'un vulgaire destin :*
> *J'aime la vertu sans rudesse,*
> *J'aime le plaisir sans mollesse,*
> *J'aime la vie et n'en crains pas la fin.*

Aussi malade que je le suis aujourd'hui, je devrois la souhaiter, au lieu de la craindre ; mais si je passe une heure, sans souffrir, je me tiens heureux. Vous savez que la cessation de la douleur est la félicité de ceux qui souffrent. Je trouve que la mienne est suspendue, quand je suis assez heureux pour vous entretenir.

Saint-Evremond est mort peu de jours après cette lettre, le 20 septembre 1703, âgé de quatre-vingt-treize ans.

1. Voy. *sup.*, le *sonnet* adressé à Mlle de Lenclos, tome II, p. 547.

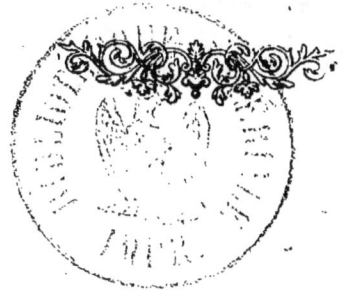

TABLE DES MATIÈRES

DU TROISIÈME VOLUME.

CINQUIÈME PARTIE.

CORRESPONDANCE DE SAINT-EVREMOND.

Pages.

LETTRES ÉCRITES AVANT SON EXIL.

I.	Lettre à madame ***? (d'Olonne?)	3
II.	A la même	5
III.	Lettre à madame ***? (de Brancas?)	7
IV.	Lettre à madame ***?	10

LETTRES ÉCRITES APRÈS SON EXIL.

V.	Au comte d'Olonne (1675?)	12
VI.	Au même (1677)	22
VII.	Au marquis de Créqui, 1664	25
VIII.	Au maréchal de Grammont, 1665	31
IX.	Au comte de Grammont, 1680	35
X.	Au même, 1695	39
XI.	Au même	42
XII.	Au même, 1696	43
XIII.	Billet au même	45
XIV.	A M. de Saint-Evremond. Lettre de Hamilton, 1700	46
XV.	Réponse de Saint-Evremond au comte de Grammont	48
XVI.	Réplique de Hamilton	49
XVII.	Lettre au comte de Lionne, 1667	51
XVIII.	Au même	57
XIX.	Au même	62
XX.	Au même	65

TABLE

		Pages.
XXI.	Au même.............................	67
XXII.	Au même.............................	71
XXIII.	Au même.............................	74
XXIV.	Au même.............................	77
XXV.	Au même.............................	80
XXVI.	Au même.............................	83
XXVII.	Au même.............................	86
XXVIII.	Au même.............................	88
XXIX.	Au même.............................	90
XXX.	Au même.............................	92
XXXI.	Au même, 1673.......................	93

Correspondance avec la duchesse Mazarin.

	Mémoires de la duchesse Mazarin, par Saint-Réal...............................	96
XXXII.	Lettre à madame la duchesse Mazarin, 1676.	164
XXXIII.	A la même, 1676.....................	170
XXXIV.	A la même, avec un discours sur la religion, 1677...............................	173
XXXV.	A la même, 1677.....................	178
XXXVI.	A la même, 1678.....................	183
XXXVII.	A la même, 1682.....................	187
XXXVIII.	A la même, le 1er jour de l'an 1683......	195
XXXIX.	A la même, sur le dessein qu'elle avoit de se retirer dans un couvent, 1683.........	201
XL.	A la même, sur la mort de son amant.....	212
XLI.	A la même, sur la résolution qu'elle avoit prise de quitter l'Angleterre, 1683.......	219
XLII.	A la même, sur le même sujet...........	223
XLIII.	A la même, 1683.....................	226
XLIV.	A la même, 1688.....................	231
XLV.	A la même, 1688.....................	234
XLVI.	A la même, 1688.....................	237
	Réponse au plaidoyer de Me Érard, 1689...	240
	État des biens laissés par le cardinal Mazarin.	268
XLVII.	A M. *** (sous le nom supposé de la duchesse), 1689..............................	269
XLVIII.	A la duchesse Mazarin, 1689............	273
XLIX.	A la même, 1690.....................	277
L.	A M. ***? (pour Mme la duchesse Mazarin), 1694...............................	279
LI.	A M. ***? (au même nom), 1692?.......	281
LII.	A madame la duchesse de Nevers, 1692?...	282
LIII.	A M. ***? au nom de la duchesse.........	283
LIV.	A Mme la duchesse Mazarin. Jugement sur quelques auteurs françois, 1692..........	286

		Pages.
LV.	A la même, 1692....................	288
LVI.	Billet à la même, sur la satire de Despréaux contre les femmes, 1693........	289
LVII.	Lettre, à la même, 1694..............	290
LVIII.	A la même........................	293
LVIII bis.	Billet à la même, 1694..............	296
LIX.	A la duchesse de Bouillon, 1694.......	297
LX.	Billet à la duchesse Mazarin, 1694....	299
LXI.	Épître de l'abbé de Chaulieu à la duchesse Mazarin, 1694..................	300
LXII.	Réponse de Saint-Evremond à l'abbé de Chaulieu...........................	302
LXIII.	Lettre à la duchesse Mazarin, 1695.....	304
LXIV.	Billet à la même...................	306
LXV.	Billet à la même, 1695..............	308
LXVI.	A la même........................	310
LXVII.	A la même, 1695...................	311
LXVIII.	A la même........................	312
LXIX.	A la même, 1695...................	313
LXX.	A la même........................	315
LXXI.	A M. le marquis de Saissac, au nom de Mme Mazarin........................	316
LXXII.	Lettre à la duchesse Mazarin..........	318
LXXIII.	A la même........................	319
LXXIV.	Billet à la même, 1696..............	320
LXXV.	Lettre à la même...................	321
LXXVI.	A la même........................	322
LXXVII.	Billet à la même, 1696..............	323
LXXVIII.	A la même........................	324
LXXIX.	Lettre à la même...................	325
LXXX.	A la même........................	326
LXXXI.	Billet à la même, 1696..............	327
LXXXII.	A la même........................	328
LXXXIII.	Billet à la même, 1697?.............	329
LXXXIV.	A la même........................	330
LXXXV.	A la même........................	331
LXXXVI.	Billet à la même, 1697..............	332
LXXXVII.	Billet à la même, 1698..............	333
LXXXVIII.	A la même........................	334
LXXXIX.	Billet à la même, 1698..............	335
XC.	A la même........................	336
XCI.	A la même........................	338
XCII.	Billet à la même, 1698..............	339
XCIII.	Lettre au marquis de Canaples, 1699...	340
XCIV.	Au même, 1699....................	342

TABLE DES MATIÈRES.

Correspondance de Saint-Evremond et de Ninon de Lenclos.

		Pages.
XCV.	De Saint-Evremond à Mlle de Lenclos, 1684	344
XCVI.	Mlle de Lenclos à Saint-Evremond, 1694	346
XCVII.	La même à Saint-Evremond. *La chambre jaune.*	348
XCVIII.	La même à Saint-Evremond, 1693	349
XCIX.	La même à Saint-Evremond, 1694	350
C.	Lettre de la Fontaine à M. de Bonrepaux, 1687.	352
CI.	Lettre du même à la duchesse de Bouillon, 1687.	361
CII.	Réponse de Saint-Evremond à la Fontaine	369
CIII.	Réponse de la Fontaine à Saint-Evremond	375
CIV.	De Saint-Evremond à Mlle de Lenclos, 1694	383
CV.	Du même à Mlle de Lenclos, 1696	386
CVI.	Du même à Mlle de Lenclos, 1696-97	388
CVII.	De Mlle de Lenclos à Saint-Evremond, 1697	390
CVIII.	De Saint-Evremond à Mlle de Lenclos, 1698	392
CIX.	Réponse de Mlle de Lenclos	395
CX.	De Mlle de Lenclos à Saint-Evremond, 1698	397
CXI.	De la même au même, 1698	399
CXII.	Réponse de Saint-Evremond, 1698	400
CXIII.	De Mlle de Lenclos à Saint-Evremond, 1698	403
CXIV.	De la même au même, 1699	405
CXV.	De la même au même, 1699	406
CXVI.	Réponse de Saint-Evremond	408
CXVII.	De Mlle de Lenclos à Saint-Evremond, 1699	410
CXVIII.	De Saint-Evremond à Mlle de Lenclos, 1700	411
CXIX.	Lettre à M.*** qui ne pouvoit souffrir l'amour de M. le comte de Saint-Albans, à son âge, 1683-84	413
CXX.	A madame d'Aulnoy, sur la mort de son mari.	415
CXXI.	A M. Justel, 1684	417
CXXII.	A M. Barbin, 1698	430
CXXIII.	Billet à M. Des Maizeaux, 1701	432
CXXIV.	Lettre à milord Galloway, 1704	433
CXXV.	Lettre à M. le prince d'Auvergne	436
CXXVI.	Lettre au comte Magalotti (1703)	438

FIN DU TROISIÈME ET DERNIER VOLUME.

Imprimerie générale de Ch. Lahure, rue de Fleurus, 9, à Paris.

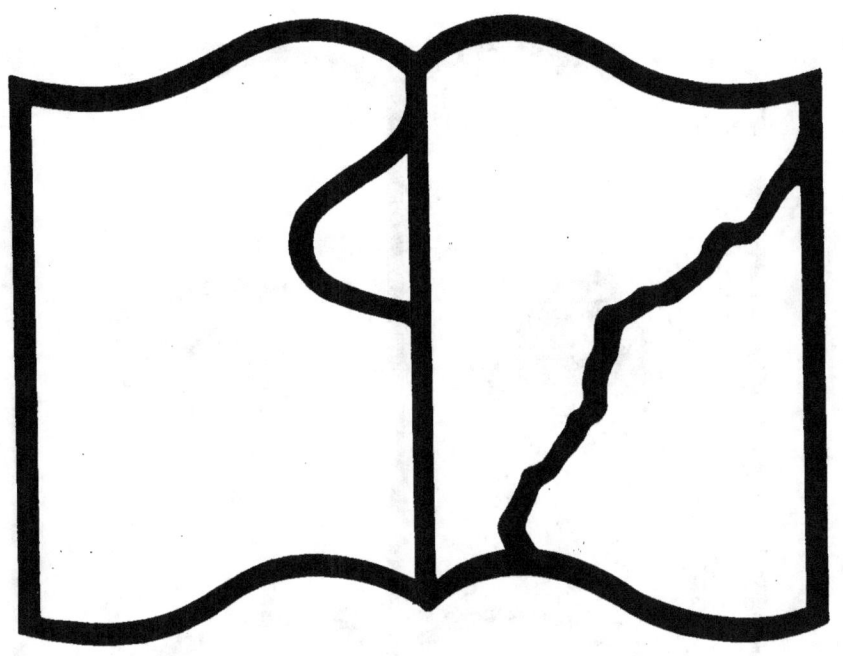

Texte détérioré — reliure défectueuse

NF Z 43-120-11

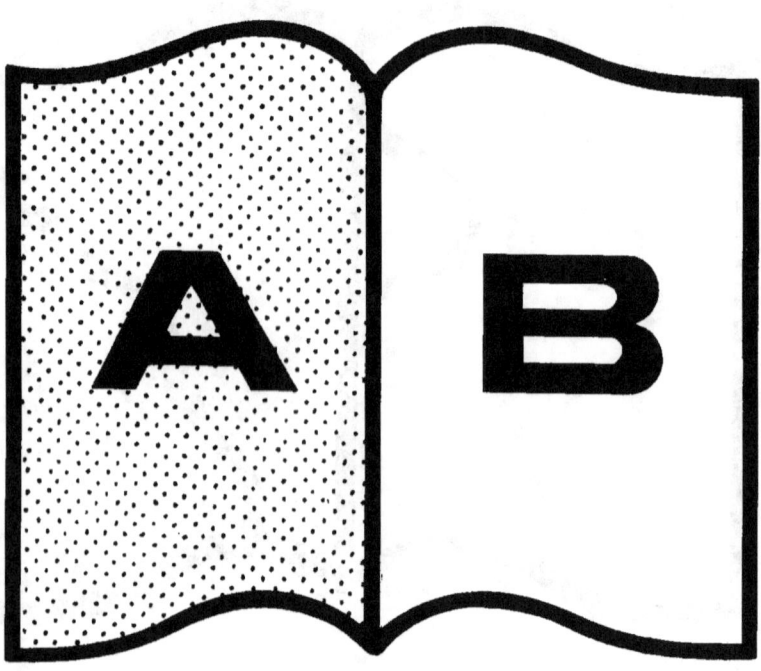

Contraste insuffisant

NF Z 43-120-14

www.ingramcontent.com/pod-product-compliance
Lightning Source LLC
Chambersburg PA
CBHW070544230426
43665CB00014B/1809